AF600052

LA LLAMA DE LA BELLEZA
Cultura, Amor y Alegría

TORKOM
SARAYDARIAN

TSG PUBLISHING FOUNDATION, INC.

Editorial Dagón

La Llama de la Belleza, Cultura, Amor y Alegría
por Torkom Saraydarian

Publicado originalmente en idioma inglés
por TSG Publishing Foundation
(www.tsgfoundation.org)
Primera edición en idioma inglés: 1980
Traducción al español por TSG Spanish Translation Team
1ª Edición en español: 2024

Impreso en España por: Editorial Dagón
Tel.: +34 629 627 355
Web: *www.editorialdagon.es*
E-mail: *jrubio@editorialdagon.es*

Editor/coordinador para esta edición:
José Rubio Sánchez: *jrubio@editorialdagon.es*

ISBN: 978-84-19540-70-6
Depósito Legal: V-1767-2024

Impreso en España

The Flame of Beauty, Culture, Love, Joy
by Torkom Saraydarian

First published in English
by TSG Publishing Foundation
(www.tsgfoundation.org)
First Edition in English: 1980

Translation by TSG Spanish Translation Team
1ª Edition in Spanish: 2024

Printed in Spain by: Editorial Dagón
Tel.: +34 629 627 355
Web: *www.editorialdagon.es*
E-mail: *jrubio@editorialdagon.es*

Publisher/coordinator for this edition:
José Rubio Sánchez: *jrubio@editorialdagon.es*
ISBN: 9780911794021
Library of Congress Catalog Card Number: 80-67681
Printed in Spain

Nota Importante: El propósito de este libro es educar. Ni el autor, ni el titular de los derechos de autor, y ni la Fundación TSG Publishing Foundation, Inc., tendrán compromiso, ni responsabilidad con alguna persona o entidad, con respecto a alguna pérdida o daño, causado directa o indirectamente, por la información contenida en este libro.

Esta edición en español ha sido completada gracias al generoso apoyo del Grupo TSG en Idioma Español y al Grupo de Estudios Teosóficos de Valencia (España). Expresamos nuestra profunda gratitud hacia todos aquellos que colaboraron con este proyecto.

SOBRE EL AUTOR

Torkom Saraydarian (1917-1997) nació en Asia Menor. Desde la niñez, fue entrenado en las Enseñanzas de la Sabiduría Eterna.

Visitó monasterios, templos antiguos y escuelas de misterios con el fin de encontrar las respuestas a sus preguntas sobre el misterio del hombre y el Universo.

Vivió con Sufis, derviches, místicos Cristianos y maestros de música y danzas del templo. Su educación musical incluyó el violín, piano, laúd, cello y guitarra. Le tomó largos años de disciplina y sacrificio poder absorber la Sabiduría Eterna de sus fuentes verdaderas. La meditación se convirtió en parte de su vida diaria, y el servicio, una expresión natural de su alma.

Torkom Saraydarian dedicó su vida entera al servicio de sus congéneres humanos. Sus escritos, conferencias, y música, muestran su total devoción a los principios, valores y leyes superiores que están presentes en todas las religiones y filosofías mundiales. Estos trabajos representan una síntesis de lo mejor y más bello en la cultura sagrada del mundo. Sus trabajos enriquecen el pensamiento fundacional sobre el cual el hombre puede construir su Futuro.

Torkom Saraydarian escribió un gran número de libros, muchos de los cuales han sido publicados. Todos sus libros continuarán siendo publicados y distribuidos. Algunos han sido traducidos al armenio, alemán, italiano, español, portugués, griego, holandés y danés.

Dejó un rico legado de escritos y composiciones musicales para el disfrute y beneficio de toda la humanidad por muchos años por venir.

CONTENIDO

Dedicado a mi querido profesor
Hovhanes Chelebian

(Bola)

PREFACIO

Un día estaba jugando a la pega con tres de mis amigos en el bosque cuando se acercó un extraño. Tenía unos 35-40 años de edad, alto y hermoso con ojos muy cariñosos. Se sentó a 15-20 yardas de nosotros y seguimos jugando.

Después de observarnos durante un tiempo, me llamó por mi nombre y me pidió que me acercara a él. Fui sin dudarlo y me paré frente a él.

«¿Y si te muestro un juego al que todos podemos jugar juntos?», preguntó.

«¿Cómo se hace?», respondí.

«Te lo mostraré». Y caminamos hacia mis amigos.

Luego nos dijo a todos: «Jugaremos un buen juego, que ninguno de ustedes olvidará». Y dibujó un gran triángulo en la tierra blanda con una rama seca. Luego nos dijo a cada uno de nosotros que nos paráramos en una esquina. Luego, volviéndose a uno de mis amigos, dijo: «Eres alegría». Luego se volvió hacia mi otro amigo y le dijo: «Eres amor». Y me señaló con la mano y me dijo: «Tú serás Belleza. Yo seré Llama, y me pararé en el centro del triángulo. Ahora mira cómo vamos a bailar. Primero estaremos en total silencio. Cuidado con lo que hago, luego os diré a cada uno de vosotros lo que debéis hacer».

Mantuvimos un silencio total y él comenzó a cantar UR, UR, UR (que significa fuego) y con un ritmo emocionante, bailó girando 360 grados y luego al revés. Los movimientos de sus manos simbolizaban una llama que se elevaba desde la tierra hacia el espacio.

Luego se volvió hacia Alegría y dijo: «Cuando diga ‹UR›, abrirás tus brazos y dirás ‹Alegría›, sintiendo que mi fuego está inspirando alegría dentro de todo tu ser. Hagámoslo...».

Después de unos minutos, se volvió hacia Amor y dijo: «Harás algo similar. Cuando diga «UR», y él dice «Alegría», agregarás «Amor» abriendo los brazos horizontalmente y poniendo las palmas de las manos sobre tu corazón, y das la vuelta una vez sobre ti mismo mientras dices «Amor».

Y después de unos minutos de hacer esto con él, se volvió hacia mí y me dijo: «Eres Belleza, y después de que yo diga ‹UR› y después de que él diga ‹Alegría› y después de que él diga ‹Amor›, dirás ‹Belleza› y tu movimiento será el siguiente...».

Cerró los ojos, agarró sus manos sobre su cabeza y como un péndulo fue de derecha a izquierda, de izquierda a derecha, mientras giraba 360 grados en círculo, de izquierda a derecha.

Después de mostrarnos esto, dijo: «Ahora cada movimiento será rítmico y sincronizado. Cuando gire 90 grados, tú, Alegría, harás un movimiento completo. Cuando yo haga una ronda, habrás completado cuatro movimientos».

Y volviéndose hacia el Amor, dijo: «Tú, Amor, harás cuatro movimientos mientras giras exactamente a la velocidad que yo giro».

Luego se volvió hacia mí diciendo: «Tú, Belleza, cada vez que gire 180 grados, harás un movimiento completo y girarás exactamente como yo».

Después de explicarnos todo esto, nos dio la nota en la que teníamos que entonar nuestras palabras o nuestros nombres. Cuando todos las entonábamos, era un acorde que tocaba los corazones. Luego agregó: «Sientes que la Alegría te está transformando. Sientes que toda la creación es Amor. Visualizas que toda la naturaleza está cantando Belleza con las estrellas, y yo aumentaré vuestro Fuego con la llama Divina».

Comenzamos con pausas, explicaciones y correcciones. Cuando aprendimos a hacerlo, lo realizamos siete veces, luego nos sentamos en nuestros rincones, totalmente elevados y energizados. Se puso de pie y dijo: «La paz sea con vosotros», y se alejó... Estuvimos inmóviles durante mucho tiempo.

Escribí este libro en agradecimiento a él. Que la paz le acompañe.

T.S.

I

LA BELLEZA

I

Con belleza conquistamos.
A través de la belleza oramos.
En belleza estamos unidos.[1]

Uno de nuestros filósofos recientes dijo que el propósito de la vida es la supervivencia. Me parece que la supervivencia subyace a todos los fenómenos y que la vida no persigue la supervivencia, porque no importa en qué forma esté la vida, *siempre lo es.* Es el lado de la forma de la vida que trata de mantenerse como está, y que lucha por sobrevivir. Este enfoque de la supervivencia es un obstáculo en el camino de la vida, a largo plazo. La forma trata de evitar el libre flujo de la vida y su desarrollo progresivo, que se logra a través del proceso de construcción y destrucción de la forma.

Me parece que el propósito de la vida, en cualquier nivel, es la expresión de la Belleza, y esto es especialmente cierto en el reino humano. El hombre es creado para manifestar belleza. El hombre es creado para

1. Roerich, Nicholas K., *Roerich Adamant*, p. 83.

disfrutar de la belleza de los reinos inferiores, para inspirarse en la belleza de los reinos superiores y para sintetizar estas dos bellezas. Al hacerlo, se convierte en un camino entre estos dos mundos de belleza.

Cuando se hace hincapié en la supervivencia, la gente hará casi cualquier cosa para «lograrla». Y cuando lo logren, verán que siempre la han tenido.

En nombre de la supervivencia se cometen muchos crímenes: miedo, codicia, odio, guerra. Estos son los cimientos en los que se basa la psicología del hombre moderno.

En nombre de la cultura, de la creatividad y de la belleza, no puede cometerse delito alguno. Aquéllos son los frutos de la Chispa que en el hombre sobrevive a toda corrupción y todo cambio, y le revela mediante la expresión de la belleza QUE ÉL ES.

La belleza es la expresión de lo que sobrevive a través de todos los niveles de la manifestación Divina.

La consciencia de la inmortalidad, la consciencia de la existencia como ser espiritual, como individualidad espiritual, se logra a través de la creatividad. La creatividad es la labor para manifestar la Belleza Interior, para manifestar al Yo en la expresión externa.

Cuando manifestamos nuestro Yo verdadero. manifestamos la belleza porque el Yo es una ola en el océano del Yo Cósmico; que es el Artista responsable de toda manifestación. Como una ola, nosotros llevamos la creatividad del Yo Cósmico hasta las orillas de la expresión.

El deseo de manifestar la belleza no es solamente humano. Es el deseo de todos los reinos y de todas las formas vivas: el átomo, la célula, el cristal, las semillas de todo género de flores, árboles y vegetales, los animales, pájaros y entes sobrehumanos como nuestra Vida Planetaria, nuestra Vida Solar y todo lo que está más allá. A través de todas estas vidas corre el espíritu del deseo creador de manifestar la belleza. Cada reino, en cada nivel, aspira progresivamente a la belleza y a la manifestación de una belleza mayor.

Se supone que cada vida se irradia. La irradiación es la expresión de la belleza dentro de cada vida. Flores, pájaros, árboles, animales e incluso insectos minúsculos tienen un tremendo impulso hacia la belleza. En realidad, se atraen unos a otros a través de una belleza que se expresa.

Percibimos que un lirio o una rosa están orgullosos de su color y su forma; percibimos que el pino está orgulloso de la belleza de sus ramas, de su fragancia, su color, su radiación psíquica.

Un pájaro con sus plumas coloridas, que derrama su melodía... un árbol que florece en primavera y está cargado de frutos en otoño... una muchacha con su pureza y su empeño cristalino... una madre con su hijo... un hombre con su impulso de unir y sacrificar: todos están expresando belleza, irradiación, pero más allá de esto, percibo que las Grandes Vidas de las estrellas y las galaxias están empeñadas en producir en el Espacio la Belleza Sinfónica.

Hombres inspirados nos dicen que Dios canta, y que todo llega a existir como manifestaciones de Su Canto. ¡Qué modo magnífico de decir que la belleza es el acto de la manifestación del Propósito de Dios! La belleza es el resultado de la adaptación progresiva de la forma a la *Intención Divina.* Todas las flores, todos los pájaros, árboles, hombres, sistemas solares y galaxias son el resultado del proceso de manifestación de Su Canto.

Sólo el hombre es quien podrá ser una expresión consciente de la belleza, o un deformador de ésta. Cuando el hombre armoniza toda su vida con la Intención Divina, con la ley de evolución y con el logro de la perfección, cuando pasa de una gloria a otra, de una belleza parcial hacia la belleza total, se convierte en una expresión consciente de la belleza. Esto puede lograrse estableciendo, primero, comunicación, y luego, fundiéndose dentro de sí mismo con la Fuente de la Belleza.

En nuestra consciencia física, emocional y mental deformamos la belleza de la naturaleza. con la que entramos en contacto. La deformamos debido a nuestros espejismos, nuestras ilusiones y nuestro egoísmo.

La belleza suscita una respuesta sintética de todas las partes de nuestra naturaleza. Esta respuesta puede ser alegría, una expansión de consciencia, un sentimiento de libertad, o un sentido de síntesis y unidad. Puede surgir a través de nosotros como un sentimiento de profunda gratitud, de admiración y de una ardiente aspiración hacia la pureza.

La belleza trabaja y aboga por el desarrollo, la liberación, la evolución y la espiritualización. Expande nuestra consciencia, permitiéndonos entrar en contacto con el Yo transpersonal que está dentro de nosotros. El Yo transpersonal es la encarnación de la belleza, es el Alma. Su naturaleza es la sabiduría del Amor, y la belleza sólo podrá disfrutarse totalmente a través del sentido de la sabiduría del Amor. Así como nuestro cuerpo necesita alimento, agua, aire y luz, de igual modo nuestra Alma necesita belleza para desarrollarse e irradiar. *La belleza es el sendero que conduce hacia el Cosmos.*

Cuando entremos en la consciencia del Alma, empezaremos a ver las cosas como realmente son. Esto significa que veremos los planos arquetípicos de las formas cristalizadas existentes. La belleza es el arquetipo, el plano Divino, la idea concebida en la Mente de Dios.

El Yo transpersonal trata de introducir en nuestra consciencia el sentido de la belleza, y de establecer el ritmo de la belleza dentro de nosotros. Para manifestar la belleza debemos expandir nuestra consciencia en la consciencia del Alma, y tomar contacto con la belleza del Alma, a través del alma. Cuando crecemos hacia la consciencia del Alma, manifestamos más belleza porque armonizamos nuestra expresión de la vida con las bellezas arquetípicas existentes. Cada vez que un hombre entra en contacto con su Alma, es cargado con una corriente de belleza que le confiere alegría, elevación, paz y serenidad.

El Alma es sólo un sendero que nos conduce hacia una belleza más profunda, que existe en la esfera de la Tríada Espiritual y más allá. Allí estamos más cerca de la Melodía y la Energía Divinas.

La belleza verdadera inspira en nosotros las cualidades y actividades que nos introducen en el esfuerzo, la expansión, auto observación, la armonía, la gratitud y el servicio sacrificado. Todo esto es flores en el árbol de la belleza, o notas en la sinfonía de la belleza.

La belleza es amor materializado. El amor es la esencia de la vida. Siempre y en cualquier parte que el verdadero amor se expresa, tenemos belleza. El amor se convierte en belleza mediante la manifestación de los arquetipos, y la expresión del amor es el proceso de la adaptación de la materia al Espíritu, al amor expansivo.

El Yo transpersonal, que a veces es llamado el Ángel Solar, es el diapasón (la nota clave) de la belleza. Una vida vivida en armonía con esa nota clave es una vida de belleza. Una vida vivida fuera de tono con esa nota clave es una vida fea en la que la energía de la vida tiene dificultad en formar mejores modos de expresión. Esta es la causa de todos los sufrimientos. Siempre que suframos deberemos empeñamos en procurar más belleza. Esto creará un proceso curativo dentro de nuestros cuerpos. La salud es la exteriorización de la Armonía Interior, que se logra cuando un hombre ingresa en la quinta Iniciación, la puerta que lleva hacia el mundo de la belleza interminable.

Cada vez que un hombre se esfuerza y registra un logro, manifiesta más belleza. La belleza es la manifestación de nuestro campo, siempre en expansión, de realización o desarrollo. Siendo yo niño, mi madre me leyó un relato que jamás olvidé. Hablaba de un gran artista que quería pintar la Última Cena. Buscaba a un hombre al que pudiera usar como el modelo de Jesús. Finalmente encontró a ese hombre, de radiante belleza, y le pidió que fuera su modelo. El hombre estuvo de acuerdo y empezo la pintura. Pasaron años y como el mismo artista quería terminar su pintura, esta vez buscó un hombre para que posara como Judas, el traidor. Durante muchos días estuvo buscando sin tener éxito, hasta que una tarde entró en un lugar de diversiones y parranda. Allí descubrió a un hombre que reflejaba la psicología de un traidor, y le pidió que fuera su modelo para pintar a Judas. El hombre estuvo de acuerdo en acudir con el artista a su estudio. Cuando entraron, aquél empezó a llorar amargamente. El pintor le preguntó: «¿Por qué lloras?». Señalando a Jesús en el cuadro inconcluso, le dijo: «Hace pocos años, yo era Jesús, y ¡ahora soy Judas! Traicioné la belleza que había en mí…».

El vivir según las normas interiores de la sencillez, la verdad y la belleza hace que un hombre sea el modelo de una gran imagen. El vivir con una actitud contraria a la belleza, la sencillez y la verdad hace que un hombre sea el modelo de un traidor.

La belleza se alcanza gradualmente. Podemos decir que, en el primer nivel, la expresión de la belleza es una melodía. En el segundo nivel, es un dúo; en el tercer nivel es un coro; en el cuarto nivel es una sinfonía. En los niveles quinto, sexto y séptimo, la belleza entra en el dominio de la Eternidad. Es acerca de tales bellezas que los místicos hablan, describiéndolas como «…bellezas que no pueden expresarse con palabras, pero que sólo pueden conocerse por experiencia directa». Tenemos belleza en todos los niveles, pero las bellezas que se hallan en los niveles inferiores son partes constituyentes de bellezas mayores en los niveles superiores. La búsqueda de la belleza nos conduce hacia nuestro Yo Interior. Los escalones del sendero que conducen hacia el Santuario Interior están construidos con bellezas vivas. El Hombre Real es la belleza, y a su tiempo esta belleza real es la que absorberá en Ella Misma al hombre exterior, sufriente y trastabillante. Entonces, el secular empeño por crear belleza alcanzará una nueva cima, llevando hacia una belleza mayor.

Cada belleza es un centro de energía. Cada vez que creamos, revelamos o nos identificamos con la belleza, construimos una fuente radiactiva de energía curativa, elevadora, evolutiva y purificadora. Experimentamos un pasmoso conocimiento una vez que sabemos que esa belleza es una carga de energía tremenda. Es como un relámpago, cargado con la energía del Sol. Debido a esto, todas las personas creativas están llenas de energía y radiación. Esta energía y esta radiación llegan a su óptima expresión cuando la Belleza Durmiente Interior, el Yo Real del hombre, empieza a despertar y derramar Su luz sobre el mundo circundante.

Esta belleza que despierta es la que, a su tiempo, forma el puente que conduce hacia la Eternidad. Cuando un hombre se convierte en una belleza revelada, venció a la muerte, y el lado material de la vida no ejerce sobre él más control. Pasa de lo interior a lo exterior para derramar sus rayos de belleza, y es un sendero que conduce a los hombres hacia la realización. En este sendero él mantiene su continuidad de consciencia y, ya sea en la forma o en el mundo sin forma, él es como un océano de belleza.

El empeñarnos en procura de la belleza nos conduce hacia el futuro. Conversemos con nuestro Guía Solar con bellas palabras y transformémonos en un Cáliz de belleza.

LA BELLEZA

II

En una ocasión, me encontré con un anciano que estaba sentado junto a la orilla de un río en actitud contemplativa. Tenía en su mano un rosario y hacía deslizar las cuentas entre sus dedos, mientras, por cada una de ellas, decía en voz muy baja: «Ya latif, ya latif».

Luego que terminó, me acerqué respetuosamente a él y le pregunté: «¿Qué significa ‹Ya latif›?».

Con ojos soñadores, me respondió: «Es el nombre de Quien es el fin y el principio».

«¿Qué significa eso?».

«La belleza... toda la belleza. La belleza en todo es Él». Tras decir esto, entró nuevamente en contemplación. Me senté allí un rato. Él estaba en paz y armonía con el río, con los pájaros, árboles y flores. Desde ese día en adelante experimenté un nuevo amanecer de belleza dentro de mi corazón.

Cada hombre es una Chispa o un Rayo de esa Fuente Ardiente de toda belleza. Hace millones de años, desde esa Fuente fue proyectada cada persona dentro del espacio como una Chispa, y ahora procura regresar al Hogar, a su Fuente, a través del sendero de la belleza.

Oh Tú que das sustento al universo,
de Quien todas las cosas proceden,
a Quien todas las cosas retornan,

revélanos el rostro del verdadero sol espiritual
oculto en un disco de luz dorada,
para que conozcamos la verdad
y cumplamos todos nuestro deber
mientras viajamos hacia Tus sagrados Pies.

La belleza tiene estos regalos para los seres humanos:

1. Felicidad.
2. Alegría.
3. Dicha.

El hombre se siente feliz cuando los mecanismos físico, emocional y mental están armonizados con el espíritu.

Cuando la belleza toma contacto con el Alma y la armoniza con el Plan de la Jerarquía, todo está dentro de la alegría.

El Plan de la Jerarquía es la escala en la que el Propósito toca su música de belleza.

Cuando la belleza toma contacto con la *Esencia*, con el Yo, el hombre es inundado por el éxtasis o la dicha. El éxtasis es el momento en el que el hombre y la belleza se unifican, y es el momento en el que se revela el Propósito de la vida.

Cuando vemos y presenciamos cualquier belleza, experimentamos éxtasis, elevación, gran júbilo y expansión. La razón es que, a través de cada belleza, tomamos contacto con Él. A través de la belleza tomamos contacto con nuestra propia Esencia, con nuestro Yo. A través de la belleza, las partes separadas se convierten en Una.

El éxtasis es un momento de unificación con la belleza. En el éxtasis, trascendemos nuestro nivel de la personalidad y nos transformamos en un ser espiritual, en un ser que es consciente de la Fuente de toda belleza. Así, a través de la belleza, establecemos un puente que cubre el abismo entre nosotros y el Infinito.

La belleza es la expresión en forma de *inteligencia, amor* y *voluntad*: en proporción correcta, y en armonía con el espíritu en evolución.

Todas las culturas de la humanidad son una manifestación progresiva de la belleza, una manifestación de la Esencia.

No hay belleza sin inteligencia, amor y voluntad. Una belleza real manifiesta tales energías y nos carga con inteligencia, amor y poder de voluntad.

La iniciación es la manifestación gradual de la Divinidad Interior a través de la belleza.

La creatividad o la expresión de la belleza se da en siete niveles:

1. Físico.
2. Emocional.
3. Mental.
4. Intuicional.
5. Átmico.
6. Monádico.
7. Divino.

La belleza física es la que pertenece al cuerpo. La teoría de la evolución muestra cómo nuestro cuerpo se depuró y embelleció cada vez más. En comparación con el hombre de la caverna, semi-animal y semi-humano, nuestra humanidad moderna es excepcionalmente bella.

El embellecimiento de nuestro cuerpo es una continua manifestación de nuestra Esencia hasta que se convierta en la expresión del fuego vivo de:

- Transformación.
- Transmutación.
- Transfiguración.
- Sacrificio.
- Resurrección.

El embellecimiento es una de las fases del cuerpo físico en el proceso de adaptación a la Esencia Divina.

La belleza *emocional* se expresa como relaciones humanas correctas, positividad, amor y magnetismo.

La belleza *mental* se expresa en creatividad, en las artes y las ciencias.

La belleza *intuicional* se expresa a través de facultades divinas, psiquismo superior, pureza, unidad, esfuerzo, contacto con el Plan y el Propósito de la vida.

La belleza átmica se expresa a través del poder sobre los elementos.

La belleza *monádica* se expresa como inmortalidad consciente o continuidad de consciencia.

La belleza *divina* se expresa como la aptitud para fundirse con toda la vida, con la totalidad de la vida.

Nuestras artes son acumulaciones de energías de estos siete planos de fuego. Suscitan los fuegos correspondientes y los hacen correr dentro de nuestros vehículos; produciendo purificación, armonía y transmutación.

La belleza suscita belleza, y el nacimiento de ésta es el nacimiento del Yo, la manifestación del Yo.

La belleza se manifiesta en las siete fases siguientes:

1. En forma de arquitectura o escultura.
2. En sonido y música.
3. En color y pintura.
4. En movimientos y danza.

5. En ceremonias.
6. En palabra y pensamiento.
7. En la vida o en el acto de vivir.

Cualquiera sea el nivel en el que se presente, en ese mismo nivel crea un punto de consciencia en los que lo aprecian y lo disfrutan en sus corazones.

La belleza crea coordinación en los centros superiores y eleva el anclaje de la consciencia desde los centros inferiores hacia sus correspondencias superiores.

La finalidad de la belleza es hacer que la Esencia se manifieste, nazca. Esta es la autorrealización verdadera, o la auto-concreción.

La autorrealización sólo puede lograrse cuando el Yo toma consciencia de sí mismo a través del espejo de su belleza manifestada. La creatividad es un proceso de toma de contacto con el propio Yo; es un momento de contacto con nuestro propio Yo. El Yo no puede ser conocido a menos que se manifieste en acción creadora.

El arte verdadero es el lenguaje del Yo. Sólo el arte puede crear un contacto entre un Yo y otro Yo. El arte abstrae a la consciencia de las interferencias de la personalidad y pone al Yo individual en contacto con el otro Yo, o con el YO. Sólo un artista de verdad puede llegar al Yo verdadero de otra persona.

La máxima alegría que una persona puede experimentar es tomar contacto con el Yo de otra persona a través de su propio Yo. Sólo el contacto verdadero con el Yo causa sublimación y armonización dentro de nuestros vehículos. Todo contacto verdadero con el Yo libera un rayo luminoso desde el Yo, y debido a este rayo, el hombre se convierte en una vida que es guía, en una fuente de fuerza para sí y para los demás. Este rayo se convierte, a su tiempo, en un sendero para los demás a fin de que viajen hacia sus Yoes verdaderos.

Una belleza extraordinaria es matemática. Es la síntesis de todas las ecuaciones, lo que la torna irresistible. Puede producir efectos equilibrantes sobre la personalidad y la vida para las que esa ecuación fue ideada.

Esparcir belleza es una tarea heroica, El ejército de la fealdad es poderoso. Este ejército está compuesto por los que están en la trampa de su *maya;* sus *espejismos* e *ilusiones* y están pesadamente cargados con *karma.* Está compuesto por los que también, consciente e inconscientemente, sirven a las fuerzas involutivas, a la fraternidad de las tinieblas, cuya intención es retardar la evolución de la humanidad. Este ejército está bien organizado y tiene poderosa influencia sobre el dinero, la política, la justicia y el comercio. Este ejército usa todos los medios posibles para combatir contra toda belleza organizada que pretenda elevar a la humanidad como una raza.

Su fealdad se expresa a través de literatura, películas, clubes nocturnos, prostíbulos, garitos, estupefacientes, cierta música, muchas pinturas, dibujos e ilustraciones.

La belleza es contraria a todo esto y lesiona indirectamente las operaciones del ejército de la fealdad.

La fealdad lucha contra:

– La pureza.
– La ley y el orden.
– Los derechos humanos.

- La unidad.
- La cultura y la verdadera educación.

Siempre que veamos la deformación de la belleza, deberemos apartarnos, porque la fealdad es maligna y degenera nuestro organismo, nuestra sinfonía.

Una vez, un gran Sabio dijo: «...custodia el corazón». El corazón es el templo de la belleza.

Las cosas que hacemos contra nuestra consciencia crean un latido cardíaco irregular y producen veneno en nuestro sistema glandular. La belleza es el mejor remedio para curarnos de la irregularidad del latido cardíaco y purificar nuestra sangre del veneno producido por nuestras glándulas.

Mediante belleza nos polarizamos hacia nuestro Yo superior, en el que respiramos las fragancias del bien y de la verdad. Quienes se polarizan hacia la belleza llevan una vida de bondad, inofensividad y verdad porque están más cerca de su propia Esencia, de su propia naturaleza Divina. Tales personas no son afectadas por los deseos e impulsos del yo inferior, y es por esa razón que pueden vivir en la bondad, la verdad y la belleza.

La identificación con el yo inferior es la raíz de todo mal porque el yo inferior no es todavía evolutivo; es involutivo. El arco de la involución es la separatividad, el materialismo, el egoísmo y el totalitarismo.

La identificación con el Yo superior es la fuente de la unificación, la espiritualización, el desinterés y la creatividad.

Es la belleza la que nos arrebata del yo inferior y nos fusiona con nuestro Yo verdadero.

La belleza crea esfuerzo dentro de nosotros. Nadie podrá avanzar por el sendero de la evolución, o por el sendero de la perfección, salvo a través del esfuerzo.

El esfuerzo comienza en el momento en que tomamos contacto con una belleza y, al mismo tiempo, comprendemos que nuestra vida manifiesta dista de ser igual a esa belleza. Esto exige a nuestro espíritu que, poco a poco, dominemos nuestra vida y expresemos belleza. La belleza revela en ocasiones la perfección de nuestra belleza, y decidimos transformar nuestra naturaleza mediante la inspiración de la belleza. Cuando experimentamos más belleza, aumenta nuestro esfuerzo y nuestra vida se forma en una vida de disciplina, en un proceso de armonización con la visión interior de la belleza.

La belleza libera alegría. La alegría es uno de los mejores tónicos para los nervios. Siempre que nos sintamos débiles, creemos alegría, aumentemos la alegría. Sentiremos que nuestra vitalidad aumenta, y esta es la alegría que se manifiesta a partir de la belleza.

Es posible curar muchas enfermedades con la belleza. Hasta nuestra vista mejora mirando y observando belleza. Nuestro oído mejora cuando escuchamos música bella. Esto es también cierto respecto de los demás sentidos.

La debilidad de los sentidos es el resultado de una retirada parcial de la Esencia Interior. La belleza atrae a la Esencia introduciéndola en el mecanismo de los sentidos, y éstos mejoran inmensamente.

Hasta nuestras actividades mentales aumentan al tomar contacto con la belleza. Antes de un examen, se debe disfrutar de la belleza, experimentar profundamente la alegría de la belleza, y se apreciará cuánto se aclaró el intelecto.

La debilidad de las energías mentales se debe a todas aquellas experiencias que en sí no tienen alegría. Tales experiencias penden de nuestra esfera mental y drenan la vitalidad de nuestro cuerpo mental. La alegría las dispersa y vitaliza las corrientes de electricidad dentro de nuestra mente y nuestro cerebro. Abrámonos a la alegría de la belleza.

La gratitud es la aptitud para ver belleza en los demás. Cada vez que somos agradecidos con alguien, vemos belleza en él. Y si siempre vivimos en la belleza, estamos siempre agradecidos. La gratitud es una gran energía purificadora que nos permite recibir las impresiones de grandes ideas e ideales, sin deformación, y nos permite cargarnos con las energías que sólo podrán tomar contacto con vehículos puros. La gratitud es una energía unificadora, y mediante la gratitud se unen muchas brechas en el hombre. en la familia y en la sociedad.

Una joven pareja buscaba consejo matrimonial, pues decía que existía entre ambos cierta frialdad. Luego de conversar un rato, les dije: « Vayan a comprar poesía de Walt Whitman, y léanla todas las tardes durante una hora».

Ambos se preguntaban qué podría hacer la poesía por ellos. Pero luego de una semana, la señora me llamó y me dijo:

«Marchamos bien. Nos enamoramos de nuevo».

La belleza despierta y fortalece el espíritu de gratitud, y la gratitud une los abismos. La gratitud es apreciación de la belleza.

Cada belleza causa una expansión de la consciencia en quienes armonizan con esa belleza.

Cada belleza revela nuevas metas e ideales, en pos de los cuales el hombre se empeña.

Cada belleza armoniza los vehículos de la personalidad y hace que la vida fluya y aporte mayor salud.

La belleza libera alegría, amor y gratitud.

La belleza hace que el hombre sea generoso y tolerante. La belleza regenera la secreción de las glándulas.

La belleza crea relaciones humanas correctas, benevolencia, comprensión, armonía universal. Esto es tan cierto que «a través de la belleza el hombre vence».

La belleza crea *unidad* porque la Esencia es magnética. Cuando marchamos hacia nuestra Esencia, marchamos hacia la Esencia de los demás. En el nivel de la Esencia no hay separación, sólo hay unidad.

¿Cómo acercarnos a la belleza?

La belleza está en todas partes. Para disfrutar de la belleza y usarla como agente de curación, autotransformación y auto-concreción, debemos ser conscientes de ella y fundirnos con ella.

La belleza tiene siempre un efecto sobre un ser humano, ya sea que éste sea consciente de ello o no, pero el contacto consciente con la belleza es un método directo para recibir el beneficio pleno de la carga. Para tener un contacto consciente con la belleza, debemos prepararnos en los siguientes temas:

1. El objeto de la belleza, en cualquier forma que se presente, deberá observarse muy esmeradamente. Si podemos tocarla, deberemos tocarla con nuestros dedos, nuestras palmas, nuestra cara, incluso con nuestros labios. Debemos entrar en contacto físico con

ella, observando todas las sensaciones que recibamos de ella.

2. Si es visual o auditiva, concentremos nuestros ojos u oídos sobre el objeto, de una manera profundamente relajada. Veamos los matices del sonido y del color; las relaciones de las notas o colores; el lenguaje simbólico que ellos hablan. Advirtamos todas nuestras respuestas físicas, emocionales y mentales.

3. Luego, absorbamos la belleza en nuestro ser. Enfoquemos y veamos la belleza en un sentido interior. Oigamos la música como si la estuvieran tocando dentro de nosotros hasta el instante en el que nosotros y el objeto de la belleza nos fundamos mutuamente.

4. El paso siguiente es hallar el nivel en el que la belleza se originó. Elevemos nuestra consciencia hasta ese nivel y tratemos de hallar la tarea real de la belleza, la finalidad para la cual fue creada.

Al cruzar un desfiladero, tres niños vieron una hermosa cascada, con pinares en la cima, un arco iris multicolor, lagunitas y águilas que volaban. Percibieron el poder de las cataratas, la serenidad. Tan pronto vieron eso, se sentaron en silencio sobre el césped, con las piernas cruzadas, y observaron la singular hermosura de la naturaleza. Ninguno de ellos habló. Ninguno de ellos se movió hasta el ocaso, cuando, con lágrimas en los ojos, se alejaron de las cataratas. Esa noche, ninguno de ellos habló. Esta hermosura produjo tal impacto en ellos que luego se convirtió en una experiencia psicológica.

Los tres niños llegaron a ser fuentes vivas de creatividad. Uno fue pintor que emocionó a la gente con sus colores. Otro fue un gran cantante y músico. El tercero escribió libros de amor hacia la humanidad.

Años después, siempre que se encontraban, se abrazaban y recordaban la experiencia de la catarata. Luego, se separaban en silencio, con una gran tensión creadora. La experiencia se convirtió en una catarata viva dentro de estos tres niños creadores que consagraron sus vidas a distribuir belleza a toda la humanidad.

Todos los que tienen sensibilidad hacia la belleza saben que cualquier expresión de ésta es parte de la manifestación del Yo Cósmico, y es un proceso creativo que prosigue dentro del observador mismo.

La catarata era la acción de la naturaleza, pero también era una llave para abrir las posibilidades Divinas dentro del hombre y liberarlas en expresión creadora.

La belleza habla, si aprendemos su idioma. Detrás de la forma, los ojos del artista nos contemplan. Él nos imparte su mensaje oculto, y si nos sometemos a la belleza, el artista se convierte, dentro de nuestro ser, en aguas vivas.

La inspiración es el momento de contacto con el Espíritu de los artistas. Es cuando la corriente eléctrica del Propósito, del Plan y de la ideación, se derrama dentro de nuestro nivel de creatividad.

La palabra «artista» no es definida habitualmente de modo adecuado. Un artista es una persona que objetiviza el Plan o el Propósito de la Gran Vida, construyendo así un puente entre la humanidad y su Fuente.

En este sentido, un político puede ser un gran artista cuando trata de gobernar y dirigir a la humanidad hacia su bien supremo.

Un educador puede ser un gran artista cuando trata de hacer nacer las posibilidades divinas de sus alumnos.

Un filósofo puede ser un gran artista cuando procura introducir en nuestra vida el significado y la finalidad de la existencia.

Un artista puede sintetizar todos los esfuerzos del político, del educador y del filósofo. de modo tal que los inspire con un ideal mayor.

Un científico podrá ser un gran artista en el sentido de que todos sus descubrimientos son las leyes y los principios mediante los cuales el Gran Artista del universo trabaja. La ciencia revela la arquitectura dentro de la belleza.

Un hombre religioso podrá ser un gran artista tratando de revelar el amor y las virtudes del Alma, y construyendo una escalera de ascenso hacia el ideal.

Un economista podrá ser un gran artista al crear los modos y medios por los que todos podrán disfrutar de la riqueza del planeta y elevar la norma de vida a una nueva dimensión.

5. El quinto paso es tratar de manifestar la belleza experimentada a través de nuestras expresiones de vida.

La música que oigamos, el poema que leamos, la pintura que veamos, el *ballet,* la ópera que disfrutemos, deberán crear un punto de tensión dentro de nosotros, y, luego, hallar una salida en una vida de creación. Esto podrá hacerse conscientemente comparando nuestra vida diaria con el punto de tensión al que llegamos durante el disfrute creativo.

El punto de tensión está en el nivel de consciencia o conocimiento en el que seamos capaces de construir una imagen de nosotros en el fuego del entusiasmo creativo, en el que tengamos contacto con nuestro Yo superior, y una visión de nuestra posible transfiguración futura mientras gozamos de la belleza en éxtasis. Bajo la luz de este punto de tensión, podemos transformar nuestras acciones, nuestras expresiones emocionales, nuestras operaciones mentales, nuestros planes, nuestras metas, y hacer que se adecuen a la frecuencia de nuestra tensión interior. Los hombres de gran honor, dignidad, solemnidad y belleza son creados cuando ellos sostienen durante suficiente tiempo tales puntos de tensiones para transformar sus vidas.

6. Nuestro próximo paso es usar nuestro momento creativo e inspiracional como un medio para servir a la humanidad, irradiando el amor, la belleza, el éxtasis, la luz a toda la humanidad, con la intención de curar las heridas de la gente, dispersando las nubes del odio y de la separación, y creando relaciones humanas correctas, benevolencia, comprensión y una transformación de nuestra vida social. Este paso puede llamarse la proyección de la belleza hacia el mundo.

Escuchemos música elevadora y al mismo tiempo visualicémosla como si resonara en todo el mundo, induciendo gran armonía y ritmo en la vida humana. Veamos grandes colores y formas inspiradoras, y proyectemos la belleza a todos los sitios en los que existan discordia y odio. Visualicemos los cambios emocionantes que ocurren en estos campos.

El arte de la nueva era tendrá sólo una meta: liberar a la belleza, a la Divinidad en la humanidad, curar las heridas de la humanidad, crear amor, comprensión y armonía entre todas las personas, a pesar de todas las diferencias de éstas.

Es verdad que, con semejante purificación, el hombre será capaz de horadar las fuentes de la alegría y la dicha máximas dentro de sí mismo.

Podremos compartir el momento de nuestro éxtasis con los que atraviesan momentos críticos de sus vidas. Podremos incluso introducir «música», «color» y «movimiento» en las mentes de quienes están en las garras de las tinieblas, el delito y la codicia.

Podremos visualizar a tal persona o tal grupo y ver que disfrutan dentro de nosotros el momento del éxtasis. Cuando profundizamos en nuestra dicha creativa y ardiente, visualizamos el cambio por el que están atravesando.

Los grandes artistas creadores son la fuente de la cordura, de la comprensión y de la salud de las naciones. Es posible usar sus expresiones creativas para transformar nuestras escuelas, nuestras prisiones, nuestras oficinas y nuestros hogares.

Incluso es posible que nos curemos mediante las formas artísticas. La belleza puede usarse técnicamente en hospitales y prisiones para curar y cambiar las vidas mediante procedimientos científicos. Recordemos que belleza es salud. La belleza es poder. La belleza es el desinfectante y el armonizador máximos. En la belleza tenemos la Presencia de todo lo que existe.

Tomar contacto con esa Presencia significa ser una belleza. La belleza es una fuente de energía psíquica.

Nuestros hijos no sólo deberán ser puestos en contacto con la belleza en sus clases de arte, sino que también deberá enseñárseles a ver la belleza, cómo disfrutarla, cómo ser bellos. Deberán aprender a ver a la belleza en las flores, en los grandes ríos y cascadas, en todas las formas de vida, y entrar en contacto con la creativa belleza de los grandes artistas.

7. El siguiente paso es un esfuerzo para encontrar equilibrio en el color, el sonido, la forma y el movimiento en cualquier ámbito en el que vivamos o trabajemos.

Cierto color goza de cierta música. Cierta música goza de ciertos movimientos de las formas. ¿Cómo debe ordenarlos una persona, y en qué cantidad para que podamos ver su belleza en su ámbito?

En una ocasión, yo estaba sentado en una habitación decorada muy sencillamente. Una bella muchacha, con un largo vestido blanco, tocaba el piano para mí. Mientras ella tocaba, vi en uno de los rincones una talla en madera de Krishna que tocaba su flauta. Advertí que las cortinas eran de color violeta, y la alfombra dorada. Todo esto concordaba de tal modo con la música que experimenté una extremada alegría y una energía elevadora. Casi oí la flauta de Krishna a través de la música de ella.

Cuando concluyó, le dije: « Fue hermosa tu sinfonía».

«¿Sinfonía?».

«Sí».

«Hummm . . .».

Entonces, de repente, se puso de pie de un salto y me abrazó, diciéndome: « Sí, comprendo. Usted se refiere a Krishna, a las cortinas, a la alfombra, al piano, a la música, a mí... toda una sola sinfonía».

8. El próximo paso será ahondar en nuestra experiencia creativa. Preguntémonos si nuestra labor de creación es una satisfacción personal o una liberación psicológica, o un trabajo forzado por necesidades materiales. O es una planificada acción creadora a través de la cual tratamos de cooperar con la Gran Naturaleza para lograr su nacimiento continuo, la manifestación continua de su Yo verdadero. Mediante nuestro trabajo creativo, ¿tratamos de liberar las semillas aprisionadas, atrapadas en los espejismos, las ilusiones y el maya, para liberar la belleza oculta en cada forma viva?

¿Procura nuestro trabajo de creación más cordura, causa una cura y una colaboración mayores entre personas y naciones? ¿Ilumina a las mentes de la raza humana?

¿Ayuda a mejorar nuestras condiciones políticas, económicas y sociales, o nuestro «trabajo de creación» es una expresión de nuestras heridas interiores, de nuestras depresiones y obsesiones, y un medio para satisfacer nuestra codicia y nuestro odio, nuestro miedo y nuestro orgullo?

Un artista creativo tiene un corazón compasivo, lleno de sabiduría y espíritu de sacrificio. El corazón de un verdadero artista está en sintonía con los corazones de todas las vidas manifestadas.

Una vez, un gran Sabio dijo:

> Repite la Belleza una y otra vez, incluso con lágrimas, hasta que llegues a tu destino.[2]

---

2. Agni Yoga Society, *Hojas del Jardín de Morya* I, párr. 252.

LA BELLEZA

III

En cada ser humano existe una Chispa de la Totalidad, del Centro de Creación y armonía «de Quien todas las cosas proceden, a Quien todas las cosas retornan». Este es el Fuego Central que se discute en muchas culturas. Cada humano es una Chispa de este Océano de Fuego en quien el Todo se halla como un microfilme. Este « microfilme» es una chispa creadora, como lo es su Fuente, pero existe en sí mismo, en el proceso de florecer y fundirse con la Fuente Central. Durante este proceso, el Fuego Interior se irradia con magnitud cada vez mayor y crea culturas, civilizaciones y objetos de belleza suprema.

La belleza se expresa en muchos niveles toda vez que una chispa sea consciente de alguno de ellos. Los siguientes, son los niveles de la belleza:

1. Belleza del nivel físico.
2. Belleza del nivel emocional.
3. Belleza del nivel mental.
4. Belleza del nivel intuitivo, e incluso superior.

La expresión de una belleza extraordinaria comienza cuando la consciencia de una persona funciona en los planos Intuicional y superior en los que aquélla atraviesa un proceso de transfiguración.

Cada creatividad está cargada con la sustancia eléctrica a través de la cual pasa la energía creativa del Núcleo interior. Cada belleza presenta una carga diferente.

Hay belleza real y hay belleza artificial. La belleza artificial es una forma de belleza igual a la belleza genuina, pero carece de la carga de los niveles superiores, y no se basa en la transformación o la realización individuales.

La belleza es la manifestación de la Divinidad dentro de nosotros. Toda la creación (nuestra Tierra y todos los reinos, nuestro sistema solar, nuestra galaxia, el zodíaco y millones de constelaciones y galaxias) son la manifestación de una consciencia, de una mente, de un poder, cuya Chispa vive y funciona en todas las formas. Y cada uno de nosotros es una Chispa de ese Fuego Central de energía.

Cuando nos volvemos creativos, esa Chispa empieza a manifestarse. La manifestación de esa Chispa es la que construyó las pirámides del mundo, y creó las obras maestras de arte en diferentes ámbitos de todo el mundo. La Chispa causó los logros del hombre en todos los campos, y creó grandes héroes planetarios. La apreciación de la belleza es un contacto con esa Divinidad Interior.

La belleza puede discutirse desde el punto de vista de los siguientes cinco tipos de personas:

1. Los artistas ardientes que crean belleza. La belleza es la señal de su logro, concreción y madurez. Estos son creadores originales que crean en el triángulo ardiente.

2. Quienes se esfuerzan en pos de la belleza. Cuando tocan, degustan y asimilan belleza, su consciencia se expande y entran en el sendero de la creatividad.

3. Los que rechazan la belleza debido a su inmadurez. Son personas sobre las que la belleza no se deberá forzar, excepto para la disciplina de la vida, la que deberá presentarse de diversas formas. Pues si se las fuerza hacia la belleza, se vuelven contra ella, y contra sus creadores.

4. Los que producen fealdad que se opone a la belleza. Hacen esto con plena consciencia o mecánicamente, usando la tendencia de la mayoría a excitarse con lo delictivo y con los actos vituperadores de las virtudes o las acciones heroicas.

Debido a esta excitación, sus feas producciones dan beneficios financieros. Esto no significa que la humanidad promedio se incline por la fealdad. Por el contrario, la humanidad promedio acepta la belleza si se la dan en forma que la pueda entender y usar. Pero quienes producen fealdad tienen su modo científico de ponerle un cebo a la gente y, mediante belleza artificial, conducir a la persona promedio hacia la fealdad. Es asombroso cómo una persona puede digerir la fealdad cuando está mezclada con la dosis correcta de belleza artificial; entonces, se obra inconscientemente bajo el efecto de esa fealdad. La fealdad puede expresarse en forma de emociones, en pensamientos, en motivos, en planes y en acciones. La fealdad oculta a la Divinidad que está en el interior, y entonces hace dificilísimo o dolorosísimo que la Divinidad se exprese.

La fealdad atrae el foco de la consciencia hacia impulsos y deseos ciegos, hacia la materia, donde obedece las órdenes de la materia. y de los deseos del cuerpo físico. Nos atrae hacia la selva de las emociones negativas, de los deseos de separatividad, del odio y de lo delictivo. La fealdad nos introduce en nuestra mente inferior donde existe el temor, donde existe la ilusión, donde existe la confusión. Allí perdemos la finalidad de nuestra vida y vagamos en las tinieblas del egoísmo.

Quienes usan la belleza para explotar a la gente proporcionan una trampa peligrosa a las almas que, debido a su amor por la belleza, son atrapadas y conducidas hacia el sendero de la fealdad.

El mal uso de la belleza es la causa de la degeneración de las culturas, razas y naciones. Podemos encontrar ejemplos de tal explotación en propaganda sobre sexo, tabaco, bebidas alcohólicas, clubes nocturnos, prostíbulos, programas televisivos, películas, etc.

El espíritu creativo no podrá transformar al mundo hasta que se aprecien sus obras, se las acepte y se trabaje sobre ellas.

La belleza real se concibe en la Tríada Espiritual, o en la Tríada de Fuego:

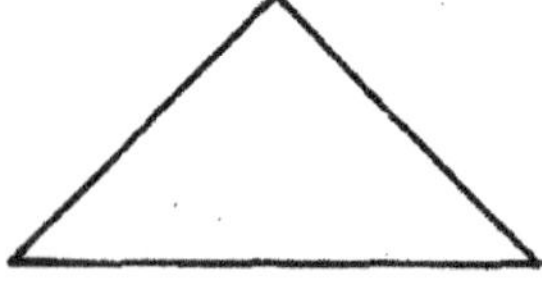

La mente superior es el ámbito en el que lo universal y lo individual se encuentran para inspirar al individuo mediante lo universal.

Estos tres ámbitos, cuando se correlacionan, crean un campo ardiente en el que el alma humana se desarrolla en su Divinidad. A tal persona se la llama Agni Yogui, persona que se esfuerza en procura de la unidad con las realidades cósmicas en la esfera de fuego. En esta esfera ardiente es donde la disciplina ardiente de la unidad construye sus vehículos superiores. Cuando decimos que el hombre tiene «vehículos superiores», significamos que el hombre está en poder de los mecanismos sutiles que pueden transmitirle cosas que ocurren en diferentes niveles.

La belleza varía en distintos ámbitos de la vida. Existe la belleza física, y existe la belleza moral. Existe la belleza de pensamiento y de ideal. Existe la belleza de la intuición y de la revelación de los misterios. Existe la belleza objetiva y la subjetiva. La belleza objetiva es una condensación y una cristalización de la belleza subjetiva. En la belleza física, sólo tenemos una fracción de la belleza subjetiva real, como en la representación de un espléndido palacio de arquitectura sublime cuando se lo compara con un modelo de arcilla.

Para alcanzar contrapartes subjetivas y superiores de belleza, necesitamos «tubos electrónicos», sensores, centros y mecanismos superiores que pongan al yo individual en contacto con los planos superiores. Tales sentidos y centros se desarrollan en el ámbito de la Tríada Espiritual en el Triángulo de Fuego.

En el Triángulo de Fuego es donde el hombre podrá tomar contacto con la belleza extraordinaria en sus muchas formas. Todos los grandes logros nacieron en el Triángulo de Fuego, porque es allí que el hombre podrá tener proyecciones ideales provenientes de los reinos Superiores.

Cuando a la belleza se la concibe en este ámbito de fuego, ella lleva consigo el fuego e incendia al Espíritu de las personas con ese mismo fuego, y les exige una vida de belleza.

El hombre debe iniciarse poco a poco en la belleza, pues ésta existe sólo cuando el hombre desarrolla sentidos para reconocer y apreciar la belleza.

El imponer la belleza puede crear muchas reacciones indeseables. La belleza forzada irrita a aquellos no tienen un mecanismo para recibirla, asimilarla o expresarla. Esta irritación se convierte en temor y odio. Tales hechos originaron la persecución de los grandes Maestros de la Sabiduría, de las Artes y del Conocimiento.

Tan pronto un genio supera los niveles de consciencia de un gran porcentaje de la humanidad, su destino físico está en peligro. Su arte o su sabiduría están sujetos a degeneración, y sirven de alimento a la fealdad, las imitaciones y las deformaciones destructivas.

Es por eso que el sentido de la belleza debe cultivarse desde temprana edad, poco a poco, y con gran cuidado para que el espíritu de la belleza se arraigue y nutra adecuadamente los corazones de los niños del mundo.

Una dosis impuesta de belleza crea rechazo hacia la belleza, o la energía de la belleza crea congestiones en quienes no tienen modo de asimilarla y expresarla.

La carga de la belleza debe expresarse en una vida de creación, o puede causar deterioro. Podemos ver esto en la historia de la humanidad. Las civilizaciones y culturas con grandes Maestros del Arte y la Ciencia, cuando fueron impuestas a una generación posterior que no estaba preparada, produjeron el efecto contrario. La degeneración comienza luego de una gran realización de belleza. La razón de esto es que el voltaje forzado de tal realización fue tan grande que los nuevos niños no pudieron entenderla, asimilarla y expresarla. La generación que creó tal cultura dio por sentada esa belleza y no preparó a los hijos para que la apreciaran y la desarrollaran más.

Cuando se impone la belleza sobre quienes no están preparados para apreciarla y vivirla creativamente, las civilizaciones entran en un ciclo de descomposición, degeneración, confusión y caos.

Cuando se pone en marcha la degeneración y la descomposición, esto causa gran dolor y sufrimiento a los que estuvieron identificados con sus múltiples expresiones, y atraviesan una depresión psicológica. Quienes todavía no despertaron ante la belleza caen en la fealdad, y sostienen a los productores de la fealdad.

Pero las almas iniciadas que fueron instruidas en la belleza y elevadas en su consciencia hacia las grandes alturas del fuego, comienzan nuevamente a construir una nueva estructura de belleza como testimonio del progreso del Espíritu a través de los siglos. Y la rueda gira una y otra vez hasta que el hombre está preparado para vivir en el Triángulo de Fuego.

Un creador es un artista de verdad, es un transmisor que profundiza sus raíces rumbo al cielo dentro de tantos planes como le sea posible, y que extiende sus ramas rumbo a la tierra hacia todo lo que pueda alcanzar. La finalidad es integrar lo más bajo con lo excelso. Un transmisor es un puente consciente, en una unidad inconsciente.

Para apreciar la belleza debemos construir o erigir los mecanismos de los centros transmisores dentro de nosotros mismos. Antes de construir este mecanismo, la revelación de grandes bellezas creará suspensión de la consciencia, confusión total, sentido de falta de finalidad de la vida, y destrucción del sentido de dirección y discriminación.

Con todo esto ¿decimos que los grandes artistas deben crear sus obras maestras y no brindárselas al público? La respuesta es: no. Las personas creativas están siempre activas y sus obras deben hallarse en todas partes. La minoría que responda a sus obras se elevará hacia logros espirituales, morales y culturales mayores.

Quienes deforman la belleza están también activos. Quienes producen fealdad están ocupados en sus tareas. Pero los niños del futuro que tienen el ideal de la belleza, son los que repetidamente traerán una nueva cultura y una belleza nueva a cada civilización, hasta que la belleza transforme a la vida planetaria.

Veamos qué hace la belleza para quienes se abren a ella y están listos para recibirla: LA BELLEZA

1. Expande la consciencia.
2. Inspira nuevos ideales.
3. Armoniza en la mente las ideas inconexas.
4. Trae nuevas revelaciones.
5. Libera energía psíquica.
6. Suscita alegría y amor, y disipa el temor.
7. Hace que el hombre sea inclusivo.
8. Abre las puertas de la generosidad.
9. Despierta mayor tolerancia.
10. Nos llena de solemnidad.
11. Regula la circulación de la sangre.
12. Regenera la secreción de las glándulas.
13. Mejora la asimilación de la comida.
14. Crea relaciones humanas correctas.

15. Aumenta la benevolencia.
16. Revela el sentido del Infinito y la Inmortalidad.

1. *La belleza expande la consciencia.*

La claridad, la intensidad y la profundidad de nuestra consciencia depende de la calidad de la sustancia de nuestro cuerpo mental, y de la fuente del rayo de la inteligencia. Este rayo puede llegar a nuestro plano mental desde el alma humana, desde el Ángel Solar, desde la Tríada Espiritual, o desde la Mónada misma. La intensidad de la luz de la consciencia aumenta cuando el rayo de la inteligencia actúa desde los centros más cercanos al Yo Verdadero.

Asimismo, la consciencia puede enfocarse en diferentes niveles. Si nuestra consciencia está ocupada con nuestra vida física o nuestro cuerpo físico, con sus deseos e impulsos, y tiene cierto grado de luz, esta luz aumentará más cuando el foco de nuestra consciencia viaje hacia los planos superiores. Si nuestra consciencia está enfocada en los planos mentales superiores sin perder su control sobre los planos inferiores, tenemos una consciencia más equilibrada.

Cuando disfrutamos la belleza en cualquier forma, irradiada desde los planos superiores, suscita respuestas de los planos correspondientes de nuestro ser. Entonces empezamos a sentir el influjo de la energía proveniente de ese plano superior hacia el campo actual de nuestra consciencia. La alegría, la frecuencia con que la sustancia se libera desde nuestros planos superiores enriquece y expande nuestra consciencia. La libera de su foco inferior y la ancla en un nivel superior.

Siempre que degustamos y disfrutamos la belleza y nos fundimos con ella, nuestro Núcleo Interior libera un rayo de luz, un rayo de amor, y una corriente de energía que nos ancla en el nivel de nuestro actual campo de consciencia; así, vincula a nuestra consciencia con los planos superiores de nuestra existencia y permite que ésta alcance mayores horizontes y tenga mayor comunicación con valores superiores.

De este modo, la belleza aporta a nuestra consciencia nuevo alimento: el alimento del significado existente detrás de la belleza; el alimento del nivel de creación en el que los artistas concibieran esa belleza; el alimento del ideal, de la dicha, del trabajo en el que esa belleza se polarizó. Todo esto nutre nuestra consciencia y la conduce hacia el plano de la intuición, a través del simbolismo que la belleza representa.

El poder de la belleza se basa en el hecho de que es un símbolo de alegría mayor, dicha, creatividad e idealismo con las que el artista tomó contacto. Cuando se contempla ese símbolo, el poder de la belleza penetra en nuestro ser y suscita un deseo de belleza.

La tarea de un artista es hacer nacer una nueva humanidad mediante la expansión del ideal de la humanidad hacia los niveles de la armonía: hacia los niveles de la belleza. Un artista concibe nuevas ideas, nuevos ideales y, a través de ellos, expande la consciencia de la humanidad. A través de tal expansión, se curan las fisuras, se alcanzan nuevos campos de cooperación y comprensión, se hacen descender nuevas energías para uso diario, y se brindan nuevos ideales al esfuerzo humano.

El lado práctico de estas ideas es que, al traer belleza a nuestro hogar, a nuestro trabajo, a nuestra vida, se expande la consciencia de los que, de otro modo, llevan una vida de tinieblas, ignorancia y separatividad.

Una consciencia estancada no puede ser creadora. La creatividad es resultado de una consciencia siempre en expansión.

2. *La belleza inspira nuevos ideales.*

Un ideal es un fragmento del plano de nuestra Alma que se concretará a su debido tiempo. Un ideal es una porción del Plan Jerárquico que, a su debido tiempo, creará respuesta en la humanidad y se convertirá en música. La música, la literatura, la danza, la escultura y cualquier género de arte creativo traen consigo una porción del plan que se refleja en el nivel en el que el acto creador se puso en marcha o en el que fue concebido.

Cuando tomamos contacto con el plan detrás del arte, y elevamos nuestra consciencia, al menos temporalmente, una parte de ese plan se refleja en nuestra consciencia y tomamos conocimiento de una nueva dimensión de vida, de un nuevo ideal. Este ideal cambia nuestra vida y nuestra relación, y polariza nuestra vida hacia el futuro.

El «futuro» en su significado abstracto es el ideal que la Vida Solar tiene para las almas humanas. El futuro es un imán que crea respuesta de la humanidad. El futuro es el negativo fotográfico que se manifestará en la forma de un cuadro como una forma de vida. Podemos entrar en contacto con ideales superiores y más amplios a medida que nuestra consciencia se eleve de un nivel inferior a otro superior.

Recordemos que la creatividad es doble: a una se la puede llamar la creatividad reflejada; a la otra, creatividad del ser, o creatividad de la realización.

El primer tipo de creatividad ocurre cuando el artista puede reflejar las obras creativas de los demás, juntándolas y produciendo una nueva combinación de colores, formas, movimientos, ideas y demás, pero él no está en su creación; su creación no está brotando de su Yo.

La creatividad del ser ocurre cuando el artista está en su expresión creativa; está fundido con ella; es uno solo con ella. En un sentido, él es su creación. Por ejemplo, imaginemos que oímos a dos artistas que tocan el violín. Uno puede tocar concretamente las notas dadas; el otro pone su Yo dentro de ello. Experimentamos el impacto del segundo sobre nuestro ser. Cuando tocamos nuestra nota en el nivel con que fue concebida y creada, somos artistas de verdad.

La verdadera creatividad debe llevar consigo una porción de nuestro ser. Este es el arte que impresiona a la gente y causa cambios en ésta.

Otro ejemplo: alguien dice que nos ama, pero no lo sentimos. Pero cuando otro dice: «Te amo», lo sentimos y respondemos a eso porque proviene del ser de esa persona, no de la maquinaria de su ser.

Un artista de verdad no nace sólo ajustándose a una práctica. La práctica podrá depurar su técnica, su estilo, sus modos de expresión, pero jamás podrá ser un artista de verdad tan sólo practicando. Un verdadero artista nace elevando, cambiando y expandiendo constantemente su consciencia, transformando su vida, y penetrando en los niveles superiores de su ser con un espíritu perpetuamente amplio. A menudo, tal artista ni siquiera necesita aprender las normas y reglas contemporáneas de expresión. Su plenitud interior brota y brilla con extraordinaria belleza y con una técnica y una forma poco comunes y sin precedentes, porque la belleza es el Yo. El arte es la manifestación del Yo en una vastedad en constante expansión.

A veces, discriminamos entre diferentes tipos de música. Decimos: «este tipo de música es bueno; esa música no es buena». Pero la realidad es que una música fue concebida y creada mientras el foco de la consciencia del artista estaba en los planos intuitivo o superior, y otra música fue creada mientras la consciencia del hombre estaba enfocada en el centro sacro o en el plexo solar.

Las personas que se enfocan en sus niveles inferiores no gustarán de la música que proviene de los niveles superiores. Y las personas que se enfocan en los niveles superiores se sentirán heridas cuando se las someta a música de nivel inferior.

Degenerarán, o, por lo menos, se sentirán confusas.

La belleza real es un don de nivel elevado que, como un imán, atrae hacia arriba a quienes están dispuestos para ella o, poco a poco, los prepara para que se eleven.

3. *La belleza armoniza en la mente las ideas inconexas.*

Las ideas son fragmentos del Plan que caen en nuestro estanque mental a través de ideales, oraciones y meditación. Pero debido a que no están alineadas e integradas en conjunto, no presentan en nuestra vida poder ni influencia y no llegan a expresarse como un acto creativo. La belleza une estas ideas y les presenta una meta de la existencia y un deseo de expresarse colectivamente.

Es como cuando un hombre que llega a un mercado y encuentra a diez o quince muchachos que están allí echados y pierden su tiempo en discusiones. Se acerca a ellos y les dice: «Tengo una huerta para plantar; si quieren ganar algún dinero, síganme».

Todos van con él y trabajan, en colaboración, en una sola meta. Pueden tener antagonismos, pero cuando les presentan una meta, se vuelven solidarios y unidos.

Cada belleza es una melodía, o una sinfonía, de ideas. Cuando llega, su impacto sobre la mente humana es como un imán que alinea e integra, y crea una meta para los trocitos de metal del campo magnético.

La belleza crea metas en nosotros, da un significado a nuestra vida, y alrededor de esta meta o significado, nuestra mente caótica se organiza a su tiempo. Una mente organizada es una planta motriz. Una mente desorganizada causa fugas de energía.

En nuestras mentes hay muchas ideas bellas, pero debido a la falta de vínculos entre ellas, carecen de energía y son estáticas. La belleza forja el vínculo entre ellas, y cuando se funden entre sí, la creatividad del hombre se vuelve activa.

Las personas de mente armonizada pueden ser reconocidas de inmediato. Cuando discutimos algo con ellas, ellas nos ayudan a poner nuestra mente en una acción ordenada. Disipan nuestra incertidumbre o nuestra confusión, y nos dan una perspectiva clara de la vida.

Los creadores de belleza son los colaboradores de la Gran Energía del Cosmos.

4. *La belleza aporta nuevas revelaciones.*

Una revelación es el resultado de la aptitud para ver cosas que jamás vimos antes, aunque estuvieran allí. Cae un velo de nuestros ojos y decimos: «Ahora veo».

Una belleza es el resultado de una revelación. La revelación es nada más que un momento de penetración en el velo del misterio de nuestro Ser, o del Universo.

La belleza creada, al ser así mensajera de la revelación, nos lleva hacia una nueva realidad de la que anteriormente no estábamos al tanto. Esta revelación crea una nueva polarización en nuestra vida, y empezamos a organizar nuestra vida psicológica y física según esa revelación.

La revelación es una experiencia que resulta de la interacción de dos polos del ser. Es el resultado de quitar los velos de nuestra personalidad y de permitir que el ojo vea las cosas libres de las limitaciones de la personalidad. También es el resultado del recogimiento del alma humana dentro de la Fuente del ser, del Yo. Así, un velo tras otro y una etapa tras otra, el hombre despierta a la realidad; cada etapa del despertar es un nuevo acto de revelación.

En primer lugar, nos relacionamos con el mundo a partir de los intereses de nuestros instrumentos físicos, deseos e impulsos, y manejamos la vida por nuestra existencia física misma. Luego cae el velo y vemos un significado mayor en una vida de relaciones mayores, de sentimientos más sutiles, y nos relacionamos emocionalmente con el mundo. Hay dolor y placer. Hay aflicción y júbilo, no sólo para nosotros, sino también para quienes están estrechamente relacionados con nosotros.

Luego cae el velo siguiente, el velo de la mente inferior llena de ilusiones, y nos relacionamos con el mundo como una mente. El mundo es ahora para nosotros ley y orden, matemática, geometría, álgebra, dibujo y plan. Si somos afortunados, también cae ese velo, y tomamos contacto con la existencia como lo es, en el plano Intuicional. Cae entonces un velo tras otro y nuestra visión penetra más profundamente en el misterio de la vida.

Este es un proceso del despertar. Cuanto más despertamos, más conscientes estamos, hasta que la unidad misma de la consciencia es el objeto del conocimiento. Así, se pone en marcha la máxima revelación cuando nuestros ojos empiezan a ver a nuestro Yo verdadero, primero como en un espejo, luego «cara a cara».

La iniciación es el proceso de retiro de los velos de nuestra consciencia, y luego, de nuestro conocimiento.

Cuando despertamos, nos dirigimos hacia nuestro Yo verdadero. Cuando nos dirigimos hacia la materia, entramos en un sueño cada vez más profundo, y en la separación y la cristalización.

Es la belleza proyectada desde los estratos de un artista verdaderamente creativo, que guía nuestros pasos hacia el santuario de nuestro propio ser, cuando disfrutamos y rendimos culto a la belleza que él creó y nos emocionamos con ella.

En realidad, no podremos disfrutar de la belleza a menos que seamos uno solo con ella. Ese es el ornato de la belleza. Hasta que no nos perdamos en la belleza, no podremos adornar a la belleza. En el ornato se aniquilan las consideraciones separatistas. Ese es uno de los secretos de las grandes artes: aniquilar nuestras consideraciones basadas en el yo separado.

Un día, un místico dijo que entró en el jardín de la belleza y perdió a su yo. Cuando volvió a estar con sus amigos, le preguntaron: «¿Qué trajiste del jardín de la belleza?».

Respondió: «La belleza», porque él se había transformado en belleza.

5. *La belleza libera energía psíquica.*

La energía psíquica es la corriente de energía que sale de nuestro Centro Más Interno, de nuestro Núcleo creador, electrizando y cargando todos nuestros vehículos con la energía de la vida, del amor y de la luz. Es la energía que aporta a nuestros vehículos la armonía, la dicha y la serenidad del Yo Interior. Cuando la energía psíquica circula libremente en los vehículos de la personalidad, armoniza al hombre con el ritmo de la Vida Cósmica.

Los grandes artistas y conductores tienen una carga mayor de energía psíquica que ellos irradian: actos, palabras, pensamientos y expresiones creativas. Esta energía psíquica da calidad ardiente a nuestras expresiones, y cuanto hagamos pone a la gente en acción entusiasta.

La belleza libera energía psíquica parque la belleza hace que la Divinidad Más Interna se manifieste. Despierta en nosotros la Divinidad, torna radiactiva nuestra Divinidad. Cuando la radiactividad de la belleza se pone en marcha, estamos en proceso de cura. Esta energía purifica nuestros tres vehículos y restablece la armonía y la salud en ellos.

La belleza es la que unifica e integra todos los vehículos con el ritmo central del Yo. Quienes se unifican con su Yo verdadero se convierten en las encarnaciones de la belleza.

En una ocasión, mientras yo trataba de hallar la belleza más gloriosa, centelleó en mi mente el nombre de Cristo. La encarnación de la belleza es Quien demostró y todavía demuestra el máximo amor no sólo hacia Sus amigos sino también hacia Sus enemigos. Esto no es todo. El demostró y todavía demuestra una vida, que, si se la adopta realmente, conducirá a toda la raza humana hacia la cima de la belleza. Él es el sendero de la energía psíquica. Por eso Él dijo: «Yo soy el camino, la verdad y la vida». Y Él simbolizó la gran idea y el gran ideal diciendo: «Yo soy el vino, bebedlo. Yo soy el pan, comedlo…». Así, podemos fundirnos con la Belleza Sublime.

La energía psíquica es la que lleva a cabo las influencias, la impresión de nuestra finalidad y nuestro plan, y el Fuego Interior. Nada es influido positivamente a menos que esté cargado por la energía psíquica. Nuestra voz, nuestra palabra, nuestra música, nuestras pinturas, son todas mecánicas y sólo suscitan una respuesta pasajera si no están cargadas con energía psíquica. Cuando tenemos una corriente de energía psíquica, *tocamos* a las personas, tocamos su Esencia, su corazón. No las tocamos con nuestras palabras ni con expresión alguna, sino con *nuestro Yo.*

El hombre es una unidad de energía, una onda eléctrica que se irradia y nutre a todas las pequeñas vidas de sus vehículos. De modo parecido, la expresión cargada con energía psíquica alimenta a todos los que entran en contacto con esa expresión en cualquier forma, y este contacto crea en ellos un autoconocimiento temporario y perpetuo.

En su Esencia, el hombre es una llama, un fuego vivo, y este fuego arde en su expresión creativa.

Imaginemos un cáliz en el que hay una llama y servimos a esa llama como una sagrada comunión; esa llama es la energía psíquica.

6. *La belleza suscita alegría y amor, y disipa el temor.*

Los antiguos reyes de China y Mongolia sabían esto. Decoraban sus palacios con bellezas extraordinarias. Tenían música, danzas, escultura, literatura de alto nivel y muy depuradas labores de bordados. Tenían todo esto porque sabían que el liderazgo no puede moverse en la dirección correcta a menos que el conductor tenga alegría y amor.

La alegría proviene de trascender diestramente las limitaciones de la personalidad, y de dirigir la consciencia hacia un nivel en el que lo tenemos todo, no perdemos nada, y *somos.*

El amor proviene del nivel en el que nos sentimos unificados con toda la vida. Cuando podemos destruir las limitaciones de nuestros estados físico, emocional y mental, y entrar en la libertad de nuestro espíritu, estamos en alegría. Cuando el amor se libera en nuestro ser e inunda toda nuestra vida, se vence al temor y se establece la unidad.

La belleza libera a una persona de sus limitaciones y la conduce hasta la Fuente de la unidad.

Las mentiras y la explotación nos limitan. La verdad y el servicio nos hacen libres. Por eso experimentamos alegría en la libertad y amor en la unidad.

7. *La belleza hace que el hombre sea inclusivo.*

El máximo remedio para las personas egoístas, separatistas y aborrecibles es el que proviene de las Fuentes Superiores. Esta belleza deberá dárseles como pensamientos-semillas para la meditación, como píldoras para la asimilación.

La belleza trasciende todas las separaciones. Frente a la belleza no hay discriminación racial, no hay explotación, no hay egoísmo agresivo. La belleza une a todos los hombres por doquier, porque la belleza es el lenguaje de la unidad. Con belleza no sólo significamos la unidad política, sino también la unidad de emociones, la unidad de la mente, la unidad de las Almas, la unidad de las respuestas.

Cuando adoramos a la belleza, nos fundimos con ella y nuestro corazón se abre hacia todos los seres vivos.

8. *La belleza abre las puertas de la generosidad.*

Cuando vemos a una mujer bella o a un hombre bello, queremos obsequiarles porque la belleza de ellos hace que actuemos como un Alma, no como una personalidad.

Los mezquinos están atados a la materia, a la personalidad y al temor. Basta que eleven su consciencia hasta el nivel del Alma y se volverán generosos.

A medida que ascendemos en nuestro ser, nos volvemos más radiactivos; a medida que descendemos, nos tomamos más represivos. Ser represivo significa ser no-radiactivo, retraerse, recogerse dentro de un yo inferior lastimoso y dentro de sus intereses. La economía no es represión ni mezquindad, sino la correcta apropiación de energía para lo que se necesita.

9. *La belleza despierta mayor tolerancia.*

La belleza ensancha nuestra consciencia y hace que sepamos que en cada persona existe «la esperanza de gloria» que un día se manifestará.

La tolerancia es la aptitud para ver motivos, y la convicción de que los malos motivos son como meteoros que brillan un rato pero, a su tiempo, mueren en el espacio.

La belleza acrecienta el poder de nuestra intuición porque vincula a nuestra mente y nuestras emociones con el plano de la intuición. La intuición se relaciona con la mente, como el padre lo está en relación con su hijo que juega con sus juguetes.

Ninguna belleza real nace sin el fuego de la intuición o el fuego de la visión inclusiva.

10. *La belleza nos llena de solemnidad.*

La belleza es el resultado de la alineación con el Centro Interior Creativo. La solemnidad se experimenta cuando disfrutamos de la belleza en su nivel, captamos su mensaje y la irradiamos.

La belleza inspira a un hombre para que se esfuerce en pos de su destino. Le abre un camino hacia la comprensión de la finalidad de la vida. La belleza nos abre hacia la grandiosidad de la existencia.

La solemnidad es el conocimiento de que un hombre es uno con la Fuente de la creación y la belleza.

La solemnidad no esparce las perlas de la sabiduría y la belleza en los mercados. La belleza impuesta degenera a la gente y hace que ésta se vuelva contra la belleza.

La solemnidad revela poco a poco la belleza cuando la gente crece en su consciencia y la aprecia y se esfuerza en pos de ella. El estar expuesta a demasiada belleza puede cegar a la gente.

Por eso las extraordinarias bellezas de las ceremonias de los rituales y de la sabiduría se llevaban a cabo sólo en santuarios interiores.

La solemnidad y la sencillez adecuan el fuego de la belleza al nivel de la vida. Siempre que falta solemnidad, desaparece la belleza.

11. *La belleza regula la circulación sanguínea.*

Los cardiólogos se sorprenderán cuando investiguen este tema. La irregularidad de la circulación sanguínea y los latidos anómalos del corazón son resultados directos e indirectos de emociones caóticas, contradictorias sugestiones posthipnóticas e inconexas formas de pensamientos opuestas y conflictivas.

La belleza crea una sinfonía en los planos mental y emocional, y poco a poco despeja las sugestiones posthipnóticas cuando el hombre eleva su consciencia desde el plano mental inferior hasta el plano mental superior.

12. *La belleza regenera la secreción de las glándulas.*

La secreción de las glándulas depende de los centros etéricos que condicionan principalmente a las siete glándulas endocrinas.

La belleza aporta energía psíquica al centro de cada *chakra,* y lo alimenta y regula con la clave del plan interior y de la finalidad interior. La nota clave del ser humano es el plan. La belleza lleva esa clave a los centros a través de la energía psíquica que libera.

Emitimos fragancia cuando disfrutamos de la belleza. Emitimos un olor desagradable cuando nuestra mente y nuestras emociones están ocupados con fealdad y crímenes.

13. *La belleza mejora la asimilación de los alimentos.*

Por eso los reyes que eran iniciados solían comer bellísimamente rodeados de músicos, baile, color y forma.

La belleza crea la sincronización de los órganos, las glándulas y los centros, y nos ayuda a expulsar su veneno cuando transpiramos.

Quienes sufren de indigestión están bajo la presión de feas condiciones. Si se cambian las condiciones, la digestión mejorará.

14. *La belleza crea relaciones humanas correctas.*

La amistad máxima es la amistad en la belleza. La amistad en la belleza nunca se extingue, sino que aumenta y se torna luminosa. Una relación humana correcta es la que respeta la existencia de la Divinidad en cada ser humano.

15. *La belleza acrecienta la buena voluntad.*

La buena voluntad es nuestro deseo intenso de proteger y alimentar la vida de cada Chispa Divina en la manifestación.

También es cierto que la belleza y la buena voluntad permiten ver la fealdad y las fisuras. Jamás advertiremos la fealdad que nos rodea hasta que no hayamos visto la belleza. Jamás comprendemos que en la existencia del mundo hay mucha malevolencia hasta que empecemos a llevar una vida que se base en la buena voluntad. Pero el milagro consiste en que, luego de ver la fealdad y la malevolencia, hacemos afluir mayor amor de nuestro corazón y tratamos de llegar a la Divinidad Interior, incluso en aquellos extraviados y embriagados por la fealdad y la delincuencia.

16. *La belleza revela el sentido del Infinito y da la Inmortalidad.*

Cuando disfrutamos profundamente de una belleza real trascendemos el tiempo y la materia, y nuestra consciencia entra en un estado de atemporalidad.

La inmortalidad se percibe de inmediato cuando nuestra Alma elimina las prisiones de nuestras limitaciones físicas, emocionales y mentales. Mediante la belleza nos acercamos al Yo más Interno dentro de nosotros y de los demás, el Yo que es la puerta hacia la Inmortalidad y el Infinito.

La belleza es el ser; es el proceso de transformación y transfiguración. La belleza es la objetivación de la divinidad. Es el carbón mineral que se convierte en fuego. No hay belleza sin vivir esa belleza. Los grandes artistas no reflejan la belleza; ellos son la belleza. La belleza, cuando se la refleja, pierde su carga. La belleza objetivada en la vida lleva una carga tremenda. Nadie podrá ser un gran artista y un gran creador de belleza mientras no se convierta en la belleza misma, hasta que sea uno solo con su Divinidad Interior, en todas sus relaciones con la vida.

No se puede disfrutar de la belleza si expresamos fealdad, poniendo en peligro nuestra vida. Tal estado crea grandes perturbaciones psicológicas en el hombre, con horribles efectos físicos.

El sufrimiento de un artista es mayor cuando libera una carga de gran belleza y energía psíquica, y esta carga es resistida por los espejismos, las ilusiones y el *maya* de la gente que todavía vaga en los niveles inferiores. Ambos chocan y hay gran agitación en la vida del artista.

Los gérmenes de la negatividad actúan violentamente cuando un artista libera energías superiores en su organismo. También, debido a su sensibilidad, absorbe los males de su entorno y se identifica con ellos, creando a su vez caos en su organismo. Además, debido a su alineación e integración, toda presión sobre cualquiera de sus vehículos se esparce por toda su personalidad y él sufre intensamente.

Una vez que un artista se recrea o tiene una experiencia de un nuevo nacimiento en el que todos los vehículos de su personalidad se yerguen como una belleza del Yo transfigurado, termina su sufrimiento. A partir de ese momento, él crea desde la dicha. Estos son los genios que funcionan en la Tríada Espiritual, y su obra de arte es su *propia vida.*

M.M., al hablar de la belleza, dice:

> El milagro de la Belleza en el ornato de nuestras vidas diarias elevará a la humanidad.[3]

> Eleva Tu Luz.
> Ilumina las bellezas de Mi Templo.
> Enseña la Alegría de la Belleza.[4]

> Las acciones de Cristo se consumaron en medio de las bellezas de la naturaleza. El jamás permaneció largo tiempo en las ciudades.[5]

> Hemos decidido revelar los modos de iluminar a los corazones crueles para ablandarlos mediante el bálsamo de la Belleza.[6]

---

3. *Ibíd.,* párr. 45.
4. *Ibíd.,* párr. 45.
5. *Ibíd.,* párr. 51.
6. *Ibíd.,* párr. 145.

Concebir puramente la música ayuda a transmitir la corriente.
Oramos mediante los sonidos y los símbolos de la Belleza.[7]

El carácter de la gente será iluminado por la belleza del espíritu.[8]

Es mejor conocer a los hombres que ser engañado por sus máscaras.[9]

Si los corazones humanos estuvieran llenos de belleza, no se necesitarían sacrificios.
Pero múltiples son los corazones tenebrosos.
Por tanto, es un camino espinoso el que conduce hacia cada verdad.[10]

Sí, Sí, Sí, cada palabra de unidad es como la semilla de alguna bella flor.[11]

Repite Belleza una y otra vez, incluso con lágrimas, hasta que llegues a tu destino.[12]

A todos les está permitido cultivar un jardín de belleza.[13]

Benditos vosotros que aspiráis a la Belleza.[14]

7. *Ibíd.,* párr. 181.
8. *Ibíd.,* párr. 193.
9. *Ibíd.,* párr. 202.
10. *Ibíd.,* párr. 202.
11. *Ibíd.,* párr. 229.
12. *Ibíd.,* párr. 252.
13. *Ibíd.,* párr. 229.
14. *Ibíd.,* párr. 271.

LA BELLEZA

IV

La belleza hace que nuestra personalidad se esfuerce en procura del sendero espiritual, porque la belleza estimula el aspecto espiritual del hombre, y el Espíritu crea la polarización de la personalidad.

La belleza suscita esfuerzo. El hombre ve su propia naturaleza cuando está rodeado de belleza. La belleza es una de las avenidas que conducen al conocimiento de uno mismo.

A veces, es fútil criticar o aconsejar a las personas para que cambien sus modos de vida, mientras ellas no tengan algo con lo cual compararse y se contenten con lo que son. Cuando una belleza atrapa las miradas de aquellas personas, el cambio real pone en marcha sus naturalezas.

A menudo, pienso que las mujeres tienen una influencia tremenda sobre el hombre, no debido a su sexo, sino debido al sentido de la belleza. A lo largo de toda la historia, las mujeres han rendido culto a los hombres que les brindaban un ideal de belleza.

Los hijos se desarrollan especialmente a través de la belleza. Si a los niños los rodeamos de belleza (belleza de palabras, color, sonido, forma y movimiento) no tendremos aumento de la delincuencia.

La belleza afina las cuerdas del arpa de aquellos niños, y las impresiones provenientes de las Fuentes Superiores y Solares, en vez de crear ruido, crearán en ellos música y armonía. El hombre reacciona según está construido, y según sea la sustancia con que sus vehículos están construidos.

Quienes se esfuerzan en procura de la belleza poco a poco llevan una vida que se adapta a la meta. Ellos ajustan y armonizan sus acciones en todos los niveles para hacer que lleguen a la meta.

Los momentos de belleza son los momentos de la revelación de nuestras metas. La belleza afina nuestra mente con el Guía Interior que conoce nuestra meta.

El culto era y es una técnica para crear polarización, esfuerzo, adecuación a la meta; pero más allá de eso, el culto es un medio a través del cual el hombre se convierte en aquello que adora.

Los relatos sobre Dioses poderosos, omnipresentes, omniscientes y creadores fueron el principal incentivo del progreso y del esfuerzo de muchas razas.

Dése a las personas un ideal y mejorarán su vida. Así, el culto de la belleza impone un proceso de purificación de nuestra naturaleza. El hombre empieza a cambiar su vida física, sus reacciones o respuestas emocionales, sus actitudes mentales, puntos de vista y pensamientos. De esta manera, podrá inducirse un cambio total dentro de nuestra naturaleza a través del culto de la belleza.

Este es un modo de dominio sobre nuestra naturaleza. Si se les da a los niños objetos de culto, organizarán su vida para obtener ese objeto, o para ser el objeto mismo.

Al culto se lo considera una actitud emocional o devocional. Pero, es algo que está más allá de eso. En el culto, el hombre en una parte de su naturaleza siente intuitivamente que es uno solo con el objeto, pero en la parte reflexiva de su naturaleza quiere ser ese objeto. En el culto, esta parte separada de su yo llega a unificarse.

La belleza nos despierta el sentimiento de gratitud. Esta es una cuestión importantísima. La gratitud real es el sentimiento de que uno es realmente una belleza. Es esencialmente una belleza y vive en la belleza porque toda la creación es bella. Tal conocimiento de ser parte de esa belleza es gratitud.

La gratitud no es sólo una sensación de pensar sino también un conocimiento del ser. Cuando tomamos consciencia de la belleza de la creación y de la belleza de nuestra existencia, el espíritu de gratitud se ahonda en nuestro corazón. La gratitud nace en nuestros corazones tan pronto experimentamos la belleza de cualquier forma.

Así, la belleza crea unidad y el sentido más profundo del amor. El amor es un estado de consciencia de la unidad que no es afectado por nuestras reacciones físicas, emocionales y mentales. Una vez que estamos por encima de estas reacciones, amamos de verdad. Tenemos un amor incondicional.

La belleza nos lleva por encima de nuestro limitado interés en nosotros mismos y nos desafía a que tengamos intereses que se relacionen con la máxima cantidad de personas. El interés en nosotros mismos es un nivel de consciencia en el que el hombre está limitado por su necesidad física, emocional y mental. Tiene una pared alrededor de sí mismo y cree que, en el mundo, lo más importante que existe es él mismo. Pero una vez que ve una belleza, y empieza a empeñarse en procura de ésta, sale lentamente de la prisión que él mismo construyó, y experimenta un mundo nuevo, en el que no es el centro sino parte de una gran configuración.

Es así como la generosidad se pone en marcha en un hombre. La propiedad hace que un hombre sea codicioso. Una vez que un hombre ve que nada posee, se vuelve generoso. Ve que la naturaleza se le ofrece gratuitamente. Sólo el hombre hace negocios con la naturaleza. La propiedad es una actitud mental, no un estado de tener bienes.

Piénsese acerca del sol, piénsese acerca del aire, del océano, de los ríos, los bosques, la lluvia, el arco iris, las flores; todo es para todos. ¿Cómo podemos ver la belleza y, empero, vivir en una consciencia de codicia? La belleza nos hace comprender que la naturaleza lo da todo. Un hombre codicioso vive para sí mismo; un hombre generoso vive para los demás.

La belleza nos conduce a la concreción del Yo. La concreción del Yo es el proceso de iluminación durante el cual hallamos nuestro Yo en el Yo de los demás, y a su tiempo, nos unificamos con el Yo en todo. Ese fue el mensaje de Krishna y Cristo. Al convertirnos en Nosotros Mismos, lo damos todo, lo amamos todo. Las personas reales que concretaron su Yo, como Buda, Krishna, Cristo, Zoroastro y otros, fueron quienes amaron a todos, lo dieron todo. Es así como surge un verdadero servidor de la raza. El grado de nuestro servicio es el grado de nuestro olvido de nosotros mismos.

El olvido de nosotros mismos no es el olvido de nuestro Yo esencial, sino que es un acto de dejar detrás las interferencias de nuestro falso yo, de nuestros espejismos, ilusiones, y de sus deseos e impulsos que actúan como si fueran el Yo.

Al crear belleza nos olvidamos de nosotros mismos. Las personas que más se olvidan de sí mismas son las servidoras de la raza que hacen nacer de nuevo la consciencia racial, o crean las obras artísticas que transforman la vida,

A veces, limitamos la belleza al campo del arte, pero la belleza real puede expresarse en cualquier faceta de la vida. Puede expresarse en política, en educación, en relaciones y comunicaciones humanas, o en filosofía. Puede expresarse en ciencia, en religión, en ceremonia, incluso en finanzas.

Un día, una persona me preguntó si un político puede crear belleza. Le dije que el significado real de la política es establecer las leyes y los principios que servirán a la causa del bien supremo del planeta, y a ponerlos en acción.

La política es el proceso de afinar la voluntad humana con el Plan y el Propósito de la Gran Vida, cuyo cuerpo es este planeta, con la humanidad como uno de sus órganos.

¡Qué gran belleza puede crearse con la síntesis de todas las religiones y la concreción de los principios de esa síntesis! ¡Qué abundancia de belleza en música, vestimentas, vasos, ceremonias, arquitectura y escultura han procurado las religiones! La educación es una gran avenida para expresar la belleza, porque en la educación verdadera la persona es puesta en contacto con su Yo transpersonal.

Hay una gran belleza que se desarrolla en los métodos financieros y económicos. Nuestro sistema bancario internacional, nuestras técnicas financieras son muy bellas, pero lo serán más en el futuro cuando en todos los sistemas cada uno se consagre al servicio de la humanidad.

De esta manera, el Yo, que está en toda forma viva, entrará en la manifestación a través de la belleza.

Todas las grandes Almas son, en cierto grado, encarnaciones de la belleza. Krishna fue una gran belleza. Buda fue una gran belleza. Cristo fue una gran belleza. Sus discípulos son brillantes bellezas por todos los siglos.

En todos los siglos, quienes elevaron la vida humana fueron bellos no sólo físicamente, sino también en sus palabras, relaciones, pensamientos y obras.

Recuerdo que, al hablar con un músico, le dije que hay en el Nuevo Testamento algunos pasajes excepcionalmente bellos. Riendo, me contestó: «Muéstreme uno». Abrí el Nuevo Testamento y le dije: «Lea aquí»:

> Perdónalos porque no saben lo que hacen.[15]

Entonces, para apreciar con más claridad la idea, leyó unos pocos versículos antes y después de ése. Mientras leía, su rostro se puso muy serio y afluyeron lágrimas a sus ojos. Finalmente me dijo: «Si yo pudiera tan sólo crear una melodía capaz de expresar la profundidad de la belleza de este momento, podría expresarle a Él mi gratitud.

¿Cuál fue la belleza que él vio? ¿Fue una visión o una revelación o una grandeza que era difícil de aplastar? Nunca más volví a ver a mi amigo. Vendió todos sus bienes y desapareció.

La belleza que vio fue tan fuerte que produjo en su vida un cambio mayor. Tales cambios ocurren en nuestra vida a través de la meditación sobre una gran

---

15. *San Lucas*, 23:24.

belleza. La meditación nos introduce en la belleza, y embellece todas nuestras expresiones.

El pensar no produce lo mismo. La diferencia entre meditación y pensar puede explicarse así:

En la meditación, nuestras actividades físicas, emocionales y mentales están armonizadas con el plan de la Luz Interior, y se las prepara para que manifiesten la Luz Interior en todos sus esfuerzos.

Al pensar, esta alineación no está presente todavía. La mente es usada con fines físicos, emocionales o mentales, con intereses separatistas. Pero una vez que el alma humana en desarrollo usa la mente en armonía con la Luz del Guía Interior, el pensar se transforma en meditación. La meditación es un proceso de pensar inspirado por el motivo del Guía Interior.

A través del pensar, podemos hallar los mismos principios o leyes de la naturaleza como lo hacemos en la meditación. Pero podemos usar estos principios y estas leyes para nuestras metas separatistas, o para nuestras metas destructivas y egoístas. En la meditación, todos los principios y leyes se usan en armonía con el Plan y para beneficio de toda la humanidad, o se usan para la supervivencia de toda vida y para la expresión de la belleza.

En el camino de la belleza, la fragancia del respeto se irradia desde nuestra belleza. La fuente del respeto es la belleza. Sólo la belleza inspira respeto.

La belleza en uno mismo, la belleza en los demás, aproxima a la gente y revela en ésta la Divinidad Esencial.

El respeto es el reconocimiento de la divinidad en la gratitud. En la antigüedad, se recalcaba muy vigorosamente el respeto. Todas las relaciones de contactos de alto nivel debían basarse en modales, palabras y hasta pensamientos respetuosos. Así, los antiguos reconocían uno de los senderos que conducen a la Jerarquía.

El respeto mutuo crea descargas eléctricas entre las personas involucradas. En el respeto mutuo tenemos un cambio de polaridades. Por ejemplo, tan pronto respetamos a alguien, nuestra frecuencia se eleva a un nivel superior. A la inversa, la frecuencia de las otras personas se eleva cuando reconocen o afirman nuestro acto de respeto. Así, el respeto cambia la polarización de las personas y eleva su nivel de frecuencia.

Quien ofrece respeto, pone en marcha una carga positiva. Quien lo recibió, tiene una polaridad receptiva, pero tan pronto acusa recibo de la corriente de respeto, la transforma en polaridad positiva y pasa la corriente de energía, ampliada por el pensamiento, a la persona que lo respetó, quien luego transforma su polaridad en receptividad. Y esta polaridad se altera sistemáticamente a menudo, hasta que, de nuevo, nuestra polaridad prevalece entre las personas, o se establece una corriente continua entre el admirador y el objeto de admiración. Es así como la energía psíquica circula dentro de muchas relaciones individuales y grupales.

No necesitamos tocar el objeto de respeto para expresar intercambio de energía. El momento del verdadero respeto es el momento en el que la energía psíquica está en acción.

Todo acto de respeto, que esté contaminado por dudas, expectativas, pensamientos críticos, vanidad, celos, insinceridad, mecanicidad del acto –crea cortocircuitos, y está ausente el intercambio de energía psíquica. En muchos casos, se plantan las semillas de la animosidad cuando el respeto es forzado, o se basa en expectativas, o se traduce en una actitud falsa.

Sólo con el espíritu de respeto las bendiciones del padre pasan a sus hijos, la sabiduría del Maestro se transmite a sus discípulos, y las órdenes de los líderes son comprendidas por los guerreros. Las corrientes establecidas mediante respeto mutuo sirven, a su tiempo, como el vehículo de la comunicación telepática.

Así, el respeto une los abismos, crea la síntesis, y conduce hacia la Jerarquía.

El acto de respeto es el reconocimiento de la Divinidad en la persona, no importa en qué grado esa divinidad se exprese. De allí que el respeto sea el momento de contacto con la Chispa Divina. He aquí por qué en todo acto de respeto hay placer, hay alegría, hay dicha. Placer, alegría y dicha son los efectos del intercambio de energía psíquica. A medida que ahondamos en nuestro respeto, las sensaciones son más vastas y puras. Para enseñar a los hijos de la raza la ciencia de la belleza y del respeto, los iniciados enseñaron modales reflexivamente preparados, como postrarse, inclinarse, poner la mano derecha sobre el corazón, sentarse delante de las rodillas del Maestro, mantenerse a distancia cuando se camina detrás del Maestro, permanecer de pie en el momento de su entrada, sentarse después que él lo haya hecho, usar frases especiales para ampliar nuestro respeto, considerar y obedecer conscientemente su guía o sus sugerencias.

Pero todos estos modales, palabras y señales se convierten en gastadas coberturas cuando se desvanece el verdadero espíritu de respeto, y se convierten en expresiones mecánicas.

Es época de producir el verdadero espíritu de respeto ante la cercana aproximación de la exteriorización de la Jerarquía.

Ningún valor superior podrá penetrar en nuestra consciencia, a menos que lo sea a través de la receptividad creada por el respeto.

La belleza puede usarse para:

1. Transformar las vidas de las personas.
2. Crear eficacia en la labor profesional y general llevada a cabo en cualquier ámbito de servicio.
3. Crear metas dentro de las mentes de los estudiantes en varios niveles.
4. Crear esfuerzo en procura del mejoramiento de la vida.
5. Crear el sentido de la responsabilidad.
6. Crear respeto hacia toda forma de vida.
7. Elevar la consciencia hacia valores superiores.
8. Crear mejor salud en los niveles físico, emocional y mental.
9. Crear rectas relaciones humanas y benevolencia.
10. Crear comprensión e inofensividad.
11. Ayudar a que la gente vea la vida desde dimensiones más elevadas, más amplias y más omniabarcantes.
12. Crear comunicaciones telepáticas.
13. Crear sensibilidad hacia las impresiones superiores.
14. Estimular el poder de la creatividad.
15. Inspirar el espíritu de gratitud.

No hay fase de la vida humana que no pueda ser mejorada por el poder de la belleza.

Para empezar, tomemos como ejemplo un centro de rehabilitación de la juventud. La meta de un centro de rehabilitación es inspirar a los habitantes a que reconozcan y aprecien los valores de:

- El tiempo.
- La prosperidad.
- La vida.
- Los seres humanos.
- Las otras formas de vida.

La mayoría de los que son llevados a los centros de rehabilitación son, en cierto grado, quienes transgreden las normas o leyes de nuestra sociedad desde los puntos de vista legal o moral, y, si condensamos todas estas normas y leyes, podremos ver que se relacionan con el tiempo, con la propiedad, la vida, los seres humanos y otras formas de vida.

Estos transgresores son intencionales o inconscientes, pero hay un denominador común que se relaciona con las transgresiones y que es la *fealdad.*

La fealdad se define como actos o formas que, por lo general, se basan en:

Motivos egoístas.
Delitos.
Separatividad.
Odio.
Codicia.
Temor.
Deformaciones.
Mentiras.
Celos.
Derroche.
Chismes.
Inercia.
Falta de alineación o integridad.

Enfermedad.
Ingratitud.
Actitudes totalitarias.

La gente que vive en un entorno tal tendrá tiempos muy difíciles para el mantenimiento de su integridad y su salud.

Las deformaciones y perturbaciones tienen lugar en la naturaleza de los jóvenes entre los tres y los veintiún años. En estos años, semejan un arpa de cuerdas muy sensibles. Cualquier forma de fealdad afloja las cuerdas o las tensa creando una discordancia. Poco a poco, la afinación de todo el Instrumento se degrada y la persona se dedica a actos contrarios a su salud física, a su integridad moral, a su creatividad espiritual y a su dignidad humana.

Para ayudar a tales personas hasta cierto grado, el primer prerrequisito es crear un medio ambiente que irradie belleza en:

- La forma
- El color
- El sonido
- La acción y el movimiento
- Las palabras
- Las expresiones
- Las ideas, y
- Los ideales

Quienes trabajan en tales centros deberán ser diplomados en Institutos especializados que les enseñen:

1. La ciencia de la armonía del color, el sonido, los movimientos y las formas.

2. La ciencia de la comunicación con las personas con una voz disciplinada, lo mismo que con dominio de vocabulario y modales.
3. Advertir las semillas de la belleza en los demás.
4. Cómo vestir, escoger los colores correctos, los estilos que correspondan a varias ocasiones.
5. Cómo cuidarse para no ser atrapados en las redes de la personalidad.
6. Cómo decorar las habitaciones, las oficinas, las salas, el baño y el dormitorio para crear un espíritu de elevación y armonía.
7. Cómo ser un ejemplo de belleza.
8. Cómo inspirar con el espíritu del heroísmo y del servicio para el bien común.

El logro supremo del alma humana es el momento de identificación con el principio de la belleza. Cuando cierta cantidad de maestros, dirigentes y funcionarios públicos se diplomen en las calificaciones de la belleza, entonces verán el amanecer de una nueva vida.

Cuando los centros de rehabilitación se conviertan en centros de belleza, se transformarán en escuelas de creatividad, creatividad no sólo en las artes sino también creatividad en relación con la naturaleza humana. Se transformarán en escuelas en las que un hombre podrá ingresar y «renacer» nuevamente.

El medio ambiente del centro de rehabilitación (edificios, decoración y personal) deberá mostrar un contraste total con el entorno de donde provienen los jóvenes deformados.

Deberán sentir que con su «cuerpo» cubierto de barro están entrando en una piscina clara y limpia; están entrando en la paz, la armonía, el amor, el respeto;

están entrando en una esfera de comprensión, disciplina, fuerza y realidad.

En este lugar, oirán el llamado de su Yo transpersonal. Sentirán que la mano de la belleza armoniza las cuerdas de su naturaleza. Verán que la dignidad humana existe realmente. Comprenderán que la institución no es una prisión para ellos sino una extraordinaria oportunidad para encontrarse consigo mismo e irradiar lo mejor que tienen. Quienes se diplomen en tales centros de rehabilitación introducirán grandes cambios en la vida social y cultural.

Verán que es posible tener un mundo diferente, distinto del mundo en el que solían derrochar los preciosos días, años y energías de su vida.

La corriente de vida se pierde para siempre salvo cuando se la usa para construir el futuro.

En el *curriculum* de tales instituciones, se brinda mucho tiempo a la «apreciación de la belleza».

Los habitantes o, mejor dicho, los estudiantes, tendrán tiempo para escuchar música clásica y la inspiradora música de coros de grandes iglesias.

Obsérvese que la gran música, que puede transformar la vida de un hombre, es la música creada por seres humanos muy evolucionados que fueron inspirados por ideas superiores de dignidad humana, infinito, heroísmo, unidad, contacto con fuerzas superiores de la naturaleza; por las ideas de belleza, sacrificio y amor; por las ideas de transfiguración siempre progresiva de la naturaleza y la resurrección del espíritu humano respecto de todas las limitaciones.

Tal música deberá introducirse gradualmente en la dosis correcta. Recordemos que la belleza es energía y que la gente deberá ser introducida en la belleza poco a poco.

Primero, deberán aprender a apreciar:

- La belleza del sonido, la música de los arroyos, ríos y cascadas.
- La música del viento y la brisa cuando atraviesa los árboles, arbustos y campos.
- La música de los pájaros en el amanecer y el ocaso.
- La belleza de la voz humana y las melodía y sinfonías de los grandes maestros.

El paso siguiente es introducir a los estudiantes en la belleza visual:

- La belleza de los colores, movimientos, formas, relaciones o proporciones, pinturas y otras obras de arte de grandes artistas.
- La belleza de las montañas, bosques, ríos, lagos y océanos –el barco de vela.
- La belleza de las estrellas.

El siguiente paso podrá ser introducir la belleza de las emociones humanas:

- Amor, amor que lo incluya todo, respeto, intrepidez, bondad, serenidad, entusiasmo y alegría.

Todo esto podrá presentarse mediante representaciones dramáticas con color y música.

Luego, podrá presentarse a los estudiantes la belleza de las grandes ideas. Los grandes héroes, conductores y genios en cualquier campo, son los inspirados por grandes ideas:

- Ideas de libertad.
- Ideas de unidad.

- Ideas de dominio del tiempo, de la materia, del espacio, de las limitaciones humanas.
- Ideas de gran servicio e iluminación de las masas.
- Ideas de un mundo sin delitos.
- Ideas de hermandad de la humanidad.
- Ideas de vida después de la muerte.

Estas ideas pueden presentarse a través de los hombres y mujeres históricos que son bastante audaces como para vivirlas y manifestarlas a través de todas sus relaciones.

El estudiante deberá ver la belleza de los verdaderos dirigentes políticos, la belleza de los verdaderos educadores y filósofos, la belleza de las grandes personas creadoras, la belleza de los grandes científicos, la belleza de la verdadera religión, y la belleza de la participación humana que es aquello en lo que consiste la verdadera economía.

Necesitamos una movilización de la belleza, no sólo en nuestros centros de rehabilitación, sino también en nuestras prisiones, en nuestros hospitales, oficinas del gobierno, tribunales, calles y ciudades.

La belleza libera en el hombre los principios divinos.

No habrá triunfo, abundancia, alegría, salud y progreso a menos que actuemos y vivamos no sólo como seres físicos, emocionales y mentales, sino también como principios divinos y bellezas divinas.

II

ESFUERZOS CREATIVOS

HAY MUCHOS MODOS MECÁNICOS de producir objetos de arte, pero no son el resultado de esfuerzos creadores. Los objetos artísticos producidos mecánicamente no son portadores de la energía que introduce cambios en quienes toman contacto con ellos.

Los esfuerzos creadores causan cambios progresivos en quienes participan, y en quienes entran en contacto con los objetos producidos por los esfuerzos creadores.

Un verdadero objeto artístico, que es producido mediante esfuerzos creativos, suscita esfuerzos en procura de la universalidad, la pureza, la sencillez, la cooperación. Expande la consciencia. Aporta mensajes dentro del alma del hombre, que le permiten ver mayor significado y belleza en la vida.

La productividad mecánica de los objetos artísticos no es la meta del arte. El arte es un proceso que se desarrolla por sí mismo. Es un esfuerzo para presentar la belleza latente en cada hombre.

En una ocasión en que visitaba yo a un amigo en su casa, él cruzó la habitación, dirigiéndose hacia el piano y tocó una pieza musical dificilísima. Yo no podía creer que él tocara tan bien porque sabía que nunca practicaba. Me puse junto a él y vi que un rollo de pianola estaba activando mecánicamente las notas: su ejecución era puramente artificial.

Hay máquinas que pueden crear varios dibujos sobre materiales, alfombras, papeles de decoración. Hay máquinas que combinan colores y producen formas cromáticas, pero tales producciones mecánicas no crean esfuerzos en pos de una perfección progresiva.

Yo tuve un amigo que solía producir centenares de estatuiyas de moldes. Estas son formas de producción artística que carecen de esfuerzo creador.

El arte se usa también para explotar a los seres humanos, para condicionarlos, y lavarles el cerebro con diversos fines. Alguna música es producida especialmente para estimular el sexo o la agresividad o bloquear el pensamiento o el esfuerzo en procura de una vida mejor. Las víctimas de tal música actúan como esclavos, y se puede explotar sus cuerpos, su sexualidad, sus finanzas y conducirles hacia cualquier actividad y delito imaginables.

Verdaderamente, las personas creadoras tratan de contrarrestar tales géneros de explotación. Tratan de crear mayores objetos artísticos, para anular los efectos de la seudocreatividad. A través de sus artes, ofrecen un ideal y una profundidad mayores, y conducen al participante hacia esfuerzo y disciplina superiores.

Una vez, en una clase sobre estudios esotéricos, mi instructor dijo que no caváramos trincheras para enterrar a nuestros enemigos, sino que eleváramos montañas hasta alturas mayores detrás de ellos. Es así como las personas creadoras podrán atraer la atención de un público mayor y ayudar a desarrollar una discriminación más profunda. El arte barato crece rápidamente como una hierba; el arte real crece lentamente, pero en comparación con la hierba, se convierte en un roble que dura siglos con sus bendiciones.

El esfuerzo creador real tiene tres labores:

1. La primera labor consiste en reconstruir nuestro equipo físico, emocional y mental. Debernos mejorar nuestro cuerpo físico, nuestros modales, el modo de vestirnos, de caminar y actuar. Debemos mejorar y cambiar el modo en que sentimos, reaccionamos o respondemos. Debemos cambiar el modo en que usamos nuestras palabras. Debemos eliminar toda conversación que no se adapte a la meta, reemplazándola con una con conversación que esté llena de significado, belleza y solemnidad.

Debemos cambiar el modo de pensar eliminando los muros y los procesos mecánicos en nuestro pensar y hacerlo más creativo. Debemos despejar las pautas y los hábitos de pensamiento que carezcan de valor, y desechar temores y dudas. Debemos eliminar tanto como nos sea posible todas las semillas de querernos lucir, ser adulones o chismosos.

El pavoneo y la adulación crean una personalidad falsa que, luego, cuando el hombre avanza en su conocimiento, se convierte en un peligro y un obstáculo grandes. El Yo real se pierde bajo la pesada formación de una personalidad falsa, y el hombre se convierte en una máquina que será usada por las fuerzas externas. Nuestra creatividad y nuestra supervivencia dependen de nuestra Esencia. Cuando nuestra personalidad falsa se agranda, nuestro poder intuitivo, nuestra conciencia y nuestro poder de discriminación se merman, y la posibilidad de nuestra supervivencia es cada vez menor.

Es importante recordar que construimos nuestro mecanismo mediante nuestras respuestas al mundo desde un nivel superior, y desde un nuevo punto de vista. *Son nuestras respuestas las que nos crean.* ¡Es tan importante esta afirmación! Cuando respondemos a frecuencias superiores, a mayores ideas y a ideales de mayor alcance, nos construimos con una sustancia más depurada y con mejor ingeniería.

Cuando una persona medita, estudia y asiste a disertaciones, desarrolla su intelecto y acumula mucho conocimiento, pero esto no le sirve a menos que cambie su mecanismo mediante expresiones creadoras, mediante una vida práctica, mediante las ideas superiores con las que entró en contacto durante sus esfuerzos creadores.

Mediante una vida práctica e ideas creativas superiores cambiamos y depuramos nuestro mecanismo y lo hacemos más receptivo a las ondas de la inspiración mayor. El cimiento de todo arte es el hombre mismo. Sea quien fuere, su arte es el reflejo, incluso la manifestación, de su Ser.

Cuando la consciencia del hombre se expande y empieza a trabajar en planos cada vez más elevados, él canaliza luz y sabiduría mayores, y más belleza.

No temamos cuando no lleguemos a nuestra meta o no logremos el nivel que planificamos alcanzar. Pero ¡cuidado con no esforzarse! El día que renunciamos al esfuerzo, estamos en peligro de ahogarnos en una cascada. Cuanto más pronto nos libremos de la atracción del agua que cae, mayor será nuestro progreso espiritual.

2. La segunda labor consiste en lograr un nivel, y tratar de crear a partir de éste, sin perder su frecuencia. Esta nueva frecuencia deberá expresarse a través de todos nuestros esfuerzos creadores hasta que la elevemos a un nivel superior.

Sabemos que diaria, semanal o mensualmente tenemos puntos elevados. En estos puntos elevados tomamos contacto con alguna gran belleza, sentimos una gran expansión de la consciencia, observamos nuevos ideales, vemos el Plan más claramente, ascendemos un grado en la escala de nuestra evolución. Pero, a menudo, estos puntos elevados sólo duran unos pocos segundos, y luego descendemos a nuestro nivel habitual.

El secreto de la creatividad es la aptitud para mantener esa frecuencia el mayor tiempo posible y dedicarnos a la labor creadora. Algunos genios pudieron mantenerse en la frecuencia que alcanzaron durante días, otros durante meses, incluso años, hasta que crearon sus obras maestras. Algunos de ellos mantuvieron su nivel elevado como base para pugnar en procura de niveles cada vez más altos.

Tal creatividad no proviene de nuestra técnica, de nuestro conocimiento, de nuestra destreza, sino que proviene del campo energético de un nuevo nivel en el que nuestra consciencia tuvo que penetrar. Sin embargo, siempre usamos nuestro conocimiento, nuestra técnica y nuestro estilo en nuestra labor de creatividad.

Siempre que descendemos de nuestro nivel elevado a nuestra consciencia normal y tratamos de crear, actuamos partiendo del recuerdo de ese nivel elevado, pero no tenemos el mismo voltaje de energía dentro de nosotros. Pero cuando creamos partiendo del nivel más elevado que pudimos alcanzar, canalizamos la energía de ese nivel elevado. A su tiempo, nos acostumbramos a ello y ese nivel elevado se convierte en nuestro nivel normal, que luego usamos como base para pugnar en procura de niveles superiores.

Al crear en los niveles superiores, transmitimos, a través del objeto de nuestro arte, la misma frecuencia en la cual estamos. Quienes entran en contacto con nuestro arte experimentan la onda creadora que así los eleva hacia un nuevo nivel de consciencia. Es así como ocurre el cambio en quienes entran en contacto con nuestras expresiones creativas superiores.

Siempre que creamos partiendo del nivel elevado al que llegamos en el momento de nuestra labor creativa, cargamos nuestra aura con la energía de ese nivel, y causamos una transformación dentro de nuestra naturaleza. Cuando unos pocos días u horas después, el artista desciende a su nivel «normal» lleva en su aura mucha sustancia de los reinos superiores. Esta sustancia le permite ascender allí de nuevo con menos esfuerzo y permanecer más tiempo, hasta la época en la que su aura se satura tanto con la sustancia que ese nivel, elevado para él, se convierte en un nivel normal.

La creatividad es un nivel. Cuando elevamos nuestro nivel del ser a través de la transformación, la transfiguración y la resurrección, entramos en contacto con las Vidas Mayores que son las Fuentes Creativas. Su sustancia, o fuego, nos da un ideal y una inspiración mayores y produce mayor esfuerzo.

Hay dos niveles de creatividad:

Uno es para crear nuevos ornatos, dramatizaciones y movimiento que presenten los mismos grandes principios y fundamentos.

El siguiente es para crear nuevos fundamentos y principios, y presentarlos con nuevos y superiores ornatos, dramatizaciones y movimiento.

El primero podemos lograrlo cuando estudiamos y practicamos, pero no cambia nuestro nivel. Para el segundo, debemos cambiar nuestro nivel.

Podemos crear solamente lo que somos. La vida de Cristo es un gran arte creativo, porque Su nivel del ser toma contacto con los planos Cósmicos. Tal arte crea nuevas civilizaciones, nuevos ideales y mayor esfuerzo en procura de la perfección.

No es una manifestación artificial sino consciente de nuestro Yo real.

El artista máximo es quien llega a las mayores cimas evolutivas.

El arte verdadero puede discriminarse del arte falso observando su efecto sobre las personas. Si el arte crea un esfuerzo en procura del mejoramiento y la perfección, si el arte crea un sentido más profundo de la responsabilidad y del deber, amor y cooperación mayores, entonces ese arte proviene de Fuentes Superiores.

Si el arte acrecienta el delito, causa mayor apego a los valores materiales y a los placeres físicos, presiona sobre las personas para que eludan sus responsabilidades mediante drogas, alcohol, marihuana y sexo incontrolado, entonces semejante arte es destructivo y está orientado hacia uno mismo.

Lo más importante en el arte es la energía transformada por el artista en el objeto de su arte. Esta energía transformada proviene del nivel del artista, o del nivel con el que él está en contacto. Esta energía es la que produce cambios en los demás y alcanza niveles más profundos en sus seres. Si esta energía no está allí, el objeto artístico no tiene valor real.

Un hombre puede dar una conferencia y ser muy versado en su tema, pero su disertación no llevará energía si proviene de su depósito de conocimiento y no del nivel de su logro espiritual. Cuando no hay logro espiritual, su conferencia o su danza, su música o su canto, proviene de su mecanismo triple, no de su Esencia. Las influencias provenientes del mecanismo crean respuestas de la personalidad en aquellos a los cuales llega. Así, en vez de suscitar su ser espiritual, el artista estimula su personalidad y a menudo los conduce en la dirección equivocada.

La guía proviene de los niveles espirituales. Así, la creatividad verdadera es la exteriorización del hombre espiritual.

Muchas obras de arte son objetos muertos; dentro de ellas no tienen la electricidad vital.

Gran cantidad de música sólo lleva la fuerza de los centros que están debajo del diafragma, estimulando los centros inferiores de los oyentes. Tal música tiene un efecto regresivo sobre la humanidad, porque los centros inferiores ya son super-activos a expensas de los centros superiores, y no necesitan sobreestimulación. Muchas enfermedades son resultado de tal sobreestimulación.

La labor creativa real despierta a los centros superiores y crea equilibrio en la red energética del ser humano, que lentamente ayuda al hombre a enfocarse en los centros superiores para avanzar por el sendero de su evolución.

A veces, el nuevo nivel carga nuestros centros inferiores. Si no creamos en el nuevo nivel, sino que nos deslizamos descendentemente hacia nuestro nivel normal a través de alguna imaginación o forma de pensamiento de orden bajo, la energía de nuestra aura fortalece nuestra imaginación o forma de pensamiento de similar orden bajo. De este modo derrochamos nuestra energía creadora en actividades agresivas, egoístas, o en varios actos de placer inferior.

Shakespeare escribió una vez: «Hay una marea en los asuntos de los hombres que, tomada en el torrente, conduce a la fortuna». Si perdemos esta marea, nos será más difícil atraparla. Es por eso que las personas creativas nos aconsejan estar preparados para atrapar la marea cuando llegue.

La marea real es el nivel al que llegamos. Desde ese nivel, proyectamos nuestro logro a través de esfuerzos creativos. Las olas de gracia golpean las playas de nuestro océano espiritual, pero debemos ser capaces de elevarnos cada vez más arriba para recibirlas en su pureza y belleza cristalina.

La gente no debe pensar que los niveles superiores sólo podrán alcanzarse mediante meditación y contemplación. Sólo podremos tomar contacto con los niveles superiores mediante servicio sacrificado, mediante el placer de las grandes artes, y mediante grandes actos de amor y consagración. En estos momentos podremos atrapar la marea, o una ola de gracia. Si permanecemos en la ola, si nos fundimos con ella durante un tiempo, experimentaremos éxtasis y júbilo, y saborearemos el fuego creador.

3. La tercera labor es para crear los movimientos que despertarán a la gente para que eleve su nivel y sea creativa. Por ejemplo, podremos crear una nueva

filosofía, una nueva religión, una nueva actividad política, un movimiento por las libertades superiores, o un nuevo orden que dé al hombre la oportunidad de tomar contacto con las energías creativas propias de su naturaleza.

Las personas crean en el plano mental cuando piensan o reaccionan mentalmente. Crean en el plano emocional cuando aspiran, imaginan, desean o reaccionan con ciertas emociones. Crean físicamente cuando construyen, cuando bailan, y cuando engendran un hijo. Toda la naturaleza viva crea.

La tercera labor tiene tres etapas:

En la primera etapa, las personas crean bajo la influencia de las fuerzas de la naturaleza, de manera mecánica. No siguen su propio plan y su propia elección. Los variados niveles de su realización tienen diferentes reacciones frente a estas fuerzas, y cada reacción o respuesta produce una expresión. La creatividad es la aptitud para expresar, o para producir.

La segunda etapa de la creatividad se basa en intereses personales, y no va más allá del plano mental inferior. Tenemos un plan, pero principalmente se relaciona con nuestra vida personal, con nuestros sueños, amores y diferentes emociones, o con nuestros ingresos, ideología o religión.

La tercera etapa de la creatividad se basa en el Plan Jerárquico, o en el Plan Divino. Es un acto consciente de la creatividad para fomentar el Plan sobre la Tierra a través de uno o más campos del esfuerzo humano. Esta creatividad se lleva adelante en armonía con el bien supremo para la humanidad y con la cooperación de las Fuerzas de la Luz.

La tercera etapa es la creatividad real. Todo gran talento y todo genio pertenecen a esta categoría. Ambos tienen la impresión del Plan y, a través de todo lo que hacen, tratan de hacer manifestar ese Plan. Algunas personas de esta etapa están en contacto con centros creativos, como *Ashrams* sobre planos subjetivos, o están en contacto con grandes Iniciados. Otros en esta etapa trabajan directamente bajo la inspiración de su Alma. No importa cómo trabajen, experimentamos un cambio en nuestra naturaleza cuando entramos en contacto con la labor creadora de aquéllos.

Debe recordarse que la creatividad no se limita a las artes, sino que se expande a través de todos los campos del esfuerzo humano.

Muchas personas creativas se esconden en su nivel de logros y temen perderlo. Debido a la presión gradualmente creciente de las personas comunes, se convierten en una de ellas o crean un nuevo movimiento que no está por encima del nivel de aceptación de las masas. Así no logran encontrar su destino.

El Renacimiento fue creado por las personas que alcanzaron un nuevo nivel. La revolución norteamericana fue el resultado de un nuevo conocimiento.

Las personas creativas deben poner fuerzas en acción para ayudar a la humanidad. El sendero espiritual no sólo es la acumulación de conocimiento, es un firme contacto con la Fuente Infinita de las ideas creadoras, una transmutación continua de las ideas creativas, y una labor para poner estas ideas en acción para crear una mayor elevación, una transformación y movimiento en constante progreso.

Así, cuando ganamos mucho dinero, no lo escondemos, sino que lo ponemos en circulación. Sólo usando nuestro tesoro elevaremos nuestro nivel y acumularemos muchas semillas de experiencias que luego pueden transformarse en sabiduría.

No olvidemos que nuestra eficacia es igual a nuestro ser.

«Por los frutos los conoceréis», dijo el Gran Señor.

La creatividad es la aptitud para expresar nuestro nivel superior de realización o logro.

Un gran sabio escribió:

> La familia, el clan, el país, la unión de las naciones –cada unidad se esfuerza en procura de la paz, en procura del mejoramiento de la vida. Cada unidad de cooperación y vida comunal necesita perfeccionamiento. Nadie podrá fijar los límites de la evolución. Mediante esta línea de razonamiento, un trabajador puede llegar a ser un creador. No nos asustemos con los problemas de la creatividad. Hallemos para la ciencia senderos despejados. Así, el pensar acerca del perfeccionamiento será una señal de alegría.[16]

La creatividad requiere de cinco elementos:

1. Conocimiento–estudio.
2. Energía.
3. Talento.
4. Practicidad.
5. Persistencia.

1. El *conocimiento* se gana a través del estudio, de la observación y de la experiencia. Deberemos enriquecer nuestro conocimiento sobre el campo en el que trabajamos. El conocimiento parcial es peligroso y

16. Agni Yoga Society, *Comunidad en la Nueva Era*, párr. 1.

conduce al fracaso. El conocimiento enriquecido conduce a una creatividad mayor.

2. La *energía* es un factor importantísimo en nuestra vida creativa. Se nos ha dicho que en los senderos superiores de la creatividad deberemos economizar cada gota de nuestra energía a fin de poder usarla para el esencialísimo servicio creativo. Deberemos tener energía física, emocional y mental mediante economía, descanso y sabio uso de ella.

3. El *talento* es el resultado del contacto con el Alma. No tenemos talento si no estamos en contacto con el Alma. Nuestro talento aumenta cuando llegamos a una mayor fusión con nuestra Alma y tratamos de expresar esa fusión creativamente.

4. La *practicidad* es la aptitud para relacionar el Plan con la necesidad. Es la aptitud para relacionar el ideal con nuestro nivel normal, y elevar ese nivel introduciéndolo en una frecuencia superior. La practicidad es la señal de que «el puente» de la consciencia está construido, y ahora relaciona las ideas y las traducciones de ideas para que satisfagan las necesidades diarias.

5. La *persistencia* es la aptitud para enfocar y dirigir nuestro poder volitivo en nuestra labor hasta terminarla. Nada podrá realizarse sin esfuerzo y empeño firmes. La máxima labor es la resurrección del Espíritu, y en esa eran labor deberemos enfocar nuestro poder de voluntad, siempre, para lograr nuestra meta.

La creatividad es la aptitud para dar nacimiento a nuestro Yo Divino.

Muchas personas caen en la depresión especialmente cuando están lejos de sus familias o seres queridos, de su pueblo o país. Esta depresión se ahonda en épocas especiales, corno Navidad, cumpleaños y aniversarios. Es el resultado de ser estar solo o sentirse solo, lo cual es magnificado por la imaginación pesimista de modo que, con el tiempo, esto se convierte en apatía.

El primer paso para salir de tales estados de ánimo o tristezas es observar inmediatamente la acumulación de nubes depresivas.

El segundo paso consiste en dedicarse a algún trabajo creativo. Por ejemplo, tocar el violín, el piano u otro instrumento, o tratar de componer alguna música. Si no se es músico, se podrá quizá pintar, dibujar o esculpir. O sentarse y tratar de escribir un poema o una carta al editor del diario que leemos. O ponerse a pensar en un problema social, político, económico o religioso, y tratar de hallar alguna solución mentalmente.

O se puede poner un disco y bailar, un baile libre y original, y tratar de crear algún nuevo movimiento que encuadre en esa música. O se puede correr o nadar; o coser un vestido; construir un juguete o crear algo con las manos; o entretener a algunos niños; o reparar algo que necesita arreglo. Otro modo de ayudarse es saltar a la soga, o salir, o respirar profundamente durante diez minutos.

En todo caso, no debemos permitir que las nubes se acumulen sobre nosotros. Si permanecemos alertas, podemos vencerla la depresión tan pronto comienza. Si dejamos que descienda sobre nosotros, será más difícil librarnos de ella.

Cuando añoramos algo, se nos filtra energía y la perdemos. Nuestra energía corre hacia aquello que añoramos. Una vez que perdemos una considerable cantidad de energía astral y mental, la soledad y la depresión descienden sobre nosotros.

La creatividad cambia la dirección de la corriente de nuestras energías y las usa en la actividad creadora. Cuando nos volvemos más creativos, generamos más energía y, de esta manera, elevamos el nivel de nuestra alegría.

No necesitamos ser artistas profesionales para ser creativos. Tan sólo tenemos que esforzamos para serlo. Existe la posibilidad de gran creatividad si podemos contener la tensión emocional y sublimarla a través de nuestros esfuerzos de creatividad, labor o deportes.

Muchas personas creativas produjeron sus obras maestras conteniendo su tensión emocional y, de tal manera, usándola.

El corazón

> ...La creatividad abarca la potencialidad ardiente, y está impregnada del fuego sagrado del corazón. Por tanto, sobre el sendero que conduce hacia la Jerarquía, sobre el sendero del Gran Servicio, sobre el sendero de la Comunión, la síntesis es el único sendero luminoso del corazón... Precisamente, es la calidad del imán que es inherente al corazón. La suprema creatividad está imbuida de esta gran ley. De allí que cada consumación, cada unión, cada gran unificación cósmica se logre a través de la llama del corazón...
>
> Así, tendremos en nuestro recuerdo el bello atractivo del imán del corazón, que vincula a todas las manifestaciones.[17]

17. Agni Yoga Society, *Corazón*, párr. 1.

III

LA CULTURA EN LA NUEVA ERA

I

La creación es un acto de manifestación de la belleza. Cada parte de la naturaleza tiene el mismo deseo espiritual e innato de manifestar belleza. En todos los reinos, a la belleza se la ve de muchas formas: en colores, sonido, movimiento, sentimiento, pensamiento, ideas y expresiones creadoras.

Los seres humanos son atraídos naturalmente hacia la belleza; aspiran a ser bellos. Quieren objetos bellos, expresiones bellas, hombres bellos, mujeres bellas, hogares bellos, un medio ambiente bello. Se esfuerzan en procura de la belleza. Todo logro en el sendero evolutivo es un logro en el sendero de la belleza. Los seres humanos no pueden disfrutar la vida sin expresar belleza, sin vivir en la belleza. La belleza es claramente un alimento para sus almas; es el deseo más noble. Una persona avanza por el sendero de la perfección sólo a través de la manifestación de la belleza. La belleza es no sólo un tónico para quienes la manifiestan sino también un alimento para quienes la disfrutan. La belleza cura; la belleza expande nuestra consciencia; la belleza transforma nuestra naturaleza.

La naturaleza crea belleza en una gran variedad: semillas, insectos, pájaros, peces, animales, seres humanos, estrellas, galaxias y más allá, todas son las manifestaciones de la belleza. La belleza es la manifestación del Propósito que subyace en toda la actividad del Cosmos.

¡Qué bellas son las flores, qué bellos son los colores de los pájaros, los colores y el movimiento de los peces, la sonrisa de un niño, el amor de una madre, el valor de un padre, la sabiduría de un Sabio! Toda esta belleza es la manifestación de la Divinidad en toda forma viva. La Gran Vida, que podemos llamar Dios, es la fuente de la belleza. La belleza en cada forma es el testigo de la Presencia Omnipotente, de la presencia de la Vida Omnipotente en la forma. El sendero más corto para tomar contacto con Dios es tomar contacto con la belleza. La cultura es la traducción y la interpretación de la belleza. Es la objetivación y la condensación de la belleza subjetiva. La labor de compartir belleza es la cultura. Cuando tenemos cultura, tenemos un puente que se extiende desde la Fuente de la belleza hasta nosotros. Esto es lo que transformará nuestra vida a medida que nos esforcemos, trabajemos y, a su tiempo, penetremos en los misterios de la belleza.

La puerta que conduce hacia la belleza está dentro de nosotros mismos. Nuestro Yo verdadero es la puerta hacia el océano de la belleza. Toda persona que se realiza, cualquiera que a su tiempo llegue a ser él mismo, libre de todas las influencias mecánicas, irradia belleza. Como en el universo, en cada ser humano está oculta la belleza creadora, y el autoconocimiento es el proceso de ser uno mismo, que es un proceso de creatividad y manifestación de la belleza. Nuestra Esencia Recóndita, nuestro Yo Recóndito, es la Chispa del núcleo universal del Fuego Creador. Cuando tratamos de poner en manifestación ese Fuego Creador que existe dentro de nosotros, estamos creando cultura.

La finalidad de la cultura es la generación del Yo, el nacimiento del Yo, el acto de dar nacimiento al núcleo de nuestro verdadero ser.

Cuando los antiguos adoraban al fuego, adoraban al símbolo de la Recóndita Fuente Creadora en el hombre y en el universo. La cultura es el culto del fuego. El culto del fuego es el proceso de transformación en fuego, y la manifestación de la cultura resulta del esfuerzo de transformarse en fuego.

El contacto con este fuego crea cultura. El fuego es el símbolo de la Fuente de la cultura, el símbolo de la belleza última.

La cultura se expresa en cuatro niveles principales:

1. Cultura de la personalidad.
2. Cultura transpersonal o del Alma.
3. Cultura viva o espiritual, la cultura del futuro, y
4. Cultura del Fuego Eléctrico Central dentro del hombre y dentro del universo.

El primer nivel de la cultura se relaciona con la asistencia o la glorificación de la personalidad, o sea, la naturaleza física, emocional y mental de una persona. Esto se expresa en pinturas, esculturas, poemas, danzas y música, y en muchos géneros de publicidad.

El segundo nivel nace cuando el Yo transpersonal del hombre hace su aparición. Podemos ver tal aparición en catedrales gigantescas, en los escritos de Tolstoi, Tagore, Dante y Emerson, en las pinturas de

Miguel Ángel, en la música de Beethoven y Tchaikovsky y otros grandes compositores.

El tercer nivel de la cultura es la expresión del Fuego Espiritual o más bien del Fuego Divino. Sólo pocas personas manifiestan esta belleza. Podemos ver la expresión de esta cultura en las pinturas de Nicolás Roerich. Esta no es cultura de la personalidad o del alma, es una cultura que cuando se toma contacto con ella, libera inmediatamente, en algún grado, la Divinidad Oculta dentro de nosotros. Se toma contacto con un centro energético altísimamente cargado y esta energía comienza de inmediato a transformar nuestra naturaleza. Esta es la cultura ígnea, la cultura de la Nueva Era.

La cultura final es el Fuego Central en el hombre y en el universo. Esta cultura se manifiesta a través de las encarnaciones Divinas llamadas Avataras, que condensan, enfocan e irradian la Suprema Belleza Trascendente. Un Avatar es un Ser que hace nacer al Yo Solar, y Su Cultura es una antorcha en el sendero de la humanidad que nos inspira y dirige hacia evoluciones futuras. Semejante Avatar es Cristo, Buda, Hermes y otros Grandes Seres.

La cultura de la personalidad manifiesta el fuego en los cuerpos físico, emocional y mental.

El talento manifiesta la belleza del Alma.

Un genio manifiesta la belleza ígnea de la Tríada Espiritual y la belleza del pensamiento abstracto, de la intuición y de la voluntad.

Pero el Avatar manifiesta al Yo más Interno que es uno con el Sol Espiritual Central.

Es interesantísimo advertir que la influencia de la cultura de la personalidad es muy efímera. Empero, procura alguna felicidad. La cultura del talento duras sólo ciclos menores y procura alegría. La cultura del genio dura largos ciclos y procura libertad. Pero la cultura de los Avataras se renueva una era tras otra. Puede seguir renovándose debido al poder de los Avataras para elevar el nivel de la consciencia de la humanidad y acrecentar la aptitud para interpretar la cultura.

La cultura de los Avataras procura dicha y esfuerzo por la humanidad; procura revelaciones para la humanidad hacia las que se encaminan todos los que despiertan en la realidad de tal cultura.

La cultura de la personalidad es el resultado del fuego de fricción, de excitación o contacto con los vehículos de la personalidad o con sus centros o esferas que se manejan egoístamente y se usan con fines separatistas. El mejor ejemplo de tal cultura es el sistema contemporáneo de publicidad que es un sistema tal que vende el cuerpo y se relaciona con nuestras emociones. Hasta los estudios mentales académicos a través de la literatura, la poesía, el baile y la música glorifican a nuestro propio país o nación, o hacen publicidad de su religión, filosofía, etc. Mucho de la humanidad está en esta cultura.

Algunos de los que pertenecen a la familia humana ingresaron en la cultura del Alma, que es la expresión de un fuego superior que a veces se llama fuego del Alma, o el fuego del plano mental y del Alma.

La tercera cultura es el resultado del fuego de la Tríada Espiritual.

La cuarta cultura es el resultado del Fuego Eléctrico Central. Unos pocos de la humanidad están entrando en esta división de creatividad; esta es la división que puede llamarse la Nueva Era. Cada vez más personas creativas entrarán y revelarán la Belleza más Interna que está oculta dentro del hombre.

Esta revelación y esta expresión del fuego eléctrico o fuego de la Belleza Interior no es solamente privilegio de artistas. El resultado de tal contacto puede expresarse a través de cualquier campo del esfuerzo humano. Lo de mayor importancia no es la forma de expresión sino el voltaje de pureza, o la energía de la adecuación a la meta que se armoniza con el Plan y el Propósito. Por ejemplo, puede expresarse en política o en las ciencias; a través de nuevos métodos de guía y liderazgo; de nuevas leyes; o a través de nuevos inventos que elevan el nivel de los seres humanos.

La cultura es la revelación, la expresión y la manifestación de la Belleza Oculta, latente dentro de nosotros mismos. Esta belleza se expresó inicialmente como una afluencia expresada a través de la cultura de la personalidad, y tal cultura fue realmente necesaria porque actúa para integrar a la personalidad. Así, tenemos cuatro etapas principales en la expresión de belleza. La primera es la etapa del neófito que anhela prodigar belleza, pero las influencias principalmente lo usan para que produzca las formas artísticas que sirven a fines separatista egoístas. Este es el hombre o esta es la mujer que todavía vive dentro de la frontera de sus vehículos de la personalidad. Semejante arte es efímero, aunque el efecto puede continuar durante largo tiempo.

La segunda etapa es la manifestación de la belleza por parte del talento. El talento lo tiene una persona que puede penetrar más cerca del santuario de su interior y extraer, hasta cierto punto, el Fuego Sagrado del Yo transpersonal, del Alma.

Luego tenemos un grado superior de creatividad, o la manifestación de la belleza a través de un genio. Un genio es un hombre capaz de tomar contacto con el fuego de la Tríada Espiritual y extraer a través de todas sus expresiones la sinfonía de la luz, del amor y del poder. Todo contacto con la obra de un genio suscita la respuesta de nuestros recursos internos, y atravesamos un período de ajuste y transformación.

La cuarta etapa es la manifestación de la belleza por parte de un Avatar. Un Avatar es una Chispa plenamente florecida que está en contacto consciente con los Grandes Principios y Leyes del Sistema Solar. El Avatar tiende un puente entre todo aquello con lo que toma contacto y la Gran Fuente de gloria y creatividad. Da vida al Propósito con todo lo que Él hace. Semejante Avatar aparece cíclicamente. Sus apariciones crean grandes culturas y civilizaciones que duran muchos miles de años. Son «el Verbo hecho carne».

Los Avataras traen consigo un gran voltaje de belleza y lo introducen en la vida de la humanidad pues ésta, en conjunto, se mueve hacia un nivel superior de su sendero evolutivo. Todo contacto directo o indirecto con un Avatar hace que tomemos contacto con la Belleza que está Dentro de nosotros mismos.

Una persona cultivada es quien está en contacto con semejantes individuos creativos. Una persona cultivada es quien, por lo menos, es capaz de apreciar la creatividad de un talento y quien se esfuerza en expresar esa creatividad a través de todas sus relaciones.

En todas las edades, la cultura de la personalidad ayudó a integrar la personalidad del hombre, lo cual reveló, hasta cierto punto, la belleza interior en toda la naturaleza inferior. En esta era, como resultado de tal cultura, muchos millones de personas integraron sus personalidades, o están en proceso de integrarlas, para que puedan avanzar para la utilización o apreciación de la cultura del Alma.

A la personalidad se la puede definir como la suma total de nuestras naturalezas física, emocional y mental, alineada de modo tal que actúa como una unidad en sí misma. Cuando una persona llega a ser una personalidad, debe tener una gran dosis de control sobre sus deseos e impulsos físicos: sexo, comida, hábito de fumar, sueño, trabajo y otros. Debe tener un alto grado de control sobre su naturaleza emocional; y tener definitivo control sobre sus pensamientos y palabras.

Cuando estas tres naturalezas de una persona se coordinan, están ya preparadas para dar nacimiento al próximo nivel de cultura que es la cultura del Alma. La cultura del Alma no podrá manifestarse o apreciarse y asimilarse si no tenemos el fundamento de una personalidad integrada.

La cultura del Alma hace que se funda la personalidad con el Yo transpersonal, con el Alma y con Su ideal de la belleza interior, y Sus aspiraciones espirituales.

Esta cultura puede verse, por ejemplo, en la Catedral de Notre Dame de París; en las magníficas catedrales de Milán, y en Alemania; y en los escritos de los importantes documentos de grandes jefes de estado; o en las pinturas de grandes artistas.

Tal cultura eleva a los seres humanos y crea personalidades que están infusas en el Alma. Por ejemplo, cuando disfrutamos de una gran obra musical o de una gran pintura, podemos sentir que nuestro nivel del ser se eleva lentamente y nuestra consciencia entra en otra dimensión. Nuestra personalidad se llena con una nueva emoción, con una nueva vida y una nueva alegría. Ese es el resultado de la infusión del Alma a través del arte y de la cultura. Es así como avanzamos del nivel de los vehículos de la personalidad y entramos en el dominio del Alma, y así superamos nuestro anterior nivel del ser. La próxima etapa de la cultura nos llevará desde nuestro nivel del Alma y nos permitirá tomar contacto con el Fuego Mayor de la Divinidad latente dentro de nosotros mismos. Esta será la cultura de la nueva era, la expresión de un grado mayor de Divinidad dentro de nosotros. Cuando este fuego se expresa, se crea una cultura avanzadísima que suscita la naturaleza Divina de quienes toman contacto con él.

Como hemos dicho, las personas cultivadas son las que tienen contacto con su Divinidad Interior hasta cierto grado. La cultura no es educación. La educación es conocimiento, datos, información y la comprensión de cómo usar esta información.

La cultura es transformación, autoactualización. Una persona podrá estar educada, pero no cultivada. La educación es la colección de hechos; la cultura es la transformación de nuestra naturaleza. La cultura no puede crearse sólo mediante conocimiento, sino a través de la transformación de la vida. La educación es el modo con que nuestra sociedad gana cosas materiales; la educación es el estudio de la cultura. Todo el tema de la educación es civilización y cultura. La cultura es la manifestación de la belleza. La belleza es el resultado del contacto con el Yo Interior. La educación puede aprender acerca de la cultura, pero no puede crearla, a menos que el hombre se transforme.

La educación es felicidad.

La belleza es ser.

La cultura es la manifestación de esa etapa del ser.

La belleza es dicha. La cultura es alegría.

La cultura es la expresión de la belleza en cualquier forma, en cualquier grado.

La gente tiene que expresar la belleza para sobrevivir. Expresar la belleza significa vivir progresivamente en niveles superiores del ser.

Expresar la belleza significa nutrirse física, emocional, mental y espiritualmente con el Fuego Interior. Cuando el hombre expresa la belleza, se recarga, cargándose con energía. Esta energía hace que pueda esforzarse en pos de niveles superiores del ser y de la consciencia.

La Chispa Interior debe seguir hacia adelante, y para este acto necesita energía, que sólo se produce cuando una persona crea fricción con la Belleza Interior, para expresarla. Cuando expresa la belleza, los vehículos del hombre se cargan con energía.

En la belleza hay simetría en las medidas, en los colores, en el sonido, en el movimiento, en la armonía con los objetos o elementos afines.

La belleza suscita respuestas del hombre Interior, del Yo del planeta, y del Yo del sistema solar.

El Yo del hombre, del planeta y del sistema solar es el que concibe los prototipos de la belleza, y siempre y cualesquiera que sean los modos y formas con los que una belleza se exprese. Esa belleza procura respuestas de aquellos Yoes en forma de energía, bendiciones e inspiración.

Por ejemplo, supongamos que en la mente del Señor Solar existe la forma de pensamiento, o el prototipo, de una flor o una sinfonía. Este prototipo se proyecta en el espacio y atraviesa muchas esferas, hallando a su tiempo una expresión en el nivel físico a través de la naturaleza, o del hombre. Cuando este prototipo se manifiesta en un grado elevado de exactitud, suscita una gran corriente de energía desde el prototipo real que se irradia a través de la belleza hacia quienes pueden tomar contacto con la belleza o la forma.

Toda expresión es como una danza con respecto a la *música.* Si está sincronizada con la música en formaciones simétricas, hay belleza. La vida de la belleza es motivo y propósito. Cada belleza es un esfuerzo en pos de una belleza mayor. Esto pone a la belleza en una disciplina extrema, para fundirse, para sacrificarse, para formar una parte de una belleza mayor. En este proceso, la diversidad es armonizada por el ritmo del propósito.

Los principios cósmicos controlan las Leyes de color, sonido, movimiento y medidas. Toda transgresión de estas Leyes crea discordancia en la manifestación. Incluso el hombre en su Esencia es un *sonido,* sujeto a las Leyes del Sonido. Una vida vivida en armonía con estas Leyes es belleza, lo cual significa que la vida es sana, alegre, creativa, simétrica, sincronizada y consciente.

Así, en el centro de un ser humano existe la Belleza Original, el Yo, inmaculado y puro.

Cuando esta Belleza se irradia, los vehículos sienten dicha, porque Ella es la Vida.

Esta experiencia de dicha se comparte a través de la cultura creativa, que es un culto a la Fuente Interna del Fuego Creador, del Yo.

La cultura es la fuente de la alegría. La cultura es la alegría de la vida. La libertad es la expresión de la alegría.

Los Grandes Directores de la Sinfonía del universo son los Principios Cósmicos de las Leyes de medida, color, sonido y movimiento. El hombre ha de aprender él *mismo* a ser la parte consciente y sincronizada de esa Sinfonía Cósmica. El hombre debe representar su papel, física, emocional, mental y espiritualmente para que se adecue a la orquesta y sea parte de la Gran Sinfonía. Cada hombre es un instrumento musical. Su destino es afinar su instrumento con todos los demás músicos, de un modo tan progresivo que, a su tiempo, pueda tocar las siete notas mayores y las cuarenta y dos menores de la Sinfonía. Su esfuerzo será para expresar su Yo Divino que es uno con el Yo del Cosmos.

Cuando las Grandes Entidades entran en la manifestación, traen consigo un tremendo voltaje de belleza y cultura, y, través de éstas, transforman la vida del planeta. La cultura que tales grandes Avataras traen es la cultura del futuro, la cultura de la unidad, la síntesis: una sola humanidad en armonía con el Plan y el Propósito detrás del Sistema Solar. Esta es la Cultura de la Nueva Era.

Una persona debe expresar o manifestar belleza para mantenerse viva y vital. La máxima vitamina se crea mediante la manifestación de nuestra Belleza Interior dentro de la cultura. La máxima potencia o energía que el hombre puede lograr es el Fuego Interior. Una vez que este fuego empieza a correr dentro de los vehículos de nuestra personalidad, éstos se dinamizan correctamente y en proporción adecuada, siempre que la personalidad está infusa en el Alma.

Muchas personas depositan sus esperanzas en las vitaminas, pero ni siquiera las vitaminas podrán digerirse si la energía psíquica o la energía del Fuego Interior no está presente en los vehículos de la personalidad. Y esta energía es la que, afluyendo desde el Fuego Interior, crea la cultura. Cada vez que tomamos contacto con la verdadera cultura, nos dinamizamos y revitalizamos. Es así como un ocaso o un amanecer nos afectan. Eso es lo que un gran libro o una gran pintura o música hace por nosotros. Sabemos que en un átomo hay una tremenda condensación de energía. Pero en el ser humano hay una condensación de energía cósmica. Para nosotros, lo más importante es liberar esta energía, con inteligencia y sabiduría. Entonces tendremos la máxima fuente de alimentación: la alimentación de la belleza y su manifestación, la cultura.

El Fuego Divino o la Chispa que está dentro de nosotros es la Fuente de toda cultura en todas sus formas, y la cultura es la manifestación de la Divinidad o el nacimiento de la Divinidad. De allí que a las personas creativas se las reconozca como personas Divinamente inspiradas.

Cuando esta Chispa Divina empieza a liberarse, las pequeñas células de nuestro cuerpo y los átomos de todos nuestros cuerpos, emocional y mental, se cargan y alimentan. Estos son fenómenos de autocarga.

En el futuro muy cercano, una persona comprenderá que no necesita comer porque comer significa infringir las formas de vida.

Si comemos carne estamos matando animales, si cortamos hortalizas o flores, éste es otro género de transgresión de la vida. Sea lo que fuere lo que comamos, estamos devorando su Esencia para alimentar a nuestros vehículos.

Un Maestro o un Avatar no necesita comer. Y cuando alcancemos cierto grado de desarrollo, no comeremos, pues la energía que está dentro de nosotros, mediante un proceso de liberación atómica, sostendrá nuestros vehículos como los reactores nucleares lo hacen en las plantas de energía atómica.

Así como tenemos la era de la liberación de la energía atómica, también tendremos la era subjetiva de la liberación del Fuego Interior, de la Divinidad Interior, de la Belleza Interior.

¿Qué es la belleza? La belleza es la Chispa Interior a través de la cual el cosmos entero se refleja. Cosmos significa la armonización de la energía y la materia a través de un Propósito progresivo.

La belleza es el desarrollo y la perfección progresivos.

La belleza es esforzarse en camino de la perfección.

La belleza es la labor para tomar contacto con los niveles superiores de la perfección.

La belleza es el contacto directo con el amor, la luz y el poder. Cuando este contacto se manifiesta, lo llamamos cultura.

La cultura son los pasos del alma encaminados hacia la belleza, hacia el Yo.

A la belleza se la llama cultura porque es el resultado del culto del fuego, el principio supremo del hombre y del universo.

La belleza es armonía, la cual es la síntesis y la diversidad en la unidad.

El disfrute de la cultura nos sublima y transforma. Es posible aclarar el pensamiento, ser más amable en las relaciones y más dinámico en todas las expresiones. A través de todas estas expresiones irradiamos alegría.

La primera cualidad de una cultura es la elevación y la transfiguración. La verdadera cultura conduce hacia la cooperación, la unidad y la síntesis, hacia la felicidad, la alegría y la dicha.

La cultura integra y une. La cultura nos abre hacia mayores intuiciones, más profundos ideales y una mayor voluntad de servicio y sacrificio para con la humanidad.

La cultura nos vuelve elevadamente creadores. La verdadera cultura superior causa expansión, y nos pone en armonía con toda la manifestación universal. Las razas más culturales ayudan al planeta a que alcance su destino, a que cumpla su propósito como un conjunto unificado. El animal-hombre progresó y llegó a ser humano a través de la cultura; y entonces el hombre avanzó por su sendero a través del proceso de la iniciación.

La iniciación es nada más que poner a un hombre en contacto con su Belleza Interior. Si una persona empieza a tomar contacto con esa Belleza Interior en un 10 por ciento, es un aspirante. Si ese contacto es del 50 por ciento, es un discípulo. Si es un 75 por ciento; se convierte en un iniciado. Si es 100 por ciento, es un Maestro; llega a ser Él Mismo. Su verdadero Yo es el Maestro, y ese Maestro puede manifestarse a través del dominio de todo lo que no es su verdadero Yo.

La cultura superior no la puede asimilar la gente que no está depurada en su consciencia. Nuestra consciencia se depura cuando continuamente entramos en contacto con la Belleza exterior e Interior y tratamos de manifestarla en nuestras relaciones. Es por eso que la cultura debe ofrecerse gradualmente.

Primero, debemos ofrecer a las masas la cultura de la personalidad. Luego, debe ofrecerse la cultura del Alma. Finalmente, debemos brindar la cultura del fuego de la nueva era, que es la fusión con nuestro Fuego Esencial.

No hay manifestación cultural sin labor pesada. Hacer que se exprese nuestro Yo real no es trabajo fácil. Implica valentía, audacia, empeño y labor pesada.

La época de contacto con la belleza que está dentro de nosotros es un tiempo de suprema transformación, fusión y creatividad: un tiempo en el que entramos en la esfera de nuestra propia Divinidad. Por un instante, somos creadores, super hombres. Si estos breves momentos de contacto aumentan y llegan a ser la vida entera, entonces el hombre es la cultura misma, el Avatar, y en todas Sus manifestaciones del cosmos halla manifestación. Cosmos significa armonía entre la energía y la materia, y entre el espíritu y la forma, a través de un propósito que avanza.

Como en el individuo, así las Grandes Vidas trabajan para manifestar la belleza, la belleza mayor. De tal manera, la creación de un sistema solar es un modo para que una Gran Vida extraiga lo que está dentro de

Ella; a través de su sistema solar, se manifiestan y concretan Su logro y Su contacto cósmico. Y sabemos que los sistemas solares están siempre en proceso de formación como los vehículos de expresión de Grandes Vidas. Las Grandes Vidas están siempre de parto para crear mayores sistemas y galaxias en los que nuestro sistema solar es sólo una motita de polvo, o un átomo.

Cada forma viva de la naturaleza se dedica a este gran proceso de manifestar la belleza, desde el átomo minúsculo hasta las Grandes Vidas que se llaman galaxias.

La belleza se manifiesta como cultura, y la cultura se manifiesta como civilización. La cultura es la expresión parcial de la belleza en el tiempo y el espacio, y la civilización es la utilización de la cultura en nuestra vida diaria. Por ejemplo, toda nuestra música, pintura y filosofía es parte de nuestra cultura. Todas nuestras estaciones de televisión, todos nuestros reactores atómicos, instrumentos eléctricos, hospitales, sistemas de comunicaciones, son parte de nuestra civilización.

Los intuitivos toman contacto con la belleza; las personas creativas la traducen en cultura. Los idealistas prácticos la construyen en una civilización.

Tomamos contacto con la belleza según lo que nosotros somos. Nuestra comprensión y nuestro grado de expresión de la belleza es nuestra propia medida. Y porque nuestra medida de perfección dista de ser igual a las Vidas Solares y Cósmicas, necesariamente se desprende que toda nuestra cultura es relativa. Cuando una persona avanza por el sendero de la perfección, dará nacimiento a culturas cada vez más elevadas.

Es interesante notar que la belleza es una sola, pero las manifestaciones de la belleza son muchas. Tenemos muchas culturas en muchos niveles, pero todas son esfuerzos para manifestar la misma belleza. Esto se parece a una persona que, año tras año, procura muy arduamente manifestar o exteriorizar su propio Yo, que es uno solo, pero, en la manifestación, esta unidad asume muchas formas diferentes.

En todas las formas de la cultura tomamos contacto con la misma belleza. Y cuando tomamos contacto con la belleza, tomamos contacto con nuestro Yo real. La belleza verdadera es la manifestación del Yo. Y la cultura verdadera es la cultura que nos conduce hacia nuestro Yo real a través de la transformación y la transfiguración de nuestros vehículos de manifestación. La transformación de nuestra naturaleza es la primera señal de que estarnos asimilando la cultura.

¿Por qué la cultura verdadera causa transformación? Porque la cultura transporta el voltaje, la carga, la frecuencia de nuestro ser superior. Nuestro ser superior raras veces se halla en el estado de radiactividad, debido a las muchas formas de contaminación que existen dentro del aura. Pero cuando tomamos contacto con la cultura, la frecuencia superior enciende los fuegos internos y nuestro ser interior empieza a irradiarse, limpiando y transformando nuestro ser.

Vivir significa dar manifestación al fuego más interno de la vida, que está dentro de nosotros. Cuando este fuego se manifiesta, existimos, vivimos. No vivimos como nuestros vehículos sino como nuestro Yo. El Yo Interior que está dentro de nosotros comienza a expresarse y esa es la vida abundante. Tan pronto nuestro Yo Interior cesa de manifestarse, estamos en el proceso de morir. Tan pronto una persona cesa de expresar su Divinidad Interior, su belleza, su alegría, su bondad, su verdad, su sencillez, está muerta. Se convierte en un cadáver que flota.

La cultura se basa en trabajo y esfuerzo. El esfuerzo es un empeño continuo para tomar contacto con nuestro Yo verdadero para que, poco a poco, toque los estratos cada vez más profundos de esa Divinidad Interior. Nuestro trabajo es un esfuerzo continuo para hacer que se manifieste ese nivel de Divinidad con el que se toma contacto.

Cuando cesamos de identificamos con nuestros vehículos, entonces nuestro Yo verdadero se irradia. Este es el secreto de todos los artistas. Cuando no se identifican con sus vehículos físicos, emocionales y mentales, y con sus inercias, espejismos, ilusiones, irritaciones y temores, entonces manifiestan gran belleza a través de su arte y aportan al mundo una cultura de elevado voltaje.

Las danzas sagradas son un gran medio para dejar de identificarnos con los mundos triples. Tratemos de manifestar el significado, el propósito de la música y la danza, que durante ese momento puede darnos la experiencia de ser algo diferente a la personalidad.

Apreciamos la cultura según nuestro nivel. Lentamente, sentimos el transformador poder de la cultura. Si observamos a una gran bailarina y nuestra consciencia no está muy elevada podríamos decir: «¡Qué bellas piernas tiene!». Si estamos un poco más arriba, diríamos: «La armonía entre la música y el movimiento es muy emocionante». Si estamos más expuestos a la Luz Interior diríamos: « Dios mío, esta danza me revela tantos secretos, y ahora veo cómo las partes del rompecabezas se juntan y resuelven en mí tantos problemas psicológicos». Y si estamos más arriba todavía, sentiremos la dicha y alineación completas. Veremos el sendero despejado que debemos tomar; veremos cuán tontos son nuestros problemas, temores y ansiedades, y entraremos en una etapa de intrepidez, radiactividad y servicio. Estos son los momentos de gran inspiración en los que Se revela nuestro Yo verdadero.

La cultura verdadera eliminará del mundo toda la basura en que vivimos: los delitos, los engaños, las explotaciones, la hipocresía, la codicia, el temor, el egoísmo y demás.

También es importantísimo que la gente se exponga poco a poco a la cultura. Hemos visto personas que escapan de la belleza o de la gente creativa: el voltaje es demasiado para esa gente. Esas personas pueden desarrollar un antagonismo si las obligamos a tomar contacto con fenómenos culturales. Si la capacidad de recepción de una persona es limitada, entonces es desbordada y se siente irritada porque no puede asimilar la belleza, y su naturaleza odia o usa el mecanismo de rechazo. También está el hecho psicológico de que, al enfrentar una gran belleza, algunas personas desarrollan un temor intenso. Esto es muy interesante porque, en la gran belleza, una persona se pierde. Sin embargo, el pequeño yo al que se apegaba deberá marcharse, si realmente quiere disfrutar de la belleza. Esta sensación, por supuesto, se traduce como temor si una persona se identifica, hasta cierto punto, con su mundo físico, con su mundo emocional y con su mundo mental inferior.

Exponerse a una gran belleza es como arrojarse al océano; primero hay temor, pero luego, una vez que se pierde ese temor, se experimenta alegría e identificación con el océano.

Los celos tienen la misma base. Un día, en un monasterio en el que yo vivía, llegó para hablarnos un hombre muy evolucionado. Era muy hermoso e imponente. Al verle sobre el escenario con su bello atuendo, me dije: «No vale nada. ¿Qué tiene de grande?». Luego me observé y me dije: «¿De qué estás hablando? Es tan hermoso...». Luego, el diálogo continuó dentro de mí. Me dije: «No, no es hermoso, es pura apariencia». Terció otra conversación: «Estás loco; estás celoso. Escucha, mírale con tu Yo Superior». «No», dije, «no es hermoso porque no estoy allí en su lugar, yo no soy él». Nuevamente, el diálogo cambió: « Ese hombre soy *yo, lo amo*. Yo soy un capullo, él es la flor plena. Lo amo».

Fue después de este diálogo interior que empecé a oír las inspiradoras y elevadoras palabras de ese hombre, porque él *se convirtió en mí,* y no hubo peligro de que yo me perdiera.

En ocasión de cualquier disfrute cultural, si observamos nuestras acciones, nuestras reacciones y respuestas, aprendemos mucho acerca de nuestra psicología y nos exponemos a una luz mayor. Unirnos progresivamente con la belleza, a través, de la cultura, significa perder nuestro no-yo y llegar a ser nuestro Yo verdadero.

Una vez, Cristo dijo que quienes quieran encontrarse deberán perderse. Esta es una profunda sabiduría que Cristo nos brindó. Deberá perderse el pequeño yo, para que el Yo mayor Se revele. Esto se entiende con facilidad cuando recordamos que, en nuestra niñez, tenemos ositos de peluche con los que nos identificamos totalmente. Pero cuando crecemos en nuestra consciencia, escogemos nuevos ositos de peluche adecuados a nuestro nivel. Nuestros autos, libros, escuela, esposas, esposos, novias, novios son nuevos ositos de peluche; hasta nuestros negocios y nuestro arte son ositos de peluche. Pero si queremos avanzar hacia la perfección, nuestros ositos de peluche, poco a poco y respetuosamente, deberán ser reemplazados por osos de peluche superiores. Esto es lo que la cultura realiza.

Nuestro primer egoísmo es un osito de peluche, y no podemos vivir sin él. Luego, lo reemplazamos con el egoísmo familiar. Después, reemplazamos esto con racismo, nacionalismo. Hasta que un día pensamos en términos de una sola humanidad, de un solo sistema solar, de una sola galaxia. Esto es lo que la verdadera cultura realiza. Hace que renunciemos a nuestra limitación y que enfrentemos al Infinito.

A veces, no podemos tomar contacto con la belleza porque nos sentimos avergonzados frente a una gran expresión de belleza. Asimismo, no podemos tomar contacto con la belleza si experimentamos excesiva emoción. Estos dos sentimientos interfieren con el hecho de que entremos en contacto con la belleza. La razón de esto es que, cuando sentimos vergüenza, nos identificamos con nuestros defectos o fracasos, o con actos y actores que están dentro de nosotros y produjeron esa vergüenza. Si estamos emocionados, no permitimos que la energía de la belleza sea absorbida en nuestro organismo superior, porque la emoción es identificación con el resultado del contacto superior, pero no con el Yo mismo. En todas estas condiciones entramos en el campo de la belleza con temor y rechazo, porque en cada una de estas situaciones perdemos una parte de nuestro yo inferior. Pero mientras tanto estás encontrando tu verdadero Ser, lo que a veces crea reacciones violentas desde el yo inferior.

La separatividad disminuye grandemente la corriente vital y la alegría de la vida. La expansión hacia la unidad, hacia el Infinito es el proceso de autoconocimiento, que es un acto de hallar a nuestro Yo verdadero, en una unidad y una síntesis mayores. Tenemos el ejemplo más sencillo de este hecho en nuestro cuerpo. Si alguna parte del cuerpo se separa de los intereses del resto, el cuerpo enferma o empieza a morir. Si todas las partes trabajan recíprocamente, todas las partes son felices en la unidad, y estamos sanos y vivos. La belleza y la fuerza del cuerpo residen en su unidad. Eso es lo que la cultura nos enseña en escala global. Proporciona los modos y medios para la unificación y la síntesis. La integridad es salud, felicidad y alegría. La integridad significa que las partes sirven al todo, y el todo sirve a las partes. Este hecho, si se lo entendiera internacionalmente, resolvería todos nuestros problemas políticos y sociales. Para producir grandes culturas, una nación o un grupo de personas elevadamente creativas no deberán discordar dentro del sistema. Sólo un campo unificado de energía podrá crear y manifestar belleza. Es por esto, que a las grandes personas creativas también se las llama santos. Estas personas están armonizadas o afinadas con la Divinidad dentro de sí mismas, o con la Divinidad en la naturaleza.

El proceso creativo y el disfrute de la cultura exige depuración, purificación y armonización con la Presencia Divina en la naturaleza y en el hombre.

La creatividad es el resultado de la unificación, de la unión, de la fusión.

Repitamos: la cultura de la personalidad es el resultado de la integración de nuestros vehículos de la personalidad. La cultura del Alma empieza cuando la personalidad se funde con el Yo transpersonal. La siguiente etapa es la unificación con los Fuegos Internos que están dentro de nosotros, por los que manifestamos la cultura verdadera en armonía con el Propósito y la intención Divinos.

La intención de todas las personas creativas del mundo deberá ser establecer un mes cultural mundial, durante el cual todas las naciones compartirán la cultura de todas las demás naciones. Esto también deberá planificarse de modo tal que las naciones que por ciertas razones tuvieran guerra o fueran antagónicas entre sí, deberán demostrar especialmente la cultura de las naciones que odian. Un firme intercambio cultural se establecerá entonces entre las naciones que lentamente prepararán el camino hacia la paz, hacia un solo mundo y hacia una sola humanidad.

En Agni Yoga leemos:

> ...Nuestra Orden es no perder oportunidad de recordar a la gente acerca de la cultura.[18]

Discutamos cuál es el efecto de la cultura y veamos qué hace una persona culta:

1. Una persona culta carga a los demás seres humanos con una energía elevadora y regeneradora que los estimula, dinamiza y hace disfrutar la vida. Esta carga energética es una combinación de luz, amor, intuición

18. Agni Yoga Society, *Mundo Ardiente*, I, párr. 190.

y voluntad. Es luz, resplandor solar que se derrama sobre los seres humanos.

2. La persona culta es un agente curativo a través del cual las energías curativas de la naturaleza se irradian, integrando, alineando y fundiéndose con la naturaleza física, emocional y mental de las demás personas en proporción con la intensidad y el nivel de la energía. Tal alineación y tal fusión permite que la energía psíquica circule por todo el organismo humano, curando y purificando a todo el organismo. Muchas personas se curan cuando tienen contacto real con la belleza. La belleza libera la Esencia Ígnea del hombre, que es el único medio verdadero de curación.

3. La persona culta crea correctas relaciones humanas. Aboga por la armonía, la unidad, la comprensión. Recuerdo a una señora cuyo esposo estaba preso; ella jamás lo visitaba porque odiaba lo que él había hecho. Un día, la llevamos a un Centro Musical para que disfrutara de la representación del *ballet* «El Lago de los Cisnes». Fue una representación formidable. Cuando nos marchábamos del Centro, me tomó las manos y, mirándome en los ojos, me dijo: «Me gustaría visitar a mi marido, si tuvieras la bondad de llevarme allí». «Por supuesto», le contesté.

La cultura destruye los muros de separación entre las personas, muros fabricados con prejuicios, emociones, pensamientos y tradiciones. LA CULTURA TIENDE UN PUENTE ENTRE LOS CORAZONES.

La mayor parte de nuestros malestares físicos son causados por los pensamientos separatistas existentes en nuestras mentes, pensamientos que impiden las relaciones correctas entre los órganos de nuestros cuerpos, y entre hombre y hombre, entre nación y nación.

Las formas de pensamiento separatistas semejan nubes que cuelgan entre la Tierra y el Sol. Cuando dispersamos esta obstrucción, tenemos los rayos del Sol, la vitalidad y las relaciones humanas correctas, porque se libera la energía de la vida y la energía de la vida siempre procura unificar. Así, una persona culta es una Esencia Ígnea, que incendia todos los muros de separación existentes entre naciones y razas.

La creatividad es condicionada por el estado de unidad de la consciencia y el campo energético en el que el hombre vive. Cuando somos separatistas dentro de nosotros mismos, perdemos energía para crear. La creatividad que siempre fluye en la naturaleza es la prueba de una fuente de unidad que está detrás de la naturaleza. Cuanto más unificados estemos, más crearemos, en calidad cada vez mayor.

Cuando la electricidad de la cultura corre a través del hombre liberando la energía de la belleza interior, crea unidad que elimina todos los muros de separación que existen dentro de nuestra naturaleza. Cuando los muros de separación se eliminen de los mecanismos físicos, emocionales y mentales, no habrá razón para la enfermedad, pues esencialmente somos Divinos, esencialmente somos parte de Dios, esencialmente somos Él. Entonces, ¿por qué existen todas estas múltiples separaciones entre un hombre y otro, entre una nación y otra? Porque nos identificamos con nuestros vehículos separados y con sus intereses, y pensamos que sólo podemos vivir a expensas de los demás. La cultura cura esta enfermedad, porque libera belleza de todos nosotros, y en esa belleza vemos nuestra unidad y nuestra Divinidad. Un día vendrá en el que comprendamos que el lenguaje de Dios es el lenguaje de la belleza. En esa etapa, podremos ver a Dios en los ojos de un niño, en los cantos de los pájaros, en los colores de las flores, en la expresión del arte supremo. Cuando manifestemos este sentido de la unidad, ese sentido de la unicidad, tendremos relaciones humanas correctas y buena voluntad.

4. La cultura crea unidad INTERNACIONAL. La belleza nos impulsa a cooperar, a compartir, incluso a renunciar; la belleza destruye los muros de la separación.

Recuerdo a un joven que a menudo me hablaba de la nación que decía odiar realmente. Un día me visitó en compañía de una muchacha que era miembro de una nación que despreciaba.

«¿Cómo es que viniste con ella?», le pregunté.

«Compréndeme», me dijo, «ella es bella y no importa qué haya detrás de ella. Amo su belleza».

¿Eso no es hermoso? El gran artista Nicolás Roerich dijo una vez: «A TRAVÉS DE LA BELLEZA, VENCEMOS», y la máxima victoria es una victoria sobre los hombres separatistas. Vencer significa ser bello. De esta manera, la cultura crea unidad internacional.

5. En el proceso de crear belleza y cultura, a su tiempo tomamos contacto con un Plan, y detrás del plan, con un Propósito. Una persona de talento o un genio es quien intuitivamente ve que hay un Plan para la humanidad, y que hay un Propósito en esta creación. Cuando una persona de talento o un genio crea, está

armonizado con alguna Fuente Interior de diseños de estructuras, con algunas directivas Interiores, que le inspiran y cargan para que siga adelante y cree cultura. Una persona de talento ve un Plan para toda la humanidad. Un genio ve el Propósito detrás de aquél. Un Avatar se une con la Voluntad detrás del Propósito.

La cultura es la manifestación del Plan, del Propósito, de la Voluntad de la Gran Fuente de Quien todo procede y a Quien todo retorna.

6. A través de la cultura, desarrollamos sensibilidad hacia las grandes ideas y direcciones provenientes de las Fuentes Superiores.

7. A través de la cultura, expandimos nuestra consciencia y nos volvemos más inclusivos. Se ingresará en la era de la síntesis a través de una cultura y una belleza en eterno desarrollo.

¿Cómo podremos empezar a gozar de la belleza y la cultura? El primer paso consiste en la OBSERVACIÓN. Observemos la belleza dondequiera que la encontremos. Tomemos una flor en nuestras manos, disfrutemos de la forma de sus pétalos, sus colores, su fragancia. Escuchemos el canto de las aves; miremos los árboles, los lagos, las montañas, las cascadas: la belleza de la naturaleza. Cuando tomamos contacto con la belleza de la naturaleza, más nos convertimos en nuestro Yo verdadero. Observemos luego la belleza en los demás seres humanos, en cualquier manera en que ésta se manifieste. Luego, observemos y disfrutemos la cultura de tantas naciones y razas como sea posible. Esto expandirá nuestros horizontes y nos volverá más humildes e inofensivos. La observación de la belleza es un esfuerzo para identificamos con la belleza que está dentro de nosotros mismos. El instante en que admiramos la belleza es el instante de la transformación.

Cierta vez, estaba yo de visita en casa de una familia y hablaba con el hombre que tenía una esposa bellísima. Al poco rato, la esposa nos trajo té y cuando le dio la taza a su marido, éste, con la frialdad de un pez, murmuró nasalmente: «Gracias». Yo advertí ese « gracias» y le dije: « Dios mío, ¿por qué no miras primero el rostro de ella y le brindas una sonrisa, y con voz dulce y alegre le dices ‹gracias›?». «¿Y qué?», me contestó.

El hecho de apreciar la belleza aumenta la belleza; el negar o rechazar la belleza nos retrotrae violentamente hasta nuestra naturaleza egoísta y separatista en la que la alegría y la creatividad están ausentes. Apreciemos recíprocamente nuestra belleza si queremos acrecentar en nuestra familia la comprensión, la alegría y el buen éxito. Cuando apreciamos la belleza, afirmamos la Divinidad dentro de nosotros de manera recíproca; tomamos contacto con la Presencia Divina dentro de cada uno y tratamos de hacer que se manifieste.

Todavía no hemos nacido realmente. Nuestra naturaleza física está allí, pero nuestra naturaleza Divina está manifestada solamente en un pequeño porcentaje. *Nosotros* –nuestro Yo verdadero Interno– está en proceso de nacimiento. La Belleza Interior entra muy lentamente en la manifestación y cuando se manifiesta a través de todo lo que somos y hacemos, nos convertimos en la *belleza,* en la manifestación. El primer paso consiste en observar la belleza, en admirar la belleza, en adorar la belleza, en rendir culto a la belleza. Es así como podremos unificarnos con la fuente de la belleza que duerme dentro de nosotros.

En una ocasión, pregunté a doscientos estudiantes si habían observado alguna vez un atardecer o un amanecer. Sólo quince dijeron que sí. Los otros se asombraron de que incluso les hubiera yo formulado semejante pregunta. ¡Jamás habían estado frente a tal belleza! Debemos llevar a nuestros hijos e introducirlos en la naturaleza y mostrarles las montañas, los árboles, las puestas de sol, los lagos, los desfiladeros, las flores y las semillas. La belleza de la naturaleza los tornará realmente humanos y les permitirá despojarse de la contaminación acumulada en su aura por los efectos de la mayoría de los programas de cine y televisión y de las publicaciones contaminadas.

Lo segundo que debemos hacer es introducir en nuestros hogares música bella, pinturas, muebles bellos, y colores armónicos y radiantes que eleven el espíritu y lo nutran.

En realidad, la belleza es una fuente de energía, una vitamina. Donde hay belleza hay una continua corriente de energía. Las personas dedicadas a las bellas artes o a expresar belleza son principalmente dinámicas, entusiastas y radiactivas.

Llevemos a nuestros hijos a grandes centros musicales, que oigan música sinfónica, disfruten de los *ballets,* de las representaciones teatrales y los festivales de la canción; que vean grandes pinturas, arquitectura y escultura; que participen en ceremonias en bellas catedrales. Todo esto los ayudará a tener un nuevo nacimiento porque liberarán el núcleo de la vida dentro de ellos, que dinamizará y fortalecerá toda su naturaleza.

Las mujeres embarazadas deben estar especialmente en estrecho contacto con la belleza en todas las formas. Deben escuchar grandes disertaciones y participar en seminarios de alto nivel. Sus bebés serán especiales porque el pensamiento elevado afectará al embrión y condicionará su crecimiento futuro en la dirección correcta. El embrión participa muy estrechamente de las experiencias de la madre, y si la madre se expone a la belleza, el bebé buscará instintivamente la belleza y hallará las fuentes de la alegría superior.

También debemos ejercer la manifestación de la belleza en todas nuestras expresiones: mientras conversamos; caminamos, bailamos o en cualquier cosa que hagamos. Esto no es fácil, pero la recompensa es grande. La belleza es verdad, justicia, bondad, amor, inofensividad, sencillez, exactitud, armonía. La belleza es a menudo renunciamiento, desapego, Divina indiferencia, altruismo. Tratemos todo esto a través de todas nuestras expresiones, y entonces veremos la transformación de nuestra naturaleza.

Si no tenemos luz, amor y verdad, y en lugar de ello tenemos mentiras, chismes, críticas, maldiciones y delitos, no tendremos belleza sino fealdad, porque la belleza es bondad, amor, verdad y realidad.

Por supuesto, todas estas cosas deberán ser penetradas y reconocidas mediante una vida de meditación. La meditación es el trabajo para la belleza. La meditación disipa lentamente la fealdad, el apego, el *maya,* los espejismos y las ilusiones, y nos lleva hacia el resplandor del Sol. La meditación es un acto de elevación de nuestra consciencia fuera de las limitaciones y contaminaciones de nuestra personalidad, y de la fusión de ella con nuestra Esencia Espiritual.

La meditación es, primero, el proceso de contacto con la Presencia Divina en el universo, y, luego, el acto de formular este contacto con la cultura de modo o forma tal que construyamos un sendero para que los demás lleguen a la belleza.

La cultura es el resultado del contacto con las Fuentes Divinas de energía que están dentro de nosotros, y dentro del universo. Entonces, tenemos disciplina. En realidad, la disciplina es nada más que la coordinación de nuestra vida física, emocional y mental con las leyes y los principios de nuestro Ser Interno. Cuando los canales de comunicación se despejan entre nuestros vehículos y la Fuente de vida dentro de nosotros, decimos que una persona está bajo disciplina. A través de tal disciplina, una persona, a su tiempo, se convierte en discípulo. Y un discípulo es una persona que se compromete y compromete su vida a la perpetua corriente de electricidad proveniente de la Belleza Interior, de la Fuente de vida y creatividad.

La disciplina es el acto de eliminar todos los obstáculos que impiden la expresión de la belleza, o el acto de coordinación y fusión de los cuerpos con la fuente de la creatividad que está en el interior para que las inspiraciones mayores y el fuego mayor se derramen y transformen las condiciones del mundo.

Hay un poema que dice:

Kalagiya, Ven a Shamballa.[19]

Kalagiya es sánscrito, y significa «ven a la Torre». La Torre es la Divinidad que está dentro de nosotros mismos. Entremos en nuestra Torre y seamos nuestro

19. Saraydarian, Torkom, *La Leyenda de Shamballa*, pág. 52.

Yo verdadero. No vaguemos por el valle de las tinieblas, de la fealdad y de las ilusiones; más bien, vengamos a unirnos con nuestra Esencia, con la belleza.

La cultura conduce hacia el esfuerzo personal, porque la Divinidad que está dentro no puede limitarse en nuestro nivel actual. La naturaleza verdadera de la Divinidad es la expansión, y el resultado de la expansión es la BELLEZA, es el sentido del Infinito. Esto sobreviene a todos los que no toleran la limitación de la expresión de la belleza.

LA CULTURA EN LA NUEVA ERA

II

La cultura es la manifestación del fuego sagrado del Espíritu. Cuando el Espíritu desciende a los campos de la consciencia, crea la cultura. Crea el puente para que la humanidad suba a un nivel superior de consciencia. El Espíritu es fuego, y éste es el fuego que crea.

La cultura es el resultado de un contacto con el fuego que está dentro del universo. Este contacto libera los misterios ocultos, las leyes, los principios y la belleza que hay dentro del fuego.

La aspiración es una forma de contacto con este Fuego Interior.

La meditación es un contacto más profundo a través del cual el fuego halla una oportunidad de expresión.

La contemplación es una aptitud para ver los misterios que yacen en el fuego.

La iluminación es un proceso de fusión con el fuego, en una inclusividad en perpetua expansión.

La inspiración es el firme influjo del fuego a través de los vehículos de la manifestación.

Es así como se manifiesta la cultura. Siempre que hay cultura, hay un vínculo con los mundos superiores.

> En toda la historia de la humanidad ni el alimento ni la industria, ni el intelecto no iluminado por el espíritu construyeron una cultura de verdad. Es con especial esmero que debemos tratar todo lo que aún puede elevar el nivel del espíritu.[20]

La cultura es el servicio de la belleza. La cultura depura la consciencia y hace que el hombre sea más sensible al latido del corazón cósmico. A través de la cultura, las personas se acercan más unas a otras. A través de la cultura se eliminan las fronteras de razas, colores, países y regiones. La cultura proporciona el único idioma a través del cual las razas podrán comunicarse entre sí, y las personas podrán entenderse.

La cultura puede manifestarse a través de las características de las razas o naciones en particular, pero en su esencia es universal, porque la fuente de la cultura es la belleza. Cuando la belleza florece a través de todos los esfuerzos humanos, tenemos cultura. Y porque la belleza es la Divinidad única oculta dentro del hombre y del universo, toda persona cultivada y todo grupo cultivado no es naturalmente separatista, sino que lo incluye todo, ama a todos.

La cultura se construye a través de luz y cada vez más luz, conocimiento, comprensión, y a través de un sentido de la realidad más profundo. Es muy interesante saber que la cultura no es estática, sino que es una manifestación de la belleza en crecimiento, expansión y organización perpetuos.

Las culturas del pasado serán las sílabas de las palabras de la era actual. Las palabras de la cultura de esta era serán las frases de la cultura del futuro. Esto

20. Roerich, Nicholas K., *Roerich Adamant*, pág. 16.

seguirá hasta que se escriba el capítulo de la cultura de este sistema solar, que, a su vez, formará unas pocas páginas del libro del Esquema. Ese libro explicará la belleza oculta en el corazón del sol llameante.

> Si deseas que se abran las puertas, pronuncia
> Mi Señal,
> Dije Belleza en el combate y la victoria.
> Dije Belleza, y el fracaso se cubrió con Belleza.
> Las montañas florecieron con Belleza.
> Y abrirás el camino para las flores de la Belleza.
> Que los niños se acerquen e
> Inclinen ante Quien trajo la Belleza del gran Universo.[21]

La cultura es el acto de abrir el camino para las flores de la belleza. Hay un gran poder curativo en las todavía no realizadas flores de la belleza. La contemplación de la belleza es la cura de las enfermedades.

> Benditos quienes aspiráis a la Belleza.[22]
>
> En la Belleza se manifestará el Infinito. En la Belleza se iluminan las enseñanzas de los Buscadores del espíritu. En la Belleza no tememos manifestar la verdad de la libertad. En la Belleza encendemos resplandor en cada gota de agua. En la Belleza transformamos la materia en un arco iris.[23]

El gran Maestro, al hablar del *imperil,* dice:

> Quien se aflija por el riesgo, repetirá: «¡Qué bello es todo!». Y estará en lo cierto; porque la

21. Agni Yoga Society, *Hojas del Jardín de Morya* I, párr. 333.
22. *Ibíd.*, párr. 271.
23. Agni Yoga Society, *Hojas del Jardín de Morya* II, párr. 199.

corriente evolutiva es racional; en otras palabras, es bella.[24]

Al ver a la belleza por doquier y en todo, una persona entra en contacto con las energías curativas y regenerativas de la belleza. Podemos probar esto al meditar sobre la belleza y contemplarla cuando nuestra consciencia cae prisionera de las condiciones de los mundos inferiores.

Todo lo que el hombre hace para servir sacrificadamente, para llevar una vida armonizada con las supremas leyes espirituales, con todos sus actos de compasión, de verdad, de buena voluntad, con todo esfuerzo en procura de lo Supremo, es el resultado de bellezas que florecen dentro de su propio cáliz. Cuando el espíritu florece y se desarrolla en y a través del cáliz, el hombre se convierte en una fuente de creatividad.

Las vidas bellas son la manifestación de la belleza dentro del cáliz. La prolongada acumulación del cáliz da nacimiento a grandes genios. La belleza manifestada y expresada construye el cáliz. Nuestros vehículos se construyen a través de lo que expresamos. Si expresamos belleza a través de todos nuestros actos, sentimientos y pensamientos, todo nuestro mecanismo de expresión semejará una sinfonía, a través de la cual la Belleza Interior se irradiará con sus creativas energías curativas e iluminadoras.

La comunicación con el cosmos crea cultura. La cultura condiciona la supervivencia de la vida humana porque nos hace ver la belleza en el corazón de uno y otro, la cultura hace que nos identifiquemos con la belleza.

---

24. Agni Yoga Society, *Agni Yoga*, párr. 15.

Cristo habló una vez de los lirios que estaban mejor vestidos que el Rey Salomón. La tradición dice que la señal real de una persona espiritualmente avanzada es su aptitud para advertir la belleza, aunque esté oculta en un harapo de fealdad. Así, la tradición dice que en una ocasión en que el gran Maestro caminaba con Sus discípulos, vieron una gran muchedumbre. Él se acercó a la multitud con sus discípulos para ver qué ocurría.

«Maestro», dijo uno de los discípulos, « hay un perro muerto y le están tirando piedras para enterrarlo».

Quienes arrojaban las piedras, expresaban sus reacciones con maldiciones, y comentaban cuán feo y horrible era ese perro muerto.

Cristo estuvo un rato mirando, se volvió hacia Sus discípulos y les dijo: «El perro tiene dientes que parecen perlas brillantes».

Las personas con la consciencia muerta, sólo ven fealdad. Ver la belleza y afirmarla es un acto de gratitud hacia la Fuente de la vida.

> Durante el ascenso existe el urgente deseo de mirar más allá de los picos nevados que se remontan ante ti... No es una alegría ascender sólo hasta una cima sino también seguir los caminos ascendentes en el pensamiento.[25]
>
> Anticipamos un milagro, nos empeñamos en romper la cerradura, pero la escalera del Arhat está sólo en lo Bello.[26]
>
> Cada esfuerzo está saturado con el fuego del espíritu. La creatividad del espíritu toma par-

25. Roerich, Nicholas K., *Morada de la Luz*, pág. 35.
26. Agni Yoga Society, *Mundo Ardiente* I, párr. 177.

> te en la ígnea consciencia del Cosmos. ¿Cómo podremos aislarnos de toda la creatividad cósmica cuando el hombre es el que cumple creativamente la Voluntad Cósmica? Por tanto, debemos desarrollar consonancia con los Poderes Superiores de nosotros mismos, pues, sin este esfuerzo en procura de la consonancia, no hay creatividad.[27]

Con el tiempo, la gente llegará a conocer que la belleza es una transmisora de energía. El nivel de belleza es igual a su voltaje de energía. En todas las épocas, la gente extrajo gran cantidad de energía de las obras de arte. Esta energía la ayudó de muchos modos.

A. Expandió su consciencia.
B. Liberó centros latentes en inercia.
C. Armonizó sus mundos emocional y mental y curó el cuerpo físico de muchos desórdenes.
D. Hizo que se esforzara en procura de la perfección.
E. Creó una actitud optimista y positiva hacia la vida.
F. La hizo creadora.
G. Le dio un sentido de unidad.
H. La retó a que sirviera, amara y se sacrificara.

La energía de la belleza puede incluso cambiar el carácter de una persona y llevarla hacia el sendero de la transmutación total.

Estimula los centros superiores, y los pone en acción. Los centros superiores son canales de energías superiores, y vinculan a la consciencia con los mundos superiores.

---

27. Agni Yoga Society, *Jerarquía*, párr. 72.

Cada forma de belleza tiene un mensaje especial para la humanidad y una gran tarea para la naturaleza. Si un hombre aprende a rodearse y rodear a los demás con las formas de la belleza, podrá ser un gran medio de espiritualización y creatividad.

La belleza nace a través del dolor. Qué interesante es observar el doloroso trabajo por el que atraviesa la gente creadora. Cada vez que quiere manifestarse una mayor energía de la belleza, el artista atraviesa una ardiente tensión. Hay muchas oposiciones en nuestra naturaleza que se alían para impedir que nazca la belleza, y esto produce dolor. Alrededor de nosotros hay muchos que temen el nacimiento de la belleza, porque ésta revela la necesidad de trabajo y esfuerzo. Esto también causa dolor en el artista.

El nacimiento de la belleza necesita en el hombre un espacio mayor, y mejores condiciones en el medio ambiente. Cuando el artista expande su espacio, las pequeñas vidas de su cuerpo duelen, y el entorno lo rechaza. Esto también causa dolor a un verdadero creador de la belleza. Pero a través de todo este dolor y como resultado de él, se expande.

Una vez, Nicolás Roerich dijo:

> ¡Vaya, vaya! Vosotras crecéis dolorosamente.[28]

Todos los verdaderos creadores saben lo que Roerich quiere decir. Pero el sufrimiento, el dolor y el sacrificio por causa de la belleza liberan, a su tiempo, las fuentes de la dicha que cargan todo acto de creatividad con energía radiactiva.

---

28. Roerich, Nicholas K., *Roerich Adamant*, pág. 95.

La belleza es el alimento de la persona integral. Es la vitamina y el tónico más fuerte, pero sólo si sabemos cómo usarlos.

La fealdad es un veneno para el corazón. Toda expresión de fealdad acorta la vida, oscurece la visión y oscurece la consciencia.

La degeneración de una persona o de una nación, comienza con la expresión de la fealdad. Toda acción o expresión que niegue la Divinidad esencial del hombre, que rechace el espíritu de gratitud y el desafío de la cooperación podrá clasificarse como un factor de no supervivencia en la historia de la humanidad. La descomposición del aura comienza con los actos de fealdad.

Por otro lado, la energía de la belleza cura, eleva e ilumina. Debemos tener diariamente alimento de belleza. Este alimento deberá ser tan regular como el desayuno o la cena, hasta que aprendamos a vivir, a existir y a movemos en la belleza.

Cuando un hombre está en contacto con la belleza, está en un proceso de purificación.

La energía de la belleza:

A. Purifica los vehículos de obstrucciones.
B. Equilibra los centros.
C. Desarrolla la consciencia.
D. Nos da el poder para ser indiferentes a todo deseo o impulso hacia la fealdad.

La energía de la belleza puede asimilarse abundantemente a través de la meditación y del servicio sacrificado. La belleza tiene siete notas que se expresan a través de siete Rayos. Cada rayo tiene su forma de belleza y su propio modo de crear belleza.

La belleza del Primer Rayo nos pone en contacto con el Propósito, y revela la síntesis.

La belleza del Segundo Rayo nos revela una parte del Plan.

La belleza del Tercer Rayo nos inicia en el campo de las fuerzas creadoras.

La belleza del Cuarto Rayo nos muestra las actividades creadoras de fuerzas aparentemente en conflicto.

La belleza del Quinto Rayo revela el proceso de manifestación del Espíritu en las leyes de la naturaleza.

La belleza del Sexto Rayo revela la naturaleza de la audacia y del sacrificio.

La belleza del Séptimo Rayo revela la danza suprema de la materia y el Espíritu.

Toda rama artística o científica podrá manifestarse a través de cualquiera de estos rayos para crear belleza de su propio género.

El objetivo total de las fuerzas creadoras es manifestar la Belleza oculta del Creador, hasta que toda la manifestación exprese esa Belleza Interior.

> Repite Belleza una y otra vez, incluso con lágrimas, hasta que llegues a tu destino.[29]

---

29. Agni Yoga Society, *Hojas del Jardín de Morya* I, párr. 252.

LA CULTURA EN LA NUEVA ERA

III

...Nuestra orden es no perder ocasión de recordarle a la gente acerca de la cultura.[30]

CUANDO HABLAMOS de la nueva era, pensamos que está condicionada por fechas o ciclos, pero esto no es realmente así. La nueva era es un estado de consciencia, o, más bien, un estado del ser. La nueva era es resultado de estar en contacto con las Realidades más Internas dentro de nosotros mismos. Cada vez que alguna persona entra en contacto con el Fuego Más Elevado que está en su interior, está en la nueva era. Aunque vivamos en una era en la que la mayoría permanece en tinieblas intelectuales y morales, empero podemos estar en la nueva era de nuestra propia consciencia y nuestras propias realizaciones.

La nueva era no es el 3000 d.C. o el 5000 d.C.: la nueva era siempre *es*. A nosotros nos corresponde comprender esto a través de nuestros logros.

Cuando una persona logra un elevado nivel de consciencia, cuando asciende a la cima de su consciencia o de su conocimiento espiritual, entra en una nueva era. Y si su progreso es continuo hacia el Infinito, está siempre en la nueva era, tal como un objeto que vuela

30. Agni Yoga Society, *Mundo Ardiente* I, párr. 190.

tan rápidamente que el Sol jamás se pone sobre él. Para tal persona no sólo todo lo que percibe es *nuevo,* sino también todas sus expresiones y respuestas creadoras son nuevas.

Nuestra creatividad es el reflejo de nuestros logros interiores. Cada vez que expandimos nuestra consciencia y profundizamos nuestra realización, nuestra creatividad refleja nuestro nuevo logro. Cuando una persona se acerca a su Yo verdadero y crea un campo más unificado de energía dentro de su ser, se torna más creativa porque permite que las ondas cósmicas creativas se manifiesten a través de ella interminablemente y con mayor belleza y sencillez.

Quienes penetran en el dominio del Infinito están siempre en la nueva era, no importa en qué era vivan. Cristo, Buda, Zoroastro, Hércules, son tales ejemplos. No importa en qué era pasada vivieron, están miles de años delante de nosotros, y viven siempre en la nueva era. Es por ello que se los llama Hijos de la Luz, porque en ellos la oscuridad jamás se establece. Se convirtieron en Hijos de la Luz porque tocaron el Fuego Interior, se fundieron con él y fueron uno solo con él, con el Fuego del Infinito.

La cultura tiene un origen muy interesante. Significa servicio, culto o veneración del Fuego Interior. Ur, en muchos idiomas, significa fuego o luz.

La cultura es una expresión del contacto con la Luz Interior o el Fuego Interior. Un hombre culto es un hombre que tiene contacto con su Yo Interior y que puede expresar ese contacto a través de una vida creativa. Es muy interesante advertir que una vez que la gente toma contacto, en cierto grado, con el Fuego Interior, recorre el sendero de la libertad, y el sendero de liberar a los demás en la libertad. No importa cuán rico o inteligente sea un hombre, no importa qué posición elevada o qué influencia tenga sobre los demás, no se lo podrá llamar hombre culto si no tiene firme contacto con este Fuego Interior, que incendia y poco a poco destruye todos los obstáculos del sendero de su iluminación, libertad, belleza y compasión que le convierten en un sacrificado servidor de la raza humana.

El fuego es todo. En la existencia, todo es resultado de una gradual extensión del fuego. Un átomo es un fuego extinguido, una clase de carbón, con el que se construyen todas las formas del plano físico. También tenemos el fuego emocional, el fuego mental y el fuego de la Intuición. Todos ellos son gradaciones de un mismo fuego, y la Fuente del fuego es el *Yo*.

Primero, está el fuego del cuerpo. Todas las expresiones basadas en el fuego del cuerpo no son cultura, a menos que ese fuego se use como canal para expresar intención espiritual.

También tenemos la expresión del fuego emocional. Si encendemos nuestro aparato de televisión o leemos nuestro diario, podemos ver la expresión de este fuego: en delitos, en películas que inflaman nuestras emociones negativas, en temor, cólera, odio, sed de sangre, sexo barato, etc. Todo esto se vende al público en nombre de la cultura.

También tenemos el fuego de la mente inferior. La expresión de ese fuego se llama «culturan», tal como nuestro sistema de publicidad, que apela a los ciegos instintos del hombre, o trata de manejarlos mediante sugestiones hipnóticas, etc. Todos estos fuegos hablan en nombre de la «cultura».

La mayor parte de lo que se llama cultura se origina en estos fuegos inferiores. La mayor parte del arte que llena el mercado, que ocupa las horas en la televisión, la radio, el teatro, y las revistas se origina en el odio, el sexo, la codicia, la ira, la vanidad, la ambición, la depresión, la auto-conmiseración, el temor, la envidia, etc. Por otro lado, tenemos las expresiones artísticas que se originan en el Fuego Interior, que es la voluntad de servir, la voluntad de elevar, la voluntad de iluminar, la voluntad de despertar, la voluntad de sacrificarse y ser uno solo con la Luz.

En realidad, el proceso creativo es un proceso de unificación con nosotros mismos. Una vez que el corazón absorbe la Luz de los planos intuitivos o superiores, la persona se convierte en una persona culta, porque el fuego que llega de su Esencia Interior purificará su naturaleza física, emocional y mental. Cuando una persona se purifica, es sana, es bella. es armoniosa. es pacífica, buena y noble, porque ese Fuego Interior no sólo purifica, sino que también ilumina. La iluminación es un proceso continuo de expansión de la consciencia del Plan y del Propósito de la Gran Vida.

Una persona realmente culta es una persona iluminada. Después de semejante logro, esa persona podrá dar algo real al mundo. Antes de tal iluminación, todas sus expresiones se basan en espejismos, ilusiones y ciegos deseos e impulsos dentro de ella. Tenemos fuegos superiores dentro de nosotros. Son los fuegos intuicional, átmico y monádico, que son los mecanismos reales a través de los cuales se manifiesta la Chispa de la Vida, nuestro Yo verdadero.

Usamos estos fuegos según nuestro grado de realización. Si nos atraen los fuegos inferiores, y los usamos para nuestras actividades separatistas, la vida que creamos no es vida de cultura, no es la vida de radiactividad, sino actividad orientada hacia nosotros mismos, separatista e incluso autodestructiva. Pero si nos fundimos con los fuegos superiores, todo lo que hacemos, todo lo que sentimos y pensamos, construirá la cultura real del mundo. Pues en esa cultura veremos el culto de la Luz, el culto de la Vida, y el ideal del Futuro.

La creatividad es la aptitud para expresar estos fuegos superiores de modo tal que las personas se inspiran para expandir su consciencia. Se inspiran para organizar sus vidas como un servicio hacia los demás. Se inspiran para que se manifieste la Gran Belleza que duerme dentro de sus corazones, y expresan gran reverencia hacia la Chispa de la vida en cada ser humano.

La cultura es una actividad ígnea para purificar la inercia, los espejismos y las ilusiones de las eras, acumulados dentro de la naturaleza humana mediante la identificación con los fuegos inferiores. Una vez que los fuegos de la personalidad son purificados por el fuego superior, estamos en el sendero de la transfiguración o en el sendero de la iluminación.

La cultura real de la humanidad la dan quienes pueden penetrar en los dominios ígneos superiores, lograr la iluminación o la transfiguración, y presentar a la humanidad los grandes valores a través de los cuales la humanidad no sólo podrá sobrevivir sino también avanzar hacia su destino cósmico. Estos valores superiores son los principios que se irradian desde un Plano central, desde un Propósito central, y que relacionan a la humanidad con su gloria futura.

Antes que un hombre logre semejante grado de iluminación, todos sus esfuerzos creadores se basan en sus espejismos, ilusiones y vanidades, y realmente nada puede dar a la humanidad salvo confusión, duda y esclavitud.

El liderazgo de una nación es su cultura. La cultura conduce a la nación hacia su futuro. Sólo en la cultura se capta el ideal, porque la cultura es la mensajera del ideal, y es el culto y la expresión de la belleza.

El gran Sabio M.M. dice:

> La nueva era podrá construirse sólo mediante la cultura. Por tanto, la cultura se proclamará como la única defensa contra la desintegración.[31]

La visión del futuro es lo único que mantiene unida a la gente. Esto es tan cierto que puede aplicarse a cualquier forma creada del universo por la naturaleza o por las manos humanas.

Las formas de vida que no expresan el Plan y el Propósito futuros del Gran Creador se desintegran lentamente y desaparecen de la superficie de la Tierra. Todas las formas de factura humana que no sirven más a Su Propósito son abandonadas, destruidas y desechadas. Ser obsoleto significa no tener futuro, o ser incapaz de adecuarse a una construcción o un plan futuros. La cultura es el cemento magnético de una forma, la visión futura en la forma, y el sendero de avance a través de la vida hacia el Infinito.

Una cultura verdadera no está limitada por el tiempo, la raza o el medio ambiente. En toda cultura verdadera hay una nota que pertenece a todas las edades; un ritmo que pertenece a todas las razas; y un color que se adecua a todos los ambientes.

---

31. *Ibíd.*, párr. 190.

Todos los que crean semejante cultura viven en el Dominio Infinito. Comprueban su inmortalidad a través de su cultura, y se oponen al poder desintegrador del tiempo y del cambio.

Durante siglos, hemos visto cómo las naciones no progresaron realmente cambiando de políticos, conquistando territorios, asaltando sus recursos financieros y adelantando su industria. Todo esto puede incluso obrar contra su supervivencia. Pero las naciones progresan y disfrutan ciertamente de su prosperidad si se las construye sobre una sólida base cultural.

Una nueva era comienza cuando llevamos una vida de cooperación superior, unidad y comprensión y con una respuesta más sensible a las fuerzas creadoras existentes en el hombre y en la naturaleza. Muchos ciclos llegarán y pasarán, tal vez en espirales cada vez más altas, pero el hombre jamás tendrá una respuesta verdadera a las energías y oportunidades presentes en ellas a menos que, conscientemente, expanda su consciencia y manifieste su contacto con estas energías en nuevos ciclos de su vida creadora.

Cuando ciertas formas de vida no son capaces de responder a las energías y oportunidades del nuevo ciclo durante un lapso, son desechadas y se extinguen. Esto es cierto tanto respecto de formas animales como de seres humanos, razas y naciones, e incluso mundos, sistemas solares y galaxias.

La forma se mantiene unida solamente por la influencia magnética de aquello misterioso que llamamos Propósito. Si el Propósito de la existencia desaparece, se desintegra la forma. El Propósito de cada forma es el fuego que lleva la forma hacia una renovación, una adaptación y una creatividad continuas.

La «supervivencia de los más aptos» es la aptitud de una *forma de vida* para que renueve la corriente de fuego, o las fuerzas de vida que existen dentro, a través de discriminación creativa, adaptación y expresión de la belleza.

Muchos miembros de la familia humana pueden vivir en la Era de Acuario, pero jamás estarán armonizados con ella. Incluso es posible que las energías que la Era de Acuario proporcionen sean mal usadas por aquéllos y contra la intención real de esa era, porque el hombre traduce la energía según su propio nivel, o según su mecanismo de respuestas.

Así, las que no son personas de la nueva era no estarán en la nueva era. Sólo una persona de la nueva era hace de ésta una nueva era y crea una cultura nueva. La cultura nueva no es sino las experiencias de esa persona con su Yo Interior. Es a través de semejante estado de elevación de la consciencia que la persona ve los valores más profundos, las relaciones más profundas y los significados más profundos de la vida.

Todo existe. Ahora es cuestión de tomar contacto con una parte, o con la totalidad.

Si hace cinco mil años una persona hubiera percibido lo que vemos ahora, aquélla habría estado en una nueva era en esa época y se la consideraría nuestra contemporánea. Quienes están dos mil años adelantados están en la nueva era, aunque sean más jóvenes que nosotros.

Cuando hablamos de liderazgo, nos referimos a la aptitud de una persona para que se adelante unos 2000 años en su ideal. Sólo semejante persona podrá ser líder, porque ve los acontecimientos actuales bajo la luz del futuro. Una persona culta es una persona de liderazgo, porque nos hace ver más allá de nuestras circunstancias actuales.

La expresión de la belleza tiene profundo significado. La expresión de la belleza es la aptitud para armonizarse con la Sinfonía Cósmica que es el Plan y el Propósito de toda la manifestación y de todas las formas de vida del universo. Así, a través de la expresión de la belleza, establecemos contacto con las energías que aseguran nuestra supervivencia sobre niveles cada vez más elevados de la existencia.

La cultura es la manifestación de la voluntad de sobrevivir y de la voluntad de tomar contacto con la Belleza Suprema dentro del corazón del Fuego Vivo del hombre y del cosmos.

La nueva era es la persona. Si la persona es nueva, la era es nueva. Todo es nuevo alrededor de esa persona. La manifestación de la nueva era es la manifestación de nuestro Yo Superior. La cultura es la manifestación colectiva de los verdaderos Yoes de las personas. Es así como una *era* llega a ser *nueva.* Todo contacto o experiencia regular y firme con el Yo Superior se manifiesta como cultura, ya sea en una persona o en las masas. Nadie podrá entrar en la nueva era a menos que primero entre en su plano intuitivo, que le revela que el Yo Mayor atraviesa la misma experiencia en los niveles superiores de la existencia. Esta comprensión revela que se le están abriendo nuevos ciclos y nuevas eras. Estos ciclos y estas nuevas eras son para nosotros oportunidades para tomar contacto con nuestro plano intuicional, o con el Yo verdadero, para hacer que esa era o ciclo sean una nueva era, un nuevo ciclo para nosotros.

Si empieza un nuevo ciclo y no estamos preparados para entenderlo y traducirlo a través de nuestra vida y nuestras relaciones, para nosotros continuará la vieja era, y seremos un obstáculo en el sendero de quienes están en la nueva era, de quienes son sus constructores e, incluso, para la nueva era misma.

Cada día es un nuevo día para la persona que continuamente expande su consciencia, y ve cosas que jamás vio antes, respondiendo a ellas de un modo inédito.

La cultura es la manifestación de la Belleza Interior del hombre y de la humanidad. La Belleza Interior sólo se alcanza cuando nos depuramos espiritual, mental, emocional y físicamente. Necesitamos nuevos vehículos transfigurados para alcanzar los estados superiores de consciencia o de conocimiento, y para poder expresarlos y vivirlos creativamente. Sólo a través de semejante depuración podremos tomar contacto con la belleza que existe en el hombre y en el cosmos. Cuando esta belleza se manifiesta, tenemos cultura, que es la respuesta del corazón humano a la belleza: al fuego creativo.

Así, la cultura se convierte en un fuego que lleva del caos a la belleza, de la oscuridad a la luz… La cultura no puede ser creada por las fuerzas materialistas, competitivas o belicosas, ni por vanidades, odio o guerra, sino mediante el contacto con los niveles superiores de realización espiritual.

Es la realización, la transformación de nuestra naturaleza, lo que se expresa a través de nuestra pintura, música, literatura, escultura, arquitectura, artesanía, danza, moral, relaciones humanas correctas e ideales que se manifiestan a través de todos los esfuerzos humanos. La cultura es el arco iris de la paz entre el cielo y la Tierra.

La cultura es el resultado de la experiencia, no el resultado de la información. Es una expresión de un nivel del ser, un nivel de una nueva transmutación interior, y no el resultado de la acumulación de conocimiento.

Una persona de la nueva era es quien tiene experiencias ígneas con los niveles superiores de la existencia. Debido a estas experiencias, esa persona es elevadamente ígnea o cultivada, y se empeña con todo su ser en procura del Núcleo Central de Fuego. Expresa este fuego de luz, amor y energía en su vida diaria y sus comunicaciones. Una persona culta es la verdadera expresión de la naturaleza de su Alma, de su naturaleza Espiritual y Divina, Cuando los antiguos hablaban del fuego alquímico, del fuego transmutador, se referían al fuego existente en el hombre.

El primer fuego real dentro de una persona es el Yo transpersonal o Ángel Solar. La tradición esotérica dice que estos seres fueron una vez seres humanos y se esforzaron arduamente y durante tan largo tiempo que eventualmente liberaron su Esencia Ígnea y se convirtieron en Seres Ígneos o Yoes Brillantes. Ellos inspiran al hombre con gran belleza y con gran amor.

El siguiente reino del fuego en una persona se llama la Tríada Espiritual de donde brotan las ideas abstractas: el Plan, la alegría, la beatitud y la dirección. Cuando la consciencia de una persona entra en semejante campo de fuego, se convierte en un Agni Yogui, o en una persona de síntesis, de compasión y comprensión. Las expresiones de semejante persona culta estarán en una belleza superior, en todos los campos del esfuerzo humano.

El siguiente campo de fuego es el Yo, el Núcleo Real de los fenómenos llamados hombres. En este fuego nos tornamos totalmente radiactivos y Divinos.

En el primer fuego tenemos la creatividad del talento. En el segundo fuego tenemos la creatividad del genio. En el tercer fuego, el resultado es superior: una persona se convierte en la Belleza Misma –en el Salvador– la Luz del mundo. Somos como es Buda, como es Krishna, como es Cristo.

La cultura es el sendero de la evolución y la transmutación, la resurrección de la consciencia, haciendo que ésta lo abarque todo, lo incluya todo.

La evolución produce mejores formas para que pueda haber mayores contactos con el universo, y para que estos contactos puedan expresarse en una manifestación creadora.

La transmutación ocurre cuando el fuego extinguido del carbón de la personalidad se enciende y arde brillantemente como una llama resplandeciente.

La resurrección es la aptitud para retirar a nuestro espíritu de actividades personales, grupales, orientadas hacia uno mismo, o separatistas, y elevarlo hacia el Propósito de la Vida, el Propósito oculto en el Núcleo del Sol.

En la educación de la nueva era recalcaremos, en primer lugar, la responsabilidad de hacer evolucionar, transmutar y resucitar a nuestra naturaleza. Sin tal transformación, todo nuestro conocimiento podrá usarse para la autodestrucción. Una persona sin cultura se convierte en instrumento de destrucción y corrupción.

Cuando los sabios hablaban sobre *tamas, rajas* y *sattva* en la vieja literatura hindú, se referían a las tres condiciones o tres estados distintos, correspondientes al cuerpo físico; a los tres diferentes estados del cuerpo emocional; y a los tres diferentes estados del cuerpo mental.

- Inercia o *tamas* es la condición de un trozo de madera que está en el suelo.
- Movimiento o *rajas,* es el estado de la madera que se prende fuego y ahora humea.
- Ritmo o *sattva,* es la condición de la madera cuando ésta se transforma en un brillante fuego radiactivo.

Lo mismo ocurre con nuestros átomos físicos, emocionales y mentales. Tenemos átomos en todos nuestros diversos cuerpos o vehículos que están en un estado de inercia, y cuando el fuego de los reinos superiores desciende, hace que estos átomos se activen, y a su tiempo se vuelvan radiactivos y rítmicos.

Cuando el cuerpo físico se vuelve totalmente *sattvico,* el cuerpo se halla en un estado de transfiguración, porque en el cuerpo no existe impureza cuando el fuego espiritual lo impregna.

Cuando el cuerpo emocional se vuelve totalmente *sattvico* hay un estado de transfiguración, y la persona se convierte en una fuente de paz, amor y magnetismo, porque el fuego espiritual la purifica en un grado tal que todos los espejismos casi se evaporan de su dominio.

Cuando el cuerpo mental es totalmente *sattvico* existe entonces la persona iluminada, y esta persona, con su naturaleza física, emocional y mental completa, atraviesa la tercera Iniciación, o entra en el estado de total transfiguración en tiempo y espacio.

El fuego proveniente del Núcleo Interior de una persona se llama energía psíquica. Si una persona está cargada con su propia energía psíquica, o con la energía psíquica de la Jerarquía y de Cristo, o Shamballa, será un líder, un pacificador o un iluminador. Todos los problemas de nuestra personalidad y de la vida social son resultado de la ausencia de tal fuego de la energía psíquica.

La energía psíquica es fuego liberado desde el Ángel Solar, la Tríada Espiritual, o desde el Núcleo Interior: el Yo.

Cada vez que los átomos de nuestros vehículos o los vehículos mismos están en el proceso de volverse *sattvicos,* presentan complicados problemas cuando pasan el estado medio, que es el estado *rajásico:* el estado de movimiento. Es allí donde las personas necesitan gran ayuda a fin de efectuar su transición desde el movimiento hacia el ritmo. Para ellas es de máxima ayuda tomar contacto con la cultura. La cultura les abre el sendero que conduce hacia el dominio de la armonía y del ritmo.

Nuestros problemas de la vida, en su mayoría, son resultado de nuestra inercia, de nuestros espejismos e ilusiones. El Fuego Interior quita esta inercia, y el cuerpo físico se convierte en el instrumento del Alma. Cuando el fuego toma contacto con el cuerpo emocional, limpia poco a poco los espejismos, y entonces el cuerpo emocional se convierte en la purificada materia de la Intuición. Eso es lo que la destrucción del cuerpo emocional significa. Cuando los espejismos se despejan, estamos llenos de emociones positivas. En tal condición, el cuerpo emocional refleja el fuego intuicional. Mantenemos el poder de la sensibilidad, pero rechazamos toda susceptibilidad, todo espejismo, apego, rebeldía, auto-conmiseración o depresión.

Ahora empieza la transformación de la mente, que la purifica respecto de las ilusiones. En torno de nosotros penden muchas obstrucciones de las vidas pasadas o de formas de pensamientos de los demás, como temores o formas cristalizadas de pensamiento. Estas desaparecen lentamente porque el fuego las incendia y queda la sustancia pura de la mente. Esto refleja el poder de la Voluntad.

Cuando una persona logra todo esto, es verdaderamente una persona culta, una persona creativa, una persona de visión, y una persona de dicha y poder. La cultura es una transmutación progresiva en el Fuego de la Luz: en el Fuego del Amor y del Poder, como está simbolizado en la Iniciación de la Transfiguración de Jesús.

Es significativo que Jesús llevara a tres de Sus discípulos a una montaña. Esto significa que Él llevó Sus tres vehículos de expresión a un elevadísimo estado de consciencia y los transfiguró. Cuando vieron que Jesús se convertía en una luz llameante, los tres discípulos cayeron de rodillas y pusieron sus frentes en el suelo en un acto supremo de veneración.

Los tres discípulos simbolizan los tres vehículos de Jesús, que se transformaron en la luz de la Divinidad Interior. Los tres vehículos de Jesús se hicieron totalmente *sattvicos*, fuego puro, y expresaron la radiación interior. Esta fue la primera Iniciación mayor a través de la cual todos nosotros pasaremos un día siempre que nos esforcemos, trabajemos arduamente y sirvamos a la humanidad.

Así, la cultura es una entrada progresiva en el fuego mayor, en la Luz, el Amor y el Poder mayores, y la manifestación de tal avance a través de todos los esfuerzos humanos.

Una persona culta crea la cultura de las razas y les abre un sendero de resurrección. Quitemos los grandes trabajos de la gente culta de este planeta, y sólo quedará aburrimiento y delincuencia.

La cultura permanece siempre, porque la cultura es nuestro estado del ser, y jamás la perdemos. La cultura es lo que grandes políticos nos dieron como la ciencia del gobierno y del liderazgo; lo que los educadores nos dieron como la ciencia de la expansión de nuestra consciencia; lo que los filósofos nos dieron como la ciencia de las ideas; lo que los artistas nos dieron como la ciencia de la sublimación y del éxtasis; lo que los científicos nos dieron como conocimiento sistematizado para que nos conozcamos mejor y conozcamos mejor al universo; lo que las religiones nos dieron como la ciencia de la comunicación con el Poder Omnipotente; lo que los economistas nos dieron como la ciencia del manejo de la energía del dinero y la materia. También es la razón de que tengamos ceremonias y ritos sagrados.

Todo esto es parte de la cultura, y es herencia de los siglos.

Sin eso, nuestra Tierra sería una luna muerta.

Recibí algunos marcadores de libros en los que estaban inscritas las palabras del gran artista, Nicolás Roerich. Dicen:

Paz a través de la *Cultura.*

Esta es una afirmación profunda. No hay paz sin cultura, porque la paz es la manifestación de lo supremo que hay dentro de nosotros, durante toda nuestra vida.

Roerich dijo una vez:

> La cultura es la reverencia de la luz. La cultura es el amor de la humanidad; la cultura es fragancia, la unidad de la vida y la belleza. La cultura es la síntesis de los logros sensibles que elevan. La cultura es la armadura de luz. La cultura es salvación. La cultura es La cultura es el poder motivador. La cultura es el Corazón.[32]

Los siete grandes campos del esfuerzo humano son creados por la influencia de siete tipos de energía, que en literatura esotérica se llaman los siete Rayos.

La cultura puede expresarse a través de los siete grandes campos del esfuerzo humano. Por ejemplo, tenemos grandes estadistas, grandes legisladores, personas de grandes decisiones y liderazgo. Todas éstas crean una parte de gran cultura en el campo político.

La cultura es creada cuando una persona del primer rayo toma contacto con su centro de la cabeza o un grupo del primer rayo toma contacto con su centro de la cabeza; y a través del centro de la cabeza entra en el reino de las leyes y los principios. En épocas muy primitivas de la historia tuvimos grandes legisladores, grandes conductores, que nos dieron las leyes básicas de las relaciones humanas correctas y crearon una gran cultura.

La cultura del segundo rayo es la educación de la depuración de los vehículos y la expansión de la consciencia, que proviene del centro del corazón, de la Jerarquía. El segundo campo del esfuerzo creó un ma-

32. Roerich, Nicholas K., *Himavat*, p. 233

ravilloso sistema educativo en todo el mundo con sus instituciones.

La cultura del tercer rayo es el resultado del análisis mental y abstracto de las cosas y los acontecimientos para averiguar la esencia y la causa. Una gran cultura surgió en este rayo en Grecia y Egipto, y se difundió por todo el mundo. Las personas de este rayo tratan de hallar el significado que existe detrás de los fenómenos, el Propósito existente detrás de la forma: de toda forma, y el Plan oculto en el caos. El centro laríngeo se usa principalmente en esta actividad.

La cultura del cuarto rayo es el resultado del esfuerzo para expresar la armonía divina, y la belleza y el ritmo a través del sonido, a través del movimiento, a través del color y a través de la forma. Este esfuerzo tuvo por resultado las obras maestras del mundo; en literatura, escultura, arquitectura, música, pintura, teatro y danza. Sin el trabajo del cuarto rayo, la vida de la humanidad se hubiera secado realmente. Este rayo usa primordialmente los centros de la garganta, del corazón y de la cabeza.

La cultura del quinto rayo es el resultado de nuestro esfuerzo para penetrar en la naturaleza de los reinos físico, emocional y mental en un esfuerzo por hallar las leyes de estos planos de la existencia y ayudar a los seres humanos a que lleven una vida más consciente, una vida que ayude a su evolución. Tenemos semejante cultura en la medicina y en todas las ramas del esfuerzo científico. Los científicos son constructores de la cultura porque están revelando las leyes interiores, los principios y el Plan.

La cultura del sexto rayo es el resultado de nuestro esfuerzo para aspirar, admirar, transformar e iniciar a través de ideas o ideales. Las ideas son olas ígneas de energía. A través de tales ideas llameantes el hombre podría vencer lo invencible. Eso es lo que las religiones nos dieron y con lo que seguirán contribuyendo en el futuro. El esfuerzo del sexto rayo nos dio toda la cultura relacionada con todas las religiones.

La cultura del séptimo rayo es el resultado de un esfuerzo por relacionar espíritu con materia, y hacer que el espíritu se manifieste a través de la forma, en espirales cada vez más elevadas. Este rayo nos dio todos los ritos y ceremonias del mundo. El rito y la ceremonia están formados por esos ritmos, colores, sonidos y formas que, en su totalidad, pondrán al espíritu en acción y luego en nacimiento. Los ritos y las ceremonias, si son genuinos, son fórmulas a través de las cuales la energía corre e introduce cambios en la materia, las emociones y los pensamientos.

Las finanzas y la economía se relacionan con una energía sutil que las personas del séptimo rayo tratan de controlar, manejar o usar constructivamente en forma de dinero y su equivalente. El dinero es energía que se usará para las manifestaciones de la belleza subjetiva.

En estos esfuerzos del séptimo rayo, el fuego creador se expresa, y la totalidad de esta expresión se llama el mundo de la cultura o la expresión gradual de los recursos interiores de la luz, el amor y el poder.

Un gran Sabio dice en su libro:

«Ciertamente, la evolución del Espíritu exige depuración, sin la cual es imposible construir. Todo aquel que se considere un servidor de la Cultura deberá aceptar la afirmación de la síntesis manifestada, pues, ¿cuáles son los escalones de la Cultura que se construirán sin una actitud cauta? Por tanto, cada cimiento deberá protegerse para que sea una afirmación del mundo. La cultura no se construye con una actitud burda hacia las energías y pensamiento sutiles, sino mediante una actitud creativa de cautela y responsabilidad. De allí que, mientras construyamos debemos recordar el refinamiento y el esfuerzo en procura de las esferas superiores. Así se llega a la evolución del espíritu.»[33]

Todas las personas creadoras en todos los rayos deberán recordar su responsabilidad: crear en armonía con la intención divina, en armonía con el bien supremo de la humanidad. Es por eso que necesitamos depuración, y necesitamos ser cautos. Cuando creamos, liberamos fuego. El fuego puede construir o destruir, orientar o descarriar. Es por eso que se pone una gran responsabilidad sobre los hombros de todas las personas creadoras para que su creación no sea impulsada por el motivo de la explotación, la deformación y la destrucción.

La responsabilidad recalca el esfuerzo y nadie podrá mantenerse en la línea recta de la creatividad si su vida no es un sendero continuo de esfuerzo y refinamiento. Esforzarse es el empeño para tomar contacto con lo supremo que existe dentro de nosotros, y el esfuerzo para expresarlo tan puramente como sea posible. Esforzarse es el proceso de cargar nuestra naturaleza con energía psíquica y elevarla hacia una armonía mayor con la intención divina. A través de tal esfuerzo se llega a la unidad con nuestro Yo verdadero y se establece la armonía interior.

---

33. Agni Yoga Society, *Jerarquía*, párr. 249.

Un gran Sabio dijo:

> ...Puede indicarse que la primera señal de Cultura es la ausencia de discordias personales.[34]

34. *Ibíd.*, párr. 146.

IV

CULTURA Y MESURA

La cultura está estrechamente relacionada con la mesura. No hay cultura sin mesura. Incluso podemos decir que la cultura de una nación es la expresión colectiva de su grado de mesura.

La cultura es la combinación armoniosa de todos los factores que condicionan la aptitud para crear, amar, comunicarse, entender y llevar una vida más rica.

La mesura es la aptitud para tomar en consideración todos los factores que se relacionan con el acto que nos proponemos realizar.

La mesura semeja la composición de una sinfonía en la que cada nota que escribamos se suma a la armonía total de nuestra música y nuestro ideal.

La mesura crea la síntesis en cualquier campo del esfuerzo humano. En la pintura, la mesura es la aptitud para escoger cada color de modo tal y con tal intensidad que la pintura en conjunto presente nuestro ideal e imparta a los demás nuestra inspiración.

La mesura semeja la creación de una danza en la que cada movimiento que hagamos estará de acuerdo con la danza íntegra, aunque le hagamos agregados.

Un hombre dotado de mesura no actúa, habla o escribe sin tener en consideración tantos factores como sea posible que se relacionen con sus acciones, sus palabras o escritos. Un ejemplo moderno de esto es el arquitecto que prepara los planos de una casa tomando en plena consideración las normas y reglamentaciones edilicias, sanitarias, de incendios y otros sectores.

El significado espiritual más profundo puede ser llevar una vida que sea «afirmada» por el Plan y que esté consagrada al bienestar de la humanidad.

La mesura nos permite crear relaciones armónicas entre nuestros actos, motivaciones, el Plan, el Propósito y la necesidad de la humanidad: Quien practica el deporte del *surf* es un bello ejemplo de mesura: mantiene su equilibrio y usa las olas y sus propios movimientos en armonía con el *surf*.

No podemos usar la mesura en nuestras relaciones si no tenemos una sensibilidad o una percepción intuitiva pura acerca de las condiciones físicas, mentales y espirituales de aquellos con los que nos relacionamos.

La mesura no existe si no tenemos una pauta acerca de ésta dentro de nosotros mismos. La pauta de mesura podrá ser nuestro contacto espiritual directo con el Plan y con el Propósito.

La mesura significa también observar un problema o un objeto a través de los ojos de quienes están mirando el objeto, antes de que nosotros lo miremos.

La mesura es la medida de todas las posibilidades y todos los perjuicios antes de que empecemos a organizar una actividad.

La mesura se necesita también cuando escogemos colaboradores. Sus antecedentes, su esfuerzo actual por educarse, sus posibilidades futuras, sus fracasos posibles, y sus calificaciones respecto del trabajo, se consideran con atención.

La mesura puede verse también en la acción creadora, en la que todos los componentes se eligieron en la proporción adecuada y se relacionaron con los niveles y disposiciones psicológicos necesarios para asegurar el máximo de eficacia.

La mesura puede aplicarse también a nuestro atuendo, a nuestra conversación y a nuestra conducta. La mesura se basa en la discriminación, la selección, la opción, el sentido de relación, la armonía, la aptitud para evaluar, y la intuición verdadera.

La mesura se aplica también a la relación de las consideraciones subjetivas y objetivas. Cuando actuamos en el nivel subjetivo y paralelamente ajustamos nuestra acción con las leyes, principios y virtudes subjetivos, aplicamos la mesura. También es cierto que un hombre ocupado en valores subjetivos debe tener en cuenta las consecuencias y los efectos objetivos de lo que él emprende subjetivamente.

La mesura lleva a un hombre, a un grupo o a una nación a la unidad y a la síntesis. Suscita respeto, gratitud y sentido de responsabilidad.

La mesura necesita una mente bien desarrollada, percepción intuitiva y mucho conocimiento en varios campos. Cuando la mente de un hombre se desarrolla, cuando se desarrolla su facultad intuitiva, y cuando su campo de conocimiento aumenta, puede usar mejor la mesura, siempre que tenga un sentido profundo de unidad. Podemos tener mesura en gestión política de elevado nivel. Un líder deberá considerar todos los campos del esfuerzo humano antes de tomar decisiones y dar órdenes. Su triunfo depende de su mesura. Mesura significa escoger los factores que se apoyarán entre sí en una dirección dada.

La mesura es una vista panorámica sin perder los pormenores del campo.

Tuve un maestro que era ingeniero mecánico. Solía trabajar en un depósito ferroviario. Cada vez que era necesario reparar un motor, solía escuchar cuidadosamente todos los ruidos del motor y luego daba su diagnóstico. Siempre tenía razón. Una vez, cuando le pregunté cómo era que acertaba siempre en su diagnóstico, me contestó que eso era fácil si uno procuraba oír todos los ruidos del motor y concentrarse lentamente en los ruidos que no guardan armonía con los ruidos de las otras partes. Esto es mesura.

Podemos usar la mesura en casi todas nuestras acciones. Es un foco expansivo en un campo de acción en perpetuo cambio.

La mesura se desarrolla y crece cuando crece nuestra capacidad para usar nuestra lógica y nuestro razonamiento.

> Está bien recordar que el trabajo con Nosotros tiene una sola dirección: el de la mesura y la adecuación a la meta. Quien traiciona al sendero está sencillamente despojado de estas cualidades, y su destino es como el de un gato en el mar.[35]
>
> Es esencial no tener miedo de ampliar nuestra actividad, porque este es el mejor camino hacia la mesura. Sentados bajo un árbol, podemos presumir que somos el centro del mundo. Pero esparciendo la sustancia del espíritu por todo el mundo, somos como fuego, lo penetramos todo.[36]

---

35. Agni Yoga Society, *Agni Yoga*, párr. 51.
36. *Ibíd.*, párr. 336.

El amor y la compasión son los cimientos de la mesura. El amor es vasto, la compasión lo incluye todo, y esta capacidad de abarcar es la que permite a un hombre que actúe con mesura. El amor y la compasión abren todos los campos, todas las dimensiones, y si la consciencia es pura y expansiva, entonces un hombre tiene la aptitud para medir apropiadamente todo lo que haga.

La belleza de la creación es que cada parte se relaciona con el resto. Nada se crea sin el apoyo de todo lo demás: tal como una computadora cósmica en la que todas las partes del cosmos se relacionan entre sí y se sostienen y también existen por su relación recíproca.

La mesura es el sendero que conduce hacia la expansión, hacia el Infinito, creando síntesis en cada espiral en el sendero de la perfección.

Un gran sabio dice:

> La pérdida de la mesura es la pérdida del sendero.[37]

El político más grande es el que tiene la más elevada mesura. Para él hay un mundo interrelacionado, y sus planes, decisiones y acciones son el resultado de su consideración de esta interrelación.

La mesura inspira a un hombre para que sea extremadamente cuidadoso en su juicio sobre los demás. La mesura sella a menudo los labios e introduce a un hombre en el silencio.

La mesura también apoya al espíritu de paciencia.

La mesura debe controlar no sólo lo que hagamos, sino también lo que no hagamos. La mesura debe con-

37. Agni Yoga Society, *Aum*, párr. 150.

trolar no sólo nuestras palabras, sino también nuestro silencio.

La ausencia de mesura es la causa del fracaso.

La mesura constituye fenómenos de armonía. Pero la armonía no puede alcanzarse sólo sobre la base de un diapasón, sobre la base de una nota clave. Esta nota clave o este principio es el conocimiento intuitivo de que la Vida procura mejorar el proceso de perfección a través del servicio sacrificado. El cumplimiento de este principio es la meta de la mesura.

La mesura no puede ponerse en marcha y funcionar sin el principio mencionado, aunque este principio no esté siempre en la superficie de la consciencia, sino que está en lo profundo de nuestro ser y desde esa profundidad controla el proceso de mesura.

Ninguna Fraternidad ni *Ashram* verdadero existe sin mesura. Un líder es más grande si tiene mayor aptitud en la mesura. Un hermano es más grande cuando actúa con mesura. Todos los hermanos se relacionan entre sí a través de la mesura. La mesura los libera, y los vuelve responsables entre sí. Sólo la mesura puede construir el puente entre la libertad y la responsabilidad.

Equilibrio, balance y armonía sólo podrá crearlos la mesura.

La mesura es la matemática del universo mediante la cual éste crea.

A través de la mesura podemos expresar el ritmo de nuestra alma; luego, a través de una mesura mayor expresamos el ritmo de nuestro Maestro y nuestro *Ashram*.

En una mesura mayor, expresamos el ritmo de la Jerarquía y de Shamballa. La mesura es la aptitud para armonizar nuestra vida con centros cada vez más grandes.

La belleza, la solemnidad y la gratitud no pueden existir sin mesura.

Los grandes líderes, las grandes personas creadoras son las que, en todas las épocas, ejercitaron la mesura en sus empeños y esfuerzos creadores.

¿Cómo desarrollar la mesura?

Ejercicio N°. 1

Elige un objeto, como por ejemplo un lápiz, un papel, una silla, una mesa o una lámpara, y procura descubrir todas las etapas posibles por las que ese objeto pasó para ser lo que es ahora. Haz esto durante un mes. Luego, trata de imaginar los diversos usos del objeto que has considerado. Haz esto durante un mes. Durante el tercer mes, trata de descubrir los modos en que tú mismo usaste el objeto.

Después de tres meses, verás un cambio considerable en tu consciencia. Tendrás un alcance más amplio en tu pensamiento, y una mayor aptitud para relacionarte y adaptarte.

Luego de tres meses, podrás escoger un tema abstracto, como, por ejemplo, la belleza, la solemnidad, la responsabilidad, y hacer lo mismo que hiciste con tu tema concreto.

Así, procura descubrir, en tu meditación, cómo nacieron estas palabras, estas ideas; cómo se originaron y cómo se desarrollaron. No es necesario que consultes una enciclopedia para hallar tus respuestas. Estas son correctas dentro de tu Alma; hazlas aflorar.

En el segundo mes, procura ver los diversos modos en que se usaron estos conceptos, ideas y palabras.

En el tercer mes, procura averiguar los modos con que usaste estos conceptos en tu vida creativa y práctica.

Durante los siguientes tres meses, podrás tomar un tema muy abstracto, por ejemplo, movimiento, y tratar de descubrir la relación del movimiento con el movimiento de diversos objetos, en su cuerpo, en su ciudad, en el planeta, en el sistema solar y más allá, y tratará de hallar una relación entre todos estos movimientos.

A través de tales ejercicios te preparas no sólo para puestos ejecutivos sino también para un liderazgo superior. Las personas piensan que los puestos pueden alcanzarse por medios artificiales. Esto es posible, pero trae consigo muchas desventajas. Los puestos correctos les llegan a quienes están preparados para ellos. Cuando estás preparado, tu puesto no será una carga para ti ni una ocasión de fracaso, sino un ciclo de gran alegría, servicio espiritual y satisfacción. La mesura es una relación en perpetua expansión.

Ejercicio Nº. 2

Hay otro ejercicio que puede realizarse individualmente, en formación grupal. Este ejercicio se llama *cuestionar.*

Un grupo puede sentarse conjuntamente y elegir un tema. Luego los miembros formulan preguntas desde diversos puntos de vista, Por ejemplo, la *Inofensividad.* Las preguntas a formular podrían darse desde un punto de vista político, educativo, filosófico, artístico, científico, religioso o económico, y se procurará responder del mejor modo que se pueda. Tal ejercicio descubre todas nuestras debilidades y nos hace comprender cuál es nuestra posición respecto de ese tema en particular. Esto nos da ocasión de procurar ampliar el campo de nuestra información, de cultivar mayor aptitud para pensar y formular, y ver nuestro objeto desde tantos puntos de vista como sea posible. Tal ejercicio cultiva la facultad de mesura.

Procura ser considerado en todos tus pensamientos, emociones y acciones. Este es un ejercicio para toda la vida, a través del cual podrás impedir el infortunio en tu sendero, y reducir tu *karma.* Sé considerado cuando hables o cuando guardes silencio. Usando la consideración, penetrarás en tu psicología y en la psicología de los demás. Equilibrarás energías y fuerzas, y a tu tiempo desarrollarás un verdadero espíritu de mesura, y serás un hombre de cultura dentro de tu corazón.

En la mesura, los discípulos e iniciados avanzados adaptan su nivel al nivel de sus colaboradores y su entorno. Incluso pueden demorar su graduación o iniciación para no liberar hacia su medio ambiente ciertas energías que podrían ser destructivas.

Un discípulo no toma la iniciación porque la quiera sino porque lo olvida todo acerca de ella en su servicio sacrificado.

Un grupo que está integrado y que presta un gran servicio en campos más amplios es un grupo que está desarrollando estratos más profundos de mesura.

Un grupo que fracasa es un grupo que no ejercita la mesura. Los grupos marchan hacia una desintegración interna y externa debido a una falta de mesura.

La responsabilidad se basa en la mesura. Cuando quitamos una piedra de un muro que está conectada con las demás piedras, estamos destruyendo el edificio. Antes que la quitemos deberemos saber con qué se relaciona esa piedra. Podemos ejercitar nuestro sentido de responsabilidad sólo a través de la mesura.

Quienes critican o adulan a la gente, carecen de mesura. Critican porque se apegan a una característica en la otra persona que no les gusta, o adulan a alguien si creen que la adulación las ayudará a obtener sus intereses personales.

La mesura no permite que las partes cubran al todo.

La mesura se relaciona también con el tiempo. A veces, causa una acción rápida y drástica, y a veces causa una inacción, Su meta no es la acción ni la inacción, sino restablecer el equilibrio, o crear un desarrollo armonioso.

Toma un acto que hayas realizado y examínalo: ¿por qué lo hiciste?, ¿cómo lo hiciste?, ¿qué factores contribuyeron a ello?, ¿qué factores se te oponen?, ¿qué clase de influencias precondicionaron tu acción? Así, manteniendo a tu acción en el centro, descubrirás muchos factores que se relacionan con ella: tal expansión en tu consciencia desarrolla mesura.

La mesura es una selección consciente de los factores o acciones que contribuyen a tu triunfo, a la realización de tu meta.

Cuando un hombre sigue ciegamente sus deseos e impulsos y lleva su vida en estado de sueño, será la víctima de los cambios alrededor de sí. El mundo externo controlará y usará su vida.

La mesura te libera de tal esclavitud debido a tu actividad selectiva. La selección discriminativa no sólo nos lleva hacia la mesura, sino que también nos libera de una vida llevada mecánicamente.

La mesura es un avance firme dentro de campos de relaciones cada vez mayores. Puede empezar con nuestra vida personal, luego expandirse en nuestra vida familiar, nacional e internacional; e incluso puede entrar en la vida solar, galáctica y cósmica.

Las iniciaciones, o las expansiones de consciencia, son el resultado de la aptitud siempre expansiva de la mesura.

La mesura comienza con ser *considerado* o ser circunspecto.

En nuestras facultades o universidades, los exámenes son pruebas de nuestra mesura mental. Geometría, álgebra, son grandes pruebas de mesura en esos campos.

La mesura es apoyada por la intuición y por el intelecto. La intuición sincroniza nuestra dirección con los principios sutiles y subjetivos, y el intelecto ajusta nuestra vida en los tres mundos inferiores de acuerdo con las impresiones que recibe a través de la intuición. Es así como la mesura avanza: penetración, impresión y apropiación.

La mesura avanza cuando nuestro sentido de la evaluación empieza a desarrollarse. Cuando nos empeñamos en procura de valores superiores necesitamos un nivel superior de mesura. La mesura revela siempre valores superiores y conduce hacia cosas que son relativamente más permanentes, eternas e infinitas. Así, si escogemos cosas que son buenas para nuestro cuerpo, pero que no lo son para nuestra alma, no estamos efectuando la elección correcta. La elección equivocada no nos permitirá desarrollar la mesura.

La mesura conduce hacia valores superiores y eternos o infinitos. La mesura se basa en las leyes y principios del cosmos.

En la mesura tomamos posición dentro del Alma, dentro de la Tríada Espiritual, dentro del *Ashram,* y dirigirnos nuestra vida desde tal nivel elevado.

Cada vez que nuestra conciencia nos molesta, es porque carecemos de mesura.

La mesura procura cada vez más alegría y triunfo. Cuando un hombre está en la frontera de la intuición y del intelecto y usa la mesura, en su mente alborea la sabiduría. La sabiduría es la flor de la mesura. Luego de ganar la sabiduría, todas las acciones del hombre brotan del espíritu de mesura.

V

LA ENERGÍA DEL AMOR

I

DEFINIMOS Y APRECIAMOS las cosas según los efectos que les atribuimos, y según nuestras reacciones. Este es el modo más fácil con que los humanos definimos las cosas. Y porque estamos en diferentes niveles tenemos distintas reacciones y respuestas, y, en consecuencia, distintas definiciones.

El amor es una de las realidades que definimos y apreciamos debido a sus resultados.

Si nos hace feliz, decimos que el amor es bueno.

Si nos hace sentir seguros, decimos que el amor es protección.

Si hace que estemos afligidos, desfavorecidos o enfermos, el amor es algo que debe rechazarse.

Si el amor aporta dinero, el amor es bueno.

Si el amor nos quita todo nuestro dinero, el amor no es bueno.

Así, siempre juzgamos al amor debido a sus efectos, no debido a lo que es en realidad.

Por costumbre, tenemos dos modos de conocer al amor:

1. A través de sus efectos, o usándolo.
2. A través de la identificación con él, o siendo el amor.

Pero si verdaderamente queremos saber algo, debemos *ser* eso. Por ejemplo, si realmente queremos saber qué es el amor, debemos ser el amor. Podemos usar el amor, pero al usarlo lo juzgamos a través de lo que el amor hace. Sin embargo, siendo amor, sabemos realmente qué es.

Cuando usemos la energía del amor y tratemos de conocerlo a través del análisis, a través de sus efectos, o a través de nuestras reacciones y respuestas, no lo conoceremos. El único modo de saber qué es realmente el amor, es *ser* el amor.

Se nos dice que Dios es Amor, y que somos semillas de Dios dispersas en el espacio. Todo lo que procedió de Él es amor cristalizado: toda manifestación es amor tangible.

Si un hombre o cualquier ser o forma viva quiere retornar a la Fuente, hay solo un modo: ser un amor viviente. No importa en qué plano opera el amor, produce o crea formas para fomentar la evolución del espíritu.

Hay siete niveles de expresión del amor:

1. La primera expresión del amor es el *sexo*, y puede traducirse como: atracción, cohesión, afinidad, comprensión o fusión en diferentes niveles.

Puede ser sexo físico, en los reinos humano o inferior.

Puede ser sexo emocional, algún género de afinidad que no es necesario que se relacione con el sexo físico. Amamos a alguien, amamos a nuestro país, grupo o nación, y en tal amor no hay sexo. En esta etapa, en vez de pensar sólo en el placer, pensamos en el placer de los demás.

Luego, tenemos el sexo mental. Podemos amar una belleza, un talento, una persona creadora, e inspirarnos y crear muchos poemas u obras de arte. La «Divina Comedia» de Dante es resultado del amor mental.

Asimismo, podemos no tener siquiera interés físico o emocional por una persona, pero podemos amar sus ideas y sus ideales, y éstos pueden producir actividades creativas en nuestra mente.

A veces, para tener una expresión del amor de un nivel superior, tal vez incluso apaguemos nuestros amores físico y emocional. Muchos grandes ideales, ideas, proyectos y planes son creados cuando dos o *más* personas ponen juntas sus mentes y se inspiran recíprocamente, como una actividad sexual de nivel mental. En todos estos casos, una persona actúa como polo positivo, otra persona actúa como polo negativo, y la fricción entre estos polos crea formas físicas, emocionales o mentales. El amor es sexo, y el sexo es amor. El sexo es la energía que relaciona a la materia con el espíritu, y cuando el espíritu y la materia se juntan, tenemos al universo manifestado con todas sus formas. Así, el amor está en un proceso de expresión, de radiactividad, o en un proceso de revelación. El amor revela.

Cuanto más amamos, más nos convertimos en amor. Si amamos sólo físicamente, somos amor en un diez por ciento. Cuando le añadimos el amor emocional, llegamos a ser un veinte por ciento de amor. Cuando le sumamos el amor mental, somos un treinta por ciento de amor. Cuando amamos de verdad, somos amor acrecentadamente. Cuando avanzamos hacia niveles superiores del amor, nuestro campo de contacto y la intensidad de nuestra alegría aumentan.

El hombre es una gota de amor ardiente caída en la materia. Nuestra responsabilidad es liberarnos y florecer en todas las dimensiones. Cuando somos más amor, entendemos mejor qué es el amor. Podemos escuchar muchas conferencias o leer libros sobre el amor, pero eso no nos ayuda hasta que empezamos a convertirnos en el amor.

Toda manifestación del amor en cualquier plano es bella si sirve al Plan Divino.

El sexo existe en 16 planos. Para algunos, el sexo es un recuerdo doloroso. Para esas personas, es sífilis, aborto, divorcio, delincuencia, aflicción; pero todo esto es en realidad resultado del mal uso de la energía del amor y no puede ser la definición real del amor. La definición real se relaciona con nuestro mecanismo y sus reacciones ante la energía del amor.

2. La segunda expresión del amor es la *buena voluntad.* Seremos buenos con los demás. Querer el bien de los demás es satisfacer sus necesidades, y prepararlos de modo que, a su tiempo, satisfagan su propia necesidad y las necesidades de los demás. Sin este segundo paso, la benevolencia se convierte en intereses egoístas.

Pensemos en el bien de los demás. Cada vez que surge en nuestra mente algún pensamiento negativo, alguna imagen negativa, rechacémoslos, y en su lugar expresemos de inmediato un pensamiento positivo.

Hagamos lo mismo con nuestros sentimientos. Cada vez que penetra en nuestra naturaleza emocional un pensamiento o una imagen negativa, reemplacémoslos con el mejor sentimiento amoroso.

Asimismo, si estamos dispuestos a emprender una acción que sea perjudicial, criminal o destructiva, detengámosla de inmediato e invirtámosla. Expresemos una acción positiva y benévola hacia aquél contra quien estábamos dispuestos a emprender una acción perjudicial. De este modo liberamos la energía del amor. y a su tiempo sentimos que somos el amor mismo. Y porque somos el amor, sólo podemos amar y querer el bien de los demás.

Por supuesto, no es fácil cambiar e invertir el curso de acción de nuestra mente, de nuestras emociones y de nuestro cuerpo físico. Pero mediante esfuerzo podremos aprender cómo hacerlo.

Cuando yo era niño y solía cometer travesuras, mi madre me decía: «Confío en que tengas larga vida para comprender cuánto necesitas mejorarte».

Esto lo decía en vez de renegar. Otra vez me dijo: «Quiera Dios darte salud para que ganes dinero con tu trabajo y aprendas a apreciar su valor».

También solía decirme: «Ojalá tengas muchos, muchos hijos para que sepas qué significa ser padre».

Así, en vez de desear o hacer algo negativo, podemos hallar una expresión positiva incluso en una situación tentadora.

En la buena voluntad, también debemos desarrollar nuestra aptitud discriminativa para controlar nuestros pensamientos, sentimientos y acciones antes de que los expresemos.

Es nuestra transformación la que puede causar la transformación de los demás. Un hombre benévolo *es* un *amor* más grande, y este amor suscita amor en los demás, y los conduce hacia acciones benévolas.

Me parece que la primera expresión tangible del amor es la benevolencia. Si no queremos el bien de los demás, no tenemos amor, aunque escribamos libros sobre él.

La buena voluntad es el primer paso fuera del inconsciente y mecánico deseo al que llamamos sexo. La buena voluntad es el primer paso del uso consciente de la energía del amor.

Todo el propósito evolutivo, todo el proceso evolutivo consiste en elevarnos y hacernos volver a nuestro original estado del ser que tuvimos como Esencia Divina antes de identificarnos con la materia junto con todo lo que aprendimos en nuestro viaje de regreso al Hogar.

El estado original de nuestro ser fue el amor; retornamos para ser amor puro, y el único modo de ser el amor es amar. Siempre que fracasamos en el sendero del amor, producimos demora y sufrimiento, y actuamos contra nuestro propio destino.

Cuando expandimos las acciones de nuestra buena voluntad, somos más amor, y somos un hombre de buena voluntad, haciendo cosas que son buenas para los demás. La buena voluntad trata siempre de satisfacer una necesidad. No toma, sino que da.

Cuando una persona de buena voluntad trata de satisfacer la necesidad de otras personas, no busca una complacencia personal, sino sólo la dicha de aquellos a quienes procura ayudar.

En la buena voluntad nadie nos premia por lo que hicimos en favor de los demás, sino que crecemos en el amor. Esa es la retribución no esperada. La máxima recompensa es saber que nos acercamos a nuestro destino: que somos más amor.

3. La tercera expresión del amor en el reino humano es la *relación humana correcta.* Esta es la energía del amor que funciona en los planos mentales superiores, o en los niveles transpersonales. Cuando un hombre se relaciona como un alma con otra alma, crea una relación humana correcta. Nadie puede crear una relación humana correcta mientras se relaciona con las personas desde el nivel de los intereses de su personalidad. Sólo el contacto del nivel del Alma es el que hace que la personalidad actúe en el sendero de la relación humana correcta. La relación en los niveles del Alma es la relación que se basa en la inofensividad, en la abnegación y en la clara visión.

La relación humana correcta no puede crearse en la familia, en un grupo, en una nación o en la humanidad hasta que las partes de la totalidad mayor empiecen a comunicarse entre sí en el nivel del Alma, con el interés y la visión del Alma. Por supuesto, la personalidad está involucrada en esta acción, pero no es el factor de control sino solamente un instrumento. Sólo el Alma sabe qué es lo *correcto* porque Ella está en contacto con el Plan y el Propósito de la Gran Vida Planetaria y de nuestra vida. Nuestra mente no sabe qué es bueno y malo salvo cuando está iluminada por el Alma. Nuestra mente racionaliza y halla muchas excusas para sus acciones, aunque en nuestro corazón sepamos que esas acciones son malas.

La relación humana correcta es vivir de modo tal que dejemos que la belleza de los otros seres humanos brille. Primero, reconocemos su belleza, aunque esa belleza sea una pequeña joya oculta bajo un montón de basura; luego, creamos las correctas condiciones para que esa joya brille con toda su belleza.

Cuanto mayor es nuestro amor, mayor es el desapego que tendremos de las vidas de la «personalidad» de los demás. Cuanto más amor tengamos, más creativos seremos.

El amor más grande nos ayuda a resistir el dolor del presente causado por nuestras acciones pasadas. El amor más grande hace que seamos tolerantes y perdonemos los actos de los seres humanos que consciente o inconscientemente tratan de herirnos.

La relación humana correcta se basa en el hecho de que todos los seres humanos son divinos en su Esencia y nos relacionamos con ellos para ayudarlos a que vivan en la Luz de su propia Divinidad. La relación humana correcta significa hacer que la violencia y las actividades autodestructivas sean imposibles mediante actos de paz, renunciamiento y educación espiritual, y a través del sentido de la justicia.

Es importante comprender que hasta que no funcionemos bajo la luz del Alma, no podremos crear una relación correcta dentro de nuestros organismos físico, emocional y mental. Y quienes no tienen relaciones correctas dentro de sí mismos son quienes deforman las relaciones humanas correctas en todo contacto que efectúan.

Los problemas de la humanidad, o de cualquier persona o grupo, podrán resolverse si esa persona, ese grupo o esa humanidad eleva su nivel y contempla el problema desde el nivel del Alma.

La consciencia del Alma nos saca de los problemas de nuestra personalidad y contemplamos los minúsculos asuntos en los que estábamos involucrados. Una vez que los vemos. nuestros problemas empiezan a disolverse.

Cuando tratamos de mostrar a otro ser humano cuán feo, deficiente, imprudente o fracasado es, nos odia y trata de empequeñecernos, para demostrar que no somos mejor que él. Pero cuando vemos su belleza, él comprende sus defectos y silenciosamente mejora, y respeta nuestra belleza porque lo elevamos hasta el nivel de la belleza.

Los obstáculos para las relaciones humanas correctas son cinco en total:

a. Imposición de nuestra voluntad sobre los demás.
b. Codicia.
c. Injusticia.
d. Falta de colaboración.
e. Orgullo.

Si vencemos realmente a estas cinco fuerzas destructivas, elevaremos nuestra consciencia hasta el nivel del Alma y no estaremos atrapados en actividades que contraríen las relaciones humanas correctas.

a. Cuando *imponemos nuestra voluntad* a los demás, imposibilitamos las relaciones humanas correctas. La relación humana correcta no es resultado de obedecer alguna voluntad que nos imponen, sino que es resultado de conocimiento personal, comprensión y consciencia del Alma. En la medida en que imponemos nuestra voluntad a los demás, retardamos el avance de nuestro desarrollo y obstaculizamos la posibilidad de las relaciones humanas correctas. Cuando le impedimos a alguien que llegue al nivel donde podrá ejercitar relaciones humanas correctas, demoramos su crecimiento y avance en el sendero de la energía del amor.

La imposición de nuestra voluntad puede asumir muchas formas. Podemos imponernos mediante nuestra fuerza física, dinero, poder, posición, temor, soborno, adulación. En cualquier modo que tratemos de imponernos, nos oponemos a las relaciones humanas correctas.

Esto también puede aplicarse a grupos y naciones. Para crear relaciones humanas correctas debemos dejar en libertad a los demás grupos y naciones, en sus ideas religiosas y políticas, y no tratar de imponerles nuestros criterios.

Si tenemos algo bello, no debemos forzar a los demás a que admitan su belleza, sino que debemos educar y elevar su consciencia de modo tal que vean la belleza a través de su propio esfuerzo. Entonces, podrán admitir esa belleza y disfrutarla.

La imposición crea rechazo y fanatismo, y las relaciones humanas correctas no pueden establecerse en una condición en la que las personas están rechazando, y en la que tratan de imponerse. La imposición crea esclavos, y los esclavos nunca entienden qué es la relación humana correcta, porque la esclavitud actúa sin sentido de la proporción.

b. *La codicia.* Ya se trate de la codicia de un hombre, de un grupo o de una nación, es un gran obstáculo en el sendero de las relaciones humanas correctas. En la codicia nos convertimos en el centro del universo y usamos a los demás para alimentar nuestro espejismo. En el mundo antiguo, a la codicia se la simbolizaba con un barril sin fondo. Jamás podremos llenar ese barril. Es una sed insatisfecha de bienes materiales, que hace que hallemos muchos modos y medios de explotar a los demás, para tratar de llenar el barril vacío.

Fue la codicia la que destruyó grandes imperios de la historia antigua, y es la codicia la que seca nuestra alegría y nuestra belleza. Imaginemos a Alejandro Magno llevado por una codicia insatisfecha a conquistar el mundo. Tras su muerte, se destruyó todo su imperio.

La codicia embota, con el tiempo, la sensibilidad del alma humana, y comienza el ciclo de la infelicidad. Nadie podrá contribuir al gran trabajo de las relaciones humanas correctas si está atrapado por el espejismo de la codicia. Un hombre codicioso es un peligro para su familia, su nación y la humanidad, y también para sí mismo.

Estaba yo hablando con un millonario: «Usted tiene dinero».

«¿Qué le parece si nos ayuda a construir un bello *Ashram* con modernas instalaciones?».

«Vea», me contestó, «no vine a hablar de dinero. Vine a contarle algo muy importante que me molesta».

«¿De qué se trata?».

«No soy feliz».

«¿Cómo comenzó eso?».

«No lo sé. Año tras año, a medida que gané más dinero e hice más negocios, desaparecieron mi alegría y mi paz, y con el aumento de mis ingresos, aumentaron mi temor y mis ansiedades. Debe haber algo equivocado en lo que hice, pero no puedo descubrir qué es».

«Usted ya lo sabe», le dije, «porque cuando le puse el dedo sobre su herida, no le gustó».

«¿De qué herida me está usted hablando?».

«Le pregunté si contribuiría con dinero para nosotros y de inmediato me replicó: ‹No vine a hablar de dinero›. La codicia monetaria es su herida, su problema. Por eso reaccionó de inmediato. Si realmente quiere recuperar su alegría y su paz, use el dinero que acumuló para crear relaciones humanas correctas, más educación, más salud».

Me sonrió y dijo: «Vea, usted me dice todo esto para hacer que yo le dé dinero».

Para curarnos del espejismo de la codicia debemos hacer aflorar el amor, debemos ser dadivosos y colaboradores con quienes tratan de construir un nuevo mundo que se base en la relación humana correcta.

La relación humana correcta puede entenderse si observamos cómo funciona un cuerpo sano: todos los órganos y sistemas están en correcta relación recíproca. Cada uno de ellos trabaja para el bienestar del cuerpo del mejor modo que puede, porque su bienestar individual depende del bienestar del cuerpo entero. Si algún órgano o alguna glándula se rebelan repentinamente y dicen que quieren trabajar solamente para sí mismos y no para el cuerpo entero, tenemos un grave problema de salud.

La relación humana correcta se basa en la idea de que un hombre debe vivir de modo que todo el resto pueda aprovechar la vida que él vive, y es debido a la salud de todo el resto que él permanece sano.

Todos los problemas grupales, nacionales e internacionales son las extensiones de los problemas de los individuos, Curemos al individuo y abriremos el camino que conduce hacia la salud de las naciones y de la humanidad.

c. El siguiente obstáculo es la *injusticia.* Esto crea un obstáculo real en las relaciones internacionales, grupales y personales.

Una persona justa considera a los demás seres humanos como se considera a sí misma. Un hombre justo vive en la presencia del Poder Omnipotente, y colabora con ese Poder.

La injusticia bloquea el sendero de la energía vital que se derrama dentro de nuestro organismo. Bloquea la energía vital de grupos y naciones. Esto significa que la injusticia es un modo de cometer suicidio en escala individual o nacional.

La mayor parte de las pérdidas que tuvimos, la mayor parte de los desagradables accidentes que experimentamos, son las reacciones de las leyes kármicas ante nuestra injusticia pasada y presente. La ley equilibra nuestras transgresiones y experimentamos el dolor de la pérdida. Nuestras leyes, aquí en la Tierra, son un vago reflejo de las leyes más grandes de la justicia.

La justicia no está sólo en nuestros actos, sino también en nuestros pensamientos y motivaciones. A menos que atrapemos los pensamientos injustos que furtivamente entran en nuestras mentes, no podremos actuar de modo correcto.

Conozco a un hombre que robó dinero a un moribundo. Años después, buscando trabajo, acudió a una compañía por una entrevista. Tuvo las mejores calificaciones entre quienes se presentaron por ese trabajo, pero ese día hubo un accidente en la autopista y llegó dos horas tarde a la cita. Finalmente, llegó a la compañía, y el empleador lo rechazó porque se presentó dos horas tarde.

Este hombre me contó su historia y añadió: «No puedo entender por qué perdí ese trabajo. Pero ahora me acuerdo de una cosa. Hace unos años me apoderé de un dinero que, por derecho, ¡no me pertenecía! ¿Cree usted que esa es la causa de que yo perdiera esta oportunidad?».

Me parece que la ley funciona de maneras sutiles y equilibra nuestro balance.

Durante siglos se prohibió la crítica porque en la crítica siempre somos injustos, puesto que observamos las cosas, no desde el punto de vista de los demás, sino desde el punto de vista de nuestros intereses.

Así, la injusticia perturba las relaciones humanas correctas.

d. El siguiente obstáculo es la *falta de cooperación.*

La cooperación es la aptitud para ver un interés común y la voluntad de ayudar a los demás a que compartan ese interés. La falta de cooperación conduce a la separatividad y, a su tiempo, a la desintegración.

A través de la cooperación, nos elevamos sobre nuestros intereses egoístas y respetamos los intereses de muchos. A través de la cooperación nos entendemos recíprocamente, tomamos contacto entre nosotros, y establecemos muchas líneas de comunicación que, a su tiempo, conducen hacia las relaciones humanas correctas.

e. El quinto obstáculo es el *orgullo.*

El orgullo es una mentalidad cristalizada en la que pensamos que somos un objeto de adoración y belleza, y que el resto de las personas está obligado a alabarnos cada vez que nos desplazamos. Tal estado mental conduce, a su tiempo, al aislamiento, porque nuestros adoradores lentamente desaparecen y nos quedamos solos.

El orgullo crea muros, y así se obstaculiza la corriente energética de las relaciones humanas correctas.

El orgullo no nos permite ver el valor de los demás. La relación humana correcta crece y se desarrolla sólo en una conciencia que puede ver belleza, valor y mérito en los demás.

4. La cuarta expresión del amor es *servicio llevado a cabo en un gran proyecto humanitario.*

El gran Maestro Djwhal Khul dice que:

> Un hombre… en servicio aprende el poder del amor en su significado oculto.[38]

En tal servicio estamos por encima de nuestro yo, de nuestro grupo, o de nuestro interés nacional, y entramos ahora en el campo del interés humano

38. Bailey, Alice A., *Un Tratado sobre Magia Blanca,* pág. 117.

puro, con nuestro proyecto que tiene un significado mundial.

Las personas consagradas a semejante servicio verán que su amor aumenta de modo tal que, a menudo, se sentirán como un solo espíritu en muchos cuerpos, y a su tiempo sentirán que viven como corrientes de amor.

Un joven dice: «Amo muchísimo a mi novia» y se casa con ella.

Pocos años después se evapora el amor, y le preguntamos:

«¿Qué ocurrió?».

«No podemos seguir juntos».

O vemos a un anciano que se queja: «Me estuvo matando durante sesenta años», y su esposa dice: « Me hizo llevar una vida de esclava».

Todas estas expresiones indican que estas personas fueron el centro de su universo. Una vez que este centro cambia y se convierte en un interés por la humanidad en conjunto, entonces los desacuerdos de la personalidad desaparecen. Entonces se tienen cariño, incluso se adoran por el gran servicio del que ambos disfrutan. Al unirse con la totalidad mayor, se aproximan a su Esencia y son más amor. Adoramos a un hombre o a una mujer cuando ese hombre o esa mujer trabajan en favor de un gran proyecto humanitario, porque tal trabajo exige transformación, desinterés, cultura, nobleza e integridad espiritual. A medida que servimos, nos aproximamos recíprocamente a través de pruebas, sacrificios, peligros que se afrontan, y triunfos.

Cuando una familia o un grupo trascienden su campo de actividad promedio y se consagran a un proyecto humanitario, será posible ver cómo los miembros de la familia o del grupo se vuelven inseparables por el poder del amor que los despierta y los funde.

Estaba yo conversando con un albañil que cortaba piedras para una mezquita del Medio Oriente. Le pregunté: « ¿Disfrutas de tu trabajo?».

«No, no, no», me dijo, «no es cuestión de disfrute, es una gran responsabilidad compartida para la construcción de un Templo para el Todopoderoso».

Me asombró que ese albañil de tan pobre apariencia me diera una respuesta tan profunda. Lo visité muchos días y, por sus amigos, averigüé que era el jefe de una gran organización mística, y que había llegado hasta ese sitio con su excepcional talento en albañilería para *servir* en un proyecto común, que no necesitaba conferencias sino trabajo.

También me encontré con un ruso que reunía todos los escritos de la señora Blavatsky y los recopilaba en una serie de libros. Le pregunté: «¿Se venden?».

«No es eso lo que me propongo», me contestó. «Lo importante es que estén a disposición de la humanidad entera para que ésta vea el propósito más profundo de la vida, según esta gran servidora».

Los que son muy jóvenes deben empezar a construir su ideal de servicio humanitario, y verán cómo crecerá su amor, cómo crecerá su alegría. Y en la ancianidad, no caerán en la trampa de la depresión y la aflicción, pues tendrán tanto que hacer en favor de la humanidad que la situación personal no los molestará más.

Tratemos en toda ocasión de hacer algo en favor de la humanidad, de transformamos en amor, y de ponemos más a tono con la armonía divina.

Un día, una anciana, que trabajaba día y noche en un gran proyecto humanitario, olvidó su cita con el médico. La secretaria de éste la llamó, diciéndole: «Pasó por alto su cita».

«¿Qué cita?».

«Teníamos que controlar su corazón».

«Pero no tuve tiempo de ir».

«Pero, usted puede morir si no colabora con el médico».

«No tengo tiempo este mes, y no voy a morir porque hay demasiadas cosas que debo hacer».

A menudo es cierto que cuando nos enfrascamos en un gran servicio, también desaparecen nuestros problemas físicos. Las personas que se preocupan demasiado por su salud y su muerte son las que con más frecuencia enferman y mueren prematuramente, y su corta vida la gastan preocupándose.

Cuando se encuentran las personas que se olvidan de sí mismas, se aman de inmediato porque su naturaleza amorosa se irradia. Cuando el amor se profundiza, necesita un mecanismo más grande y elevado para expresarse.

El sexo necesita órganos.

La buena voluntad necesita corazón y mente.

La relación humana correcta necesita un claro pensamiento con un amor más grande.

El servicio para un proyecto humanitario necesita consciencia del Alma y sabiduría.

5. El quinto grado de expresión del amor puede definirse como: *el ideal del futuro de la humanidad puede cumplirse a través del Plan divino,* lo cual indica

el modo de supervivencia, creatividad y manifestación de la belleza de la humanidad. El trabajo con el Plan nos pone en contacto con la sustancia superior de la intuición por la que el Plan se realiza, y hay más energía amorosa en esa sustancia que en los estratos inferiores de la constitución humana. Esta es una cuestión muy intrigante. Cuando funcionamos en un plano más sutil, nuestra Esencia se irradia más claramente, más abundantemente. Cuando vamos más hacia arriba, hay más amor disponible, porque ir hacia arriba significa que somos más nuestro propio Yo verdadero.

Cuando entramos en contacto con el plano Intuicional, tocamos la dimensión del amor que penetra en todas las formas vivas de la naturaleza. El amor en el plano Intuicional se transforma en una Luz suprema. Es por eso que una persona se ilumina cuando entra en ese plano. En este plano es donde la Luz y el Amor son la misma cosa, y ahora funcionamos como una persona sabia. La sabiduría no sólo ve los pormenores, sino que también revela y sintetiza. Aquí, sentimos nuevamente la unidad con todas las formas vivientes.

En esta etapa es donde el hombre entra en contacto con los AMANTES de la humanidad, con los Maestros de la Sabiduría. El Maestro Djwhal Khul dice:

> Cuando Él (el Cristo) venga al final de este siglo y haga sentir Su poder, vendrá como el Maestro del Amor y de la Unidad, y la nota clave que tocará será la regeneración a través del amor que afluirá en todos.[39]

39. Bailey, Alice A., *Un Tratado sobre Fuego Cósmico*, pág. 755.

6. La sexta expresión del amor es el *contacto con la Voluntad de Shamballa.*

En esta etapa es donde el amor nos revela el ideal del Propósito de la vida. Nos convertimos en un Señor de Compasión.

La compasión es la que nos pone en contacto con todo el sistema solar, con las vidas invisibles del espacio, y la sinfonía de la vida se expresa a través de nosotros como una energía liberadora, y como una voluntad invencible de sacrificar nuestra vida para progreso de la vida en el sistema solar.

7. La séptima expresión del amor es *la etapa en la que somos la encarnación del Rayo del Amor Cósmico.*

Un gran Maestro dice que en la historia de la humanidad sólo Cristo llegó a semejante estado de amor, y Él se convirtió en la encarnación del principio del Amor Cósmico. Es por eso que uno de Sus grandes Discípulos, M.M., dice:

> ...Mis discípulos deberán realizar la felicidad en el amor de Cristo.[40]

En este grado de realización es donde un hombre se realiza como una corriente de Amor Cósmico, y se convierte en un radiante Hijo de Dios.

---

40. Agni Yoga Society, *Hojas del Jardín de Morya* I, párr. 27.

LA ENERGÍA DEL AMOR

II

El amor no es un sentimiento. No es una actitud emocional. Es la energía más potente, cuyo núcleo está dentro del ser humano. Dentro de cada uno de nosotros hay una fuente de gran amor que está bloqueada, la mayor parte del tiempo, por nuestros desórdenes psicológicos, negatividad, deformaciones, vicios e ignorancia.

El amor bloqueado es un riesgo potencial para la salud. Crea presión interior, distracción del pensamiento e inhibe las emociones y acciones. Cuando la corriente del amor fluye, nutre a todo el sistema nervioso, a las glándulas, y carga a todo el hombre con entusiasmo, alegría y vitalidad. Asimismo, tiene una influencia extremadamente potente y purificadora sobre nuestra triple personalidad.

Un hombre que ama de verdad se convierte, a su tiempo, en una causa de transformaciones. A quienquiera que él toca, lo transforma. La gente cambia alrededor de él. La gente pierde su negatividad, su pesar, su inercia, y se vuelve positiva, alegre y rítmica.

Un hombre que ama es una persona creativa. La energía del amor es energía creadora. Produce significado, ideas y visiones, y los reviste con expresiones de belleza. Una persona que ama abre las aptitudes creativas en los demás. Alrededor de un hombre que realmente ama nos volvemos creativos, porque él libera nuestro Núcleo Interior.

La manifestación progresiva del amor no es nada más que la exteriorización o la expresión progresivas del Yo verdadero dentro de nuestra forma. El hombre, en realidad, es solo una Chispa del Poder Omnipotente cuya naturaleza es el amor.

El amor tiene muchas dimensiones y se expresa en muchos niveles:

1. La primera dimensión del verdadero amor es la *generosidad.* Un hombre gusta de dar. Para él, el dar es una alegría y una gran satisfacción. Da objetos, trabajo, sonrisas, tiempo, sabiduría, guía y dinero. Siente que nada le pertenece realmente; usa todo lo que tiene para el Plan y para las necesidades de los demás. Incluso cuando acumula, tiene el propósito de distribuir eso sabiamente, y satisface las necesidades de quienes, de otro modo, serían incapaces de hacerlo por sí mismos.

Pero el modo con que da es controlado por la discriminación intuitiva. Su acto de dar no paraliza a las demás personas, no crea en ellas reacciones emocionales o codicia, sino que las conduce por el sendero del esfuerzo y la generosidad. La razón de esto es que, cuando la energía del amor atraviesa sus organismos, rompe las cristalizaciones y apegos, y las libera de la esclavitud de la posesividad.

Una persona desapegada es la que puede ver las cosas como son en sus verdaderas relaciones. Cuando el número de personas desapegadas aumente en el mundo, veremos la eliminación de la miseria y posesividad que llevó a nuestro planeta al abismo de la destrucción. Tal posesividad provoca corrupción múltiple, guerras, explotaciones y violaciones de los derechos humanos, y vacía el planeta de sus recursos. En postrer análisis, la contaminación del planeta es el resultado de la codicia y la posesividad humanas.

Una persona que da siente que quien da y quien recibe son de la misma esencia, y no estará completa si el otro «yo» no recibe. Una persona egoísta es un hombre que se pone los dos calcetines en un mismo pie. La falta de amor reduce nuestro poder de razonamiento, lógica y comprensión, y nos convierte en canales de oscuros deseos, impulsos y espejismos del mundo.

Una persona que ama tiene un corazón comprensivo, y pone sus calcetines en ambos pies, porque sabe que sus dos pies pertenecen a un solo cuerpo, a una sola Alma, como todos los hombres pertenecen a una sola super-Alma. Tal persona tiene la convicción innata de que todos los seres humanos son manifestaciones de la existencia Una.

Tal persona, a su tiempo, descubre que las cosas que guarda para sí son las cosas que ella pierde. Las cosas que regala son las cosas que recibe y conserva. Al dar, acrecentamos, al recibir reducimos, si, mientras tanto, no seguimos la regla de dar.

Una persona que da no lo hace por sus propios intereses sino por los intereses de quienes reciben. Satisfacer las necesidades de los demás es construir un puente en nuestra consciencia y enriquecer el jardín de nuestro propio corazón.

Una persona que da no espera reconocimiento alguno de quien recibe. Podemos dar de verdad si no hay expectativa alguna en nuestro corazón. Cualquier expectativa es una cadena atada a lo que damos a los demás, y nos pone muy incómodos si tratamos de caminar con alguien mientras nuestros pies están encadenados. La necesidad de la otra persona es la que genera el impulso de dar.

Una persona que da sabe también por qué da; intuitivamente, siente la necesidad y da con prudencia para no sumir a la otra persona en la inercia.

Podemos preguntarnos: «¿Soy una persona dadivosa? ¿Me interesa dar o recibir? ¿Siento que al dar recibo verdaderamente, y al recibir estoy dando?».

Las personas poseídas por las cosas que tienen son personas codiciosas, y la codicia es lo contrario del amor; también es contraria a la naturaleza verdadera de un ser humano. En la codicia, el hombre deforma realmente su propio equilibrio de energías, y crea conflicto en su organismo. Crea un cortocircuito en su sistema de comunicaciones. Codicia significa acumular para nuestro yo separado. Amor significa derivar valores hacia los demás, porque el amor comprende, ve y piensa en la unidad.

2. La segunda dimensión del amor es una vida basada en la *belleza.* En esta dimensión, el hombre vive para la belleza; aboga por la belleza. El amor hace que todo sea bello. El amor hace que el hombre vea la belleza, admire la belleza y sea la belleza.

Una persona que ama ve la belleza de los árboles, de las flores, y los ríos, la belleza de toda la naturaleza, y se toma su tiempo para disfrutarla. Siente que disfrutar de la belleza significa aumentar la belleza y estarle agradecido. Admirar la belleza significa transformarse en ella. Tal persona inspira belleza en todas sus relaciones, y debido a eso, aumenta la belleza en el mundo.

Cuando una persona ama en el sentido más profundo y hace que su amor sea una belleza radiante, poco a poco se armoniza con la Sinfonía del Universo. La Sinfonía del Universo está compuesta por todas las leyes, principios, energías y manifestaciones que, en conjunto, expresan un Plan Cósmico y un Propósito Cósmico. A través del amor, una persona se armoniza con esta Sinfonía, y cuando, poco a poco, demuestra en su vida un amor más profundo, la Sinfonía Divina se derrama a través de todas sus expresiones y acciones como manifestaciones de la belleza.

Una vida de creatividad es el resultado de tal comunión. Todas las personas verdaderamente creativas son personas que aman, y personas que están armonizadas con la Sinfonía Cósmica. La creatividad es la aptitud para expresar esta Sinfonía.

Asimismo, debemos recordar que tal estado de realización no nos llega de repente. Toma muchos años y a veces muchas vidas llegar a tal dimensión.

La gente no vio todavía el valor de la admiración. La admiración de la belleza es una gran liberación de la energía del amor en el espacio. Esta energía del amor purifica el espacio.

Quienes admiran en toda forma a la belleza se vuelven más bellos. La admiración es un proceso de transfiguración en el que el hombre se convierte en lo que admira. La admiración es la receptividad suprema de la belleza. Una vez que una persona empieza a admirar su vida, entra en un sendero de transformación. Muchas deformaciones psicológicas pueden curarse en un momento de admiración y éxtasis.

Una vez, el gran artista Nicolás Roerich dijo:

> A través de la belleza, vencemos.

La belleza está dentro de cada ser humano. Es muy importante que esto sea comprendido. Una vez que una persona toma contacto con su Belleza Interior, con la Presencia Divina, con la Sinfonía Divina dentro de su ser interior, no es la misma persona. Es una flor que florece y se desarrolla. La liberación y la expresión de la Belleza Interior pueden vencer a una vida de fealdad, ignorancia, culpa y enfermedad. Cuando la Belleza Interior se desarrolla, el hombre vence a su naturaleza y a todo lo que no es bello dentro de sus vehículos y sus expresiones.

3. La tercera dimensión del amor se expresa como *un esfuerzo en favor de la unidad de la humanidad.* En esta etapa, la persona aboga por la unidad total, y vive una vida unificadora. Este es un período de desafío porque la mayoría de las personas que son separatistas en sus pensamientos y actitudes, depositan sus intereses en empresas basadas en un espíritu separatista. Tales personas no toleran a los hombres o a las mujeres que verdaderamente abogan por la unidad.

Los partidos políticos del mundo, en su mayoría, existen porque son separatistas. Sólo ven su punto de vista y su interés. Todas las religiones son separatistas. Es por eso que existen como religiones distintas. Las naciones existen porque creen que son diferentes de las demás. Y porque las personas que están detrás de todas estas actividades viven con pensamientos separatistas, toda persona de unidad es dramáticamente contraria a sus intereses. Es por eso que en todas las épocas se martirizó a tales personas. Pero es muy interesante notar que lo mejor que la humanidad tiene en su cultura y su civilización es el don de esas personas que lucharon, sintieron y actuaron sobre el principio de la unidad.

Para tales personas sólo hay una humanidad, un mundo, un interés. Creen que el espíritu separatista procuró a la humanidad sufrimiento, enfermedades, delincuencia, explotaciones, violaciones de los derechos humanos y destrucción, y convirtió al planeta en un planeta de aflicción y dolor.

La recompensa de estas personas es comprobar que el espíritu de la unidad gana terreno, un día tras otro, a pesar de la voz ruidosa de los intereses separatistas.

Una persona de unidad no es una soñadora, una predicadora o una visionaria. Es una persona práctica y sabe cuánto quiere hacer. Da su energía, su dinero y hasta su vida para promover la unidad.

Sus actividades no se basan en sentimientos sino en sano razonamiento, lógica e intuición. Es una persona educada. Conoce claramente las motivaciones y las técnicas por las que el espíritu separatista trabaja. Sabe cómo apelan a los sentidos para sobornar a la gente o forzarla a ingresar en su propio campo. Pero a pesar de las tinieblas que advierte en los corazones de esas personas que fomentan el espíritu de separatividad, jamás las odia. Por el contrario, las cuida y hasta llora por ellas.

Es dificilísimo continuar por este sendero de unidad durante largo tiempo. Muchas personas lo intentan, pero cuando ven cuán gruesos son los muros de la separatividad, se sienten desanimadas.

Pero la unidad es el máximo desafío, y si se la logra, será la máxima recompensa para la humanidad. El espíritu de unidad nos abrirá las puertas de los tesoros del cosmos.

4. La cuarta dimensión del amor es *la aptitud para cooperar con el Plan de la Jerarquía.*

El fuego del amor purificará al hombre a tal punto que éste pueda ver el Plan y trabajar por él, en colaboración con todos los héroes del mundo. El amor más grande comienza a manifestarse entre las personas que pueden ver claramente el Plan y consagrar toda su vida al mismo.

Este es un amor que no puede disfrutarse en las anteriores dimensiones. Este es un amor nuevo que afluye del corazón de Cristo y une a tal punto a los amantes que éstos están dispuestos ahora a arriesgar toda su vida, todo lo que son y todo lo que tienen por el cumplimiento del Plan.

La manifestación del Plan es la manifestación del Alma en el nivel individual. Es el proceso en el que el hombre se convierte en un Alma viva. Cuando el Plan se manifiesta a través del trabajo de personas consagradas, éstas se transforman en Almas vivas. El hombre puede penetrar en los reales misterios del amor sólo después de convertirse en un Alma viva, en un hombre nacido de nuevo, que trabaja por el Plan. Podremos ver tal amor entre los discípulos de Cristo, y entre quienes están realmente consagrados a la elevación de la humanidad.

El amor más grande se manifiesta en un desafío mayor. El amor más grande se manifiesta cuando un grupo de personas afronta una mayor responsabilidad en favor de la humanidad. Tales personas consagradas pueden trabajar en diferentes campos, en diferentes naciones, o religiones, pero todas sus actividades se dirigen a unificar y elevar a la humanidad a través de la manifestación del Plan Divino.

Un niñito empezó a tomar lecciones de violín. Lo hizo bien y tocó en muchas reuniones. Con el tiempo entró en una orquesta y ejecutó numerosas sinfonías. Cuando le preguntaban cómo se sentía al estar en la orquesta, respondía: «Toda la música que yo tocaba era algo parecido a reunir el material para construir una gran catedral. En la orquesta vi a esa catedral construida y a todos los músicos como partes inseparables de esa catedral, consagrada al Gran Arquitecto».

¿Cuál es el Plan? El Plan es el plano de la perfeccionada catedral de los logros humanos espirituales y físicos. No habrá catedral si las partes de ésta no pierden su identidad en la construcción total.

Las personas de esta cuarta dimensión viven en el Plan, por el Plan, y éste se manifiesta a través de su vida. Recordemos que el Plan está formado por la sustancia intuitiva. Y la intuición es mayor electricidad del amor que penetra en los estratos más profundos del ser humano y libera inesperado heroísmo y belleza desde su Ser Interno.

Los colaboradores del Plan influyen continuamente sobre la energía que, siglo tras siglo, crea belleza dentro de los corazones de los seres humanos. La belleza es la manifestación del Plan.

Estar en semejante nivel elevado del amor es una tarea difícil y peligrosa. Nos dirán: «Odia».

Les diremos: «No hay odio en el Plan. No puedo odiar». Nos dirán: «Mata».

Les contestaremos: «Espera un momento. Déjame ver. No hay homicidio en el Plan».

Nos dirán: «Divide».

Les responderemos: «Ninguna estructura podrá erigirse, a no ser que sea mediante la unidad».

Y nos odiarán porque nos verán como un peligro para sus intereses.

¡Qué chocante es la gente que vende su herencia por un plato de sopa![41]

Las personas que viven en la cuarta dimensión del amor no reaccionan ante el odio. El odio por parte de otras personas libera en ellas nuevos campos de entusiasmo para el mejoramiento humano.

Tal amor es la más purificadora energía para el cuerpo humano, para las emociones y los pensamientos. Transforma al hombre íntegro.

5. La quinta dimensión del amor puede formularse como *una vida vivida para la manifestación y el cumplimiento de la Voluntad o el Propósito del Gran Arquitecto.*

¿Qué es el Propósito? Es muy fácil entender esto. Tenemos una estructura construida con una belleza perfecta. ¿Pero con qué finalidad se la va a usar? Es

41. *Génesis*, 25:29-34

posible que los constructores sólo supieran del plan y los obreros sólo supieran de su trabajo, pero jamás supieron el propósito del edificio. En la quinta dimensión del amor podemos penetrar en el propósito para el cual el edificio fue construido.

Cuando el amor aumenta, penetramos más en los misterios de la creación.

El Plan declara que la humanidad debe llegar a la perfección relativa, y este planeta debe convertirse en un planeta sagrado. Pero ¿por qué? ¿Cuál es el Propósito que está detrás de esto? ¿Es porque este planeta va a representar un papel en la evolución del sistema solar, en la evolución de la galaxia…?

La quinta dimensión del amor revelará todo el misterio que está detrás del velo. Tal misterio no podrá reflejarse en el espejo de nuestro intelecto si ese espejo está sucio con todo género de expresiones contra la Ley del Amor. Una persona de la quinta dimensión del amor es una colaboradora del Propósito del Arquitecto.

6. *El amor* de la sexta dimensión *está más allá, es una vida vivida en el trabajo del sistema solar.* Tal persona toma parte en el mayor trabajo consciente que continúa para la perfección del sistema solar.

Tales personas trascendieron la etapa de la humanidad, y trabajan en la Casa del Padre, entendida simbólicamente. El lazo de amor que existe entre tales personas no puede romperlo ningún poder visible ni invisible.

7. La séptima dimensión del amor puede llamarse *un esfuerzo hacia el llamado de la galaxia.*

Se nos ha dicho que son pocos quienes penetraron en tal tarea, y forman el vínculo entre nuestro sistema solar y la galaxia. Suministran el Amor cósmico a nuestro sistema solar que es distribuido por quienes trabajan en dimensiones inferiores, hasta que parcialmente llegue a la humanidad sobre este planeta. Hallamos unas pocas observaciones sobre tales realizaciones en el *Bhagavad-Gîtâ,* el *Vishnu Purâna* y el *Nuevo Testamento.* Ese gran amor transforma al alma humana en un Rayo a través del cual es transmitida la creadora energía del universo. Esas grandes Almas son corrientes de bendiciones y dicha, y en épocas críticas de la historia de la humanidad extienden su ayuda y su energía para vencer las crisis y abren el camino para el futuro.

La gente habla de espacio e infinito. Ni el espacio ni el Infinito podrán ser cruzados por el poder del intelecto, sino que los podrá cruzar el Poder del Amor. El amor mismo es Infinito. Cuando nuestro amor aumenta, nos convertimos en Infinito.

Quienes están en la séptima dimensión del amor son encarnaciones del Rayo Cósmico del Amor. Sólo tal amor tiende un puente con el Infinito, y quienes pueden entrar en contacto con tales corrientes del Amor Divino pueden ver el nuevo ideal de la síntesis cósmica.

El nivel de nuestro amor atrae a las condiciones en las que vivimos. Vemos que el regio camino de la victoria es el camino del amor Sólo en tal sendero, paso a paso, nos sincronizamos con el Imán Cósmico que atrae a cada Chispa humana hacia la belleza, la unidad, la cooperación y la identificación, y la introduce en la síntesis total. Este es el sendero de *ser uno mismo.*

Una etapa tras otra, el hombre halla su Yo verdadero, hasta que llega a la etapa en la que halla a su Yo Cósmico y es uno con éste.

Cristo dijo una vez:

> Quien quiera encontrarse, deberá perderse.

El proceso de perderse se cumple en un amor que crece siempre. Es un proceso de perder al falso yo y hallar al Yo real, al Yo real que está dentro de nosotros, dentro de todos los hombres, y dentro de toda la creación.

¿Cómo progresamos en el sendero del amor? La respuesta será: aumentar nuestro amor, dedicamos a actividades amorosas, y expresar el amor a través de nuestras emociones y nuestros sentimientos. Pensemos a través del amor. Amemos a nuestro prójimo como nos amamos a nosotros mismos. Hagamos cada día algo que se base en nuestra amorosa comprensión. Cada vez que sintamos que hicimos algo contra el espíritu del amor, corrijámoslo, y veamos por qué lo hicimos, y tratemos de no repetirlo.

También hay otro modo de aumentar la energía de nuestro amor. Una vez por semana, pensemos en quienes sufren por injusticia, explotación y odio, y veamos qué necesitamos desarrollar dentro de nosotros para ayudar a esas personas. Muchas grandes organizaciones nacieron en respuesta al sufrimiento humano. El amor debe manifestarse en acciones prácticas. La acción práctica es la que transforma al amor en sabiduría del amor.

La sabiduría usa al amor de acuerdo con la necesidad, y en armonía con el Plan. En nuestras Cuatro Libertades, tenemos:

Libertad de palabra.
Libertad de culto.
Libertad de carencias.
Libertad del temor.

Carecemos de todas estas libertades porque carecemos de amor. Una vez que amamos, estamos en libertad de palabra. Estamos libres para venerar. Se satisfacen todas nuestras necesidades y desaparece nuestro temor. De modo que podemos añadir otra línea bajo las Cuatro Libertades, y decir que:

Libertad de palabra.
Libertad de culto.
Libertad de carencias.
Libertad del temor.
pueden ser sostenidas solamente por el amor.

Todos nuestros problemas en estos cuatro campos de la libertad son el resultado de la falta de amor.

Un amor verdadero piensa primero en los demás, y este acto de pensar se desarrolla de modo tal que un hombre, con el tiempo, cuida de todos los seres.

El amor afecta a nuestros vehículos y actitudes.

En la primera dimensión, el hecho de dar transforma la inercia de nuestra vida física en actividad, e incluso en ritmo. Esto es así porque el hecho de dar exige acción, organización, discriminación y trabajo. Un hombre que da se cansa de acumular y da más. Esto exige destreza en la acción, disciplina del tiempo y la materia, y educación. Todo esto, con el tiempo, pone al mecanismo físico en el orden más elevado.

En la segunda dimensión, cuando un hombre trata de abogar por la belleza, limpia sus espejismos. La belleza plantea una pesada exigencia a su naturaleza para que responda a la Divina Armonía dentro de su yo Verdadero. El espejismo es una deformación del amor. Cuando el verdadero amor aumenta, la deformación desaparece.

En la tercera dimensión del amor por la unidad vemos la dispersión de las ilusiones. Las ilusiones se basan en el espíritu de separatividad. La unidad establece ritmo, no sólo en el plano mental, sino también en el plano emocional y físico.

Podemos decir también que todos los desórdenes y enfermedades de la personalidad son el resultado de la inercia, el espejismo y la ilusión.

Estas tres dimensiones del amor, con el tiempo, curan a la personalidad y la convierten en un mecanismo vital para el gran servicio.

La desaparición de *maya,* espejismo e ilusión libera la corriente de energía psíquica que circula en el mecanismo de la personalidad, y dirige sus actividades en armonía con la Sinfonía Cósmica.

La energía del amor se torna más efectiva e inclusiva cuando se expresa a través de planos cada vez más elevados. El amor físico, emocional y mental es todo aquello con lo que la mayoría de las personas entra en contacto.

La mayor Fuente de amor se halla en nuestro Ángel Solar.

Este es un término que se refiere al Yo transpersonal, al Yo superior, o al Guía Interior.

Otra gran fuente del amor es la Tríada Espiritual. La Tríada Espiritual es la combinada esfera del amor, la luz y el poder dentro de los planos superiores del hombre. Canaliza el fuego ardiente que proviene del Centro correspondiente del planeta.

Cristo, que es la encamación del Amor Cósmico, dijo una vez:

> Sed valientes, he vencido al mundo.

VI

LA SABIDURÍA DEL AMOR

En verdad, cuando aprendamos a inculcar las emanaciones del sentimiento, veremos que precisamente el amor sobre todo atrae al fuego del espacio. Quien dijo «Amaos los unos a los otros» fue un verdadero Yogui...[42]

UN DÍA ESTABA YO SENTADO sobre una bella y verde colina, profundamente enfrascado en el estudio, cuando se me acercó una joven pareja. Ambos estaban turbados y empezaron a hablarme de su problema. Me enteré de que tenían planeado casarse, pero que la muchacha había sufrido un colapso nervioso y había estado hospitalizada durante tres semanas. Ese día precisamente la habían dado de alta, y el joven estaba ansioso por verla y hablarle. Suavemente, le pregunté a ella: «¿Qué te ocurre? ¿Qué te perturba?».

Sin vacilar, me replicó: «Acudí a mi confesor y me dijo que yo me quemaré en el infierno porque amé a este hombre. Cuando me dirigí a mi madre, ésta me

42. Agni Yoga Society, *Agni Yoga*, párr. 424.

dijo: ‹Lo único que siento para contigo es asco. Te odio›. Entonces, me volví hacia mi padre, quien me gritó: ‹Debes abandonar esta casa inmediatamente!› Ahora no sé qué hacer. ¡Los odio a todos!».

«¿Sabes», le dije, «que puedes ser feliz?».

«¿Cómo?», sollozó, «¿cómo puedo ser feliz?».

«Es muy sencillo», le contesté, «solo comienza a amar».

«Pero ¿a quién podré amar?», me preguntó. «¿En quién podré confiar y a quién podré amar?».

«Escúchame con cuidado», le dije, «y te contaré sobre un pequeño drama que vamos a escenificar precisamente aquí sobre esta bella colina. Primero, tú correrás hasta aquel pino. Lo sostendrás con ambos brazos, lo besarás y le dirás que lo amas. Después, te dirigirás hacia aquella rosa amorosa y le dirás lo mismo. Después de eso, te echarás sobre la hierba y amarás a la hierba. Una vez que haya hecho todas estas cosas, volverás hacia mí y te diré algo».

Guardó silencio un momento y luego me dijo: «Haré como usted dice».

Corrió hasta el pino y extendió sus brazos alrededor de él. Percibí que ella lloraba por el largo tiempo que aferró el gran tronco de aquel alto pino.

«Vamos», la animé, «continúa».

Con lágrimas en los ojos se arrodilló ante la rosa, una pequeña rosa recién florecida. Tomando suavemente el capullo con ambas manos, le oí decir: «Sabes que te amo. ¿Me amas?».

Se puso de pie y empezó a llorar cuando dio unos pocos pasos hacia adelante y se echó sobre la blanda hierba verde. Allí, tranquilamente echada, pronunció estas sencillas palabras: «Te amo, hierba».

La llamé: «Ven aquí y mira al sol poniente. Solo grítale al sol, preguntándole: ‹Sol, ¿me amas? ¡Te amo porque eres la luz!›».

Era increíble la rica calidad de su voz. Era alegría, éxtasis y libertad. Revelaba un empeño en romper algo, de saltar e introducirse en la realidad. Unos momentos después se sentó tranquila, pacíficamente, y dijo:

«Amo a la naturaleza. Los amo a todos. Amo a mi madre, no importa lo que ella diga o haga. Amo a mi padre y a mi sacerdote, pero sé que no voy a quemarme».

«No, si lo amas todo, ¿cómo podrías quemarte?».

Este es uno de los misterios del amor. Yo estaba seguro que no sería necesario que la hospitalizaran de nuevo. Cuando se marchaban, ella hizo a un lado a su amigo, diciéndole: «Yo voy a conducir».

El joven estaba perplejo. Esta muchacha había cambiado tanto en cuestión de unos pocos minutos que el joven no comprendía. No sabía qué hacer acerca de dejarla conducir el coche. Le dije: «Déjala conducir».

«¿Será seguro? ¿Tiene usted fe en ella?», preguntó.

«Por supuesto que la tengo», repliqué.

Entonces le dije a la muchacha: «Antes de irte, dame un beso». Cuando me besó, le dije: «Yo también te amo».

«¿Me ama?», me dijo, sonriendo.

«Sí, por supuesto», le contesté. «De ahora en adelante, todos te amarán: los árboles, los pájaros, las flores, todo».

En ella se había liberado la energía del amor. Cuando dentro de nuestro corazón reprimimos la máxima energía del universo, esa energía nos quema, esa energía nos destruye; pero si la liberamos, estamos sanos y somos armónicos. Somos una nota rítmica en la Sinfonía del Universo. De esa manera crecemos y florecemos con el universo, con el cosmos.

El amor es comunicación, comunión y sensibilidad. Todo el crecimiento, la iluminación, la evolución y el progreso dependen del «desarrollo de un poder continuamente creciente para responder». La vida es comunicación, comunión. No hablamos de la vida corriente que vivimos sino de la energía de la Vida, que nos hace respirar, pensar y crecer. Esto es precisamente comunión. Esto es Amor.

La vida es unidad. A menos que sea una sola, no hay vida. La unidad significa vitalidad, comunión. La separatividad, la división, nos conduce hacia la muerte. Relación más estrecha significa vida más profunda; menos relación significa menos vida. Todas las partes se relacionan con el todo.

Podemos empezar con el hombre, diciendo: un dedo no puede vivir sin ser parte de la mano; la mano no puede vivir sin el cuerpo; el cuerpo no puede vivir sin comunicación con el mundo en conjunto, un mundo químico, aire y sol. La Tierra no puede sostener la vida si no tiene comunicación con el Sol. Tales relaciones son comunicación externa, o respuestas.

Las respuestas de un mecanismo a un mecanismo mayor crean vitalidad, pero esta vitalidad llega a dimensiones cada vez más elevadas cuando empezamos con respuestas conscientes. La vida mecánica nos llevará hasta cierto nivel, pero para continuar hacia arriba, desde allí hasta niveles superiores, necesitaremos desarrollar otros niveles de respuesta: respuesta emocional y respuesta mental. Nuestra vitalidad depende del radio de nuestra respuesta emocional, y de la amplitud y profundidad de nuestra respuesta mental.

La respuesta emocional es un proceso de detección de necesidades emocionales de una persona y de la satisfacción de las mismas en el nivel emocional. La respuesta mental es el proceso de conocer a una persona cuando ésta se halla en sus actividades mentales, y de satisfacer sus necesidades en el nivel mental. Cuando nuestra aptitud para responder se eleva al plano mental o causal superior, entramos en el conocimiento directo de la persona en cuestión; la vemos bajo la luz de la totalidad mayor, de la unidad mayor, y nuestro amor aumenta y se purifica.

En el siguiente paso entramos en el mundo del amor puro. En la enseñanza esotérica, este mundo se conoce como el de la Intuición, o la esfera del conocimiento directo. Aquí es donde nuestro amor rompe todas sus limitaciones y abraza a la *totalidad.*

La vida es comunicación, un acto de amorosa respuesta y armonización, una sintonía con niveles cada vez más elevados de consciencia y esencia.

Todas las guerras, todos los dolores y trastornos se deben a la cristalización. A veces, en algún sitio la corriente de energía se detiene, se cristaliza y deja de circular libremente. Cuando ocurre la cristalización, tenemos agitaciones religiosas, políticas y sociales que causan gran sufrimiento a muchos. Destruyamos las cristalizaciones permitiendo respuestas mayores, y tendremos más vida, más alegría y más felicidad.

El prejuicio y la intolerancia religiosos y políticos son cristalizaciones, una «sequedad» del canal de la circulación de la energía. El odio y los celos son cristalizaciones del nivel emocional que bloquean la circulación de la energía. La ignorancia y la ilusión son cristalizaciones del nivel mental. Avancemos a través de estas cristalizaciones y tendremos más vida. Tratemos de comunicamos con nuestra Alma y nuestro Espíritu; comuniquémonos con lo mejor de los mundos físico, emocional y mental. Hallemos el Centro Interior de la energía consciente. Hallemos nuestra meta en la vida. La comunicación real comienza cuando *somos nosotros mismos.*

Los pasos que nos hacen llegar al Núcleo Interior son:

Disciplina.
Concentración.
Meditación.
Contemplación.
Vida plena.

Sólo a través de tales pasos podremos encontrarnos y responder a la energía del amor real. Este amor no se puede aprender, responder ni comunicar a través de la filosofía, la psicología o el hecho de escuchar conferencias, sino a través del hecho de amar. El único modo de aprender el significado del amor es amar. Una vez que amamos, y sólo entonces, sabremos amar. Esto nos lleva lejos. Nos sublima, nos libera, y en vez de ser un hombre o una mujer egocéntricos, somos Universo-céntricos, cosmo-céntricos; así se libera la energía del amor.

En nuestro mundo moderno, cuando la gente habla de «Amor», habitualmente entiende que se interesa en gran medida por el sexo. No está equivocada siempre que sepa realmente qué es el sexo. El sexo es una comunicación entre la energía y la materia, entre el Espíritu y la sustancia; una comunicación para llevar adelante el Propósito del Ser Cósmico, para dar expresión al Objetivo o Propósito Cósmico para el cual, por el cual y a través del cual todo este cosmos fue creado. Toda la creación es resultado del sexo; el resultado de la energía y la materia que se unieron. En un sentido religioso o filosófico dícese que, cuando el Espíritu y la materia se unen, crean todos los universos. El amor es energía que lo abarca todo. Todos los átomos, todas las células están imbuidos de amor. En realidad, esta energía del amor es la que crea mecanismos cada vez mayores a través de los cuales se expresa en una belleza mayor.

Los reinos mineral, vegetal y animal son vehículos de expresión de la energía del amor. Incluso podemos decir que una de las metas originales de largo alcance, pertenecientes a esta energía del amor, fue crear al hombre quien, con el tiempo, expresará el amor conscientemente, y luego será un colaborador de la Energía Creadora.

¿Cuál es el origen de esta Energía? En un libro ocultista, hay una expresión interesantísima y muy pintoresca sobre la Fuente de Energía. Expresa que hay tres Soles que dan luz a todo el universo. Detrás del sol visible, está el Corazón del Sol, que es la Fuente del Amor: el Amor que afluye del Creador. Oculto detrás de ese Sol está el Sol Espiritual

Central, que es la Fuente de la Vida. El que nos ocupa es el segundo Sol, pues es la Fuente del Amor. Se trata de la compasión que lo abarca todo, y, en la literatura esotérica, se llama el Gran Imán, o la Gran Madre, que atrae continuamente todas las Chispas para que vuelvan a Ella. Mediante este proceso de atracción que llamamos amor, cada chispa de los reinos mineral, vegetal, animal o humano –no importa cuán hondamente encasillada esté en la materia– es atraída hacia ese Núcleo Central, hacia el Imán Cósmico, que la inhala lentamente, atrayéndola de regreso a Su Hogar. Esta es la evolución.

Si reexaminamos la historia de la humanidad, vemos que un hombre llega a ser una familia, una familia llega a ser un grupo, un grupo se convierte en una nación, y las naciones se convierten en naciones unidas. Sabemos que, no importa qué ocurra, ese Gran Imán abrirá el camino hacia una sola humanidad cuando atraiga a los individuos, integrándolos en unidades más grandes, en totalidades mayores. A través de comunicación, respuestas, armonía y cooperación mayores entre las Chispas, entre las almas vivas, toda la creación llegará a ser lentamente una Sinfonía Integral que desarrolla el Misterio del Amor.

Sólo hay una ciencia grande y esa ciencia es la Ciencia del Amor. El Amor no es sino Energía Eléctrica. Si un hombre tiene radiaciones de odio o si tiene celos, sus vibraciones son diferentes, su aura es diferente y el color de la atmósfera que le rodea es diferente. Sin embargo, si ese hombre está lleno de Energía del

Amor, es radiactivo, libre; cuanto toca, florece, se libera, gana su libertad.

Debemos saber cómo usar esta energía, como un buen electricista que conoce las leyes de la electricidad y las usa. Observa y obedece muy cuidadosamente las leyes porque conoce el hecho de que, al trabajar con la electricidad, puede perder su vida o darnos luz y muchas otras bendiciones. ¿Cómo podremos ocuparnos de esta Ciencia del Amor para que la Energía del Amor cumpla realmente el Propósito que está detrás de ella? Si un hombre ama sin conocer las Leyes de la Energía, podrá quemarse. En su mayoría, nuestros sufrimientos, agonías, dolor y postraciones son causadas por el denominado «amor». Podemos oír palabras como éstas: «¡Caramba, aquella muchacha me rechazó!», «¡Mi esposa se divorció de mí!», «Mi hijo no se interesa por mí!». Todo esto es cuestión de amor.

Todas las relaciones humanas se basan en esta gran Energía, en el Amor, y sin embargo debemos educarnos para usarla como un electricista debe prepararse antes de intentar trabajar con energía eléctrica.

El amor verdadero es vida. Al amar, tenemos más vida y damos más vida porque estamos en armonía con el Amor Cómico, que es la sustancia de la unidad, la cooperación, la comprensión, la síntesis, la armonía y la belleza.

EL SENDERO DEL AMOR

Hay ocho pasos en el camino del amor:

1. El amor debe ser progresivamente expansivo

Esto significa que nuestro amor no debe detenerse en el sexo, sino ascender hacia una unidad mayor, avanzando hacia niveles superiores de la existencia, y revelándose en formas superiores de creatividad y servicio.

La caída de familias, de grandes hombres y mujeres, de grupos y organizaciones –antiguos y modernos– es resultado de un amor que se concentró, en gran medida, en el nivel sexual; un amor que no se desplazaba, progresivamente, desde el nivel físico hacia los niveles superiores: los niveles emocional, mental y espiritual.

El propósito de la Energía del Amor es expresar a la Divinidad Misma, en todos los niveles. En esto consiste la creatividad. En cada acto de amor, en cualquier nivel, deberá concretarse este Propósito Cósmico elevador.

Debemos saber siempre si nuestro amor se limita o avanza hacia la libertad. Una persona que ama deberá ser capaz de decir: «Me amo, pero también los amo. Los amo como a un grupo de personas; pero no sólo a todos ustedes, yo amo a su nación entera. No sólo amo a su nación, amo a todas las naciones, amo a toda la humanidad. Mi amor no se detiene allí, yo amo a nuestro sistema solar. De pie sobre la montaña, contemplo la belleza de las estrellas y digo: ‹Os amo›».

Si el amor se detiene en alguna parte y la persona dice: «Yo amo, pero me amo a mí mismo, no a ti», eso es un veneno. El sistema eléctrico tiene un cortocircuito en algún sitio. Debido a este pequeño cortocircuito desaparece toda su luz. Pero usando la Energía del Amor de este modo, las personas se vuelven tenebrosas, venenosas, llenas de odio, celosas y separatistas. El amor deberá ser expansivo, expansivo, siempre expansivo... Así, no sólo debemos amar al universo visible, sino también debemos amar al universo invisible, a las Energías Divinas, a las Ideas Divinas, a los Grandes Conceptos. Por ejemplo, la gente dice: «¡Este es el único modo de volar!». Esto no es cierto. Nos dividimos y empequeñecemos, estrechándonos y apretujándonos. Seamos abiertos tan sólo como un niño pequeño y abracemos al cosmos. Si nuestro amor es progresivo, nos convertimos en colaboradores del Gran Corazón Cósmico, del Gran Imán.

Cuando nuestro amor no es progresivo, y cuando nuestro amor no puede crear algo superior a la satisfacción sexual, nos debilitamos y experimentamos un sentimiento de insatisfacción, fracaso, soledad, todo lo cual nos conduce hacia a la negligencia, la inercia y la muerte.

El amor verdadero comienza desde los niveles superiores, tal vez desde los niveles espirituales y desciende para cumplir un trabajo creativo, terapéutico y liberador a fin de crear unidad en los tres niveles inferiores, y luego volver a ascender hacia la Fuente desde donde se originó.

Si un pollito dice: «Quiero quedarme dentro de mi cáscara, no quiero crecer», ese pollito muere; su vida muere. Pero si ese pollito rompe su cáscara y dice: «Quiero romper, destruir mis limitaciones (las limitaciones contra el amor, todo lo que sea un obstáculo para el amor), quiero romper mi cáscara y salir», entonces tenemos un bello pollito. Abre sus ojos y se maravilla ante el bello mundo exterior. Si fuéramos un pollito, imaginémonos qué sentiríamos si, de repente, saliéramos de la cáscara: «¡Dios mío! Esta es mi madre; éste es mi padre. ¿Qué son estas cosas bellas? ¿Flores?».

Experimentemos esa alegría, Esa alegría es expansión, la alegría de la libertad, la alegría de armonía, relación y comunicación mayores.

El amor también comienza desde los niveles inferiores. Por ejemplo: amo a una chica, pero sólo amo su cuerpo; no puedo pasar más allá de eso, de modo que mi amor se cristalizará. Ese amor será muy breve. Procuraré expandir ese amor hacia el corazón de ella, hacia la mente de ella, pero si me detengo allí, el amor se estancará nuevamente. Debo atravesar el nivel mental y entrar en el nivel espiritual; y si al hacerlo puedo elevar a esa muchacha y elevarme yo mismo con ella, mi amor está encontrando la consumación, el amor es expansivo y se vuelve creativo. Si en algún momento el amor cesa de expandirse, podemos esperar problemas de nuestros cuerpos físico, emocional y mental. Esa es la Ciencia del Amor.

Si decimos, por ejemplo: «Amo a mi nación, pero odio a aquella otra nación», este odio, con el tiempo, puede crear tal tensión que en una guerra podrían sacrificarse cincuenta mil, sesenta mil o un millón de personas. El amor cultiva la comprensión y la cooperación.

El matrimonio o el amor es no sólo la unidad de dos cuerpos. Nos casamos con nuestros corazones si nos consagramos a la misma meta. Podemos casarnos con nuestras ideas, nuestros pensamientos e ideales, y recibimos mayor satisfacción de un matrimonio basado en el nivel físico. Quienes tienen relación física y no tienen relación entre sus naturalezas superiores, se sienten vacíos y descuidados luego que se satisfizo la naturaleza física inferior. Sin embargo, si la relación es en los niveles superiores tanto como en el nivel físico, el resultado es alegría y expansión de la consciencia.

Hay una anécdota del Lejano Oriente sobre un rey que, en la piscina de su palacio y todos los días, tenía muchas jóvenes bellas que nadaban desnudas. Una vez por semana, el rey solía enviar a su hijo único para que descendiera en la piscina y sacara un balde de agua. Sin embargo, siempre que el joven descendía a la piscina, quedaba tan fascinado por las muchachas que no regresaba. Entonces, el rey tenía que ir personalmente a la piscina, hacerle regresar y mandarle de cacería para que olvidara a aquellas hermosas doncellas. Un día, el hijo le preguntó: «Padre, ¿por qué no me dejas estar con ellas?».

«Me complace que me lo hayas preguntado», le dijo el rey. «Hasta que aprendas a ir hasta la piscina y obedecer la orden de regresar rápidamente; hasta que puedas ir y volver sin que los encantos de ellas te subyuguen, no consentiré que te quedes con ellas».

Este sencillo relato describe el principio del control personal, el principio de la sublimación, de la economía, y el significado del amor que tiene una finalidad. Recordemos que la finalidad del amor es hacer que regresemos a la Unidad Divina, que ingresemos de nuevo en el Imán Cósmico. Cuando esto ocurre, cada acto de amor deberá ser un paso que nos lleve hacia el Hogar.

2. La naturaleza del amor es sacrificada

No hay amor sin sacrificio. El amor es dar, no tomar. En el amor no hay expectativa. El amor debe ser sacrificado. Si yo digo: «Te amo», y respaldo mi amor, si me sacrifico por la otra persona, entonces mi amor está sostenido y estoy comprobando que es un amor verdadero. En una ocasión, hablaba yo en un colegio privado. Como parte del programa, otro señor dio un excelente discurso en el que dijo que debemos construir hermosos colegios porque estos son templos divinos. Su discurso fue bello y bien pronunciado. Al volver a sentarse junto a mí, le dije: «Firme un cheque».

«¿Qué?», me preguntó.

«Firme un cheque para que podamos construir ese colegio. Usted tiene el dinero».

«Más tarde», me replicó.

«Entonces», le advertí, «usted no está respaldando su amor.

Cuando decimos «amor», debemos sacrificamos. Si no nos sacrificamos, no somos una persona que ama, ¡no importa nada más! Podemos preguntar: « Sacrificar qué?». Es algo que no tiene fin. En el sacrificio, renunciamos a nuestro egoísmo, a nuestra separatividad, a nuestro materialismo, a nuestro egocentrismo; sacrificamos todo aquello que es valorado por nosotros a fin de elevar a otro ser que es parte de nosotros mismos.

Eso es amor. Uno por uno, estamos destruyendo los barrotes que nos aprisionan. Estamos destruyendo el materialismo cristalizado dentro de nosotros. Estamos destruyendo el concepto equivocado de que somos seres separados. Una vez que damos de nosotros mismos, hemos comprobado que estamos amando.

Hace muy poco, un esposo me dijo: «Mi mujer me ama muchísimo, pero cuando le pido que me prepare cierto plato, o un poco más de comida, me dice: ‹Querido, vamos a un restaurante›».

Después me encontré con su esposa y le dije: «Eres una muchacha muy bonita. ¿Amas a tu marido?».

Me contestó: «Sí, por supuesto».

«Muy bien», le dije, «haz algún sacrificio por él. Empieza con lo primordial. Prepárale algún plato especial que le guste. Haz pequeñas cosas por él para que con el tiempo aprendas a sacrificarte más, por propósitos más grandes, por objetivos mayores, por destinos mayores, sin esperar nada».

Cada vez que «amamos» sin sacrificio, creamos en nuestro mundo interior una situación complicada. Creamos congestión. Esto puede evitarse si respaldamos nuestro amor y lo expresamos mediante nuestros sacrificios *prácticos.* Si amamos y no expresamos nuestro amor con sacrificio, el fuego del amor quema nuestros centros mentales, emocionales y etéricos, creando en ellos insensibilidad, embotamiento, úlceras y muchos otros estados malsanos. Cada vez que amamos y no hacemos sacrificios para ello, tocamos energía eléctrica que puede quemamos. Dícese que nuestro Dios es un fuego que quema.

Si a la persona amada se le dice «Te amo», absteniéndose de realizar actos sacrificados que satisfagan las diversas necesidades de esa persona, nuestro amor es egoísta. Si no logramos realizar los sacrificios necesarios para elevarnos y llegar a una etapa más profunda de comprensión y creatividad, nuestro amor es egoísta. El egoísmo es un estado mental en el que el canal del amor está congestionado. La Energía del Amor no puede circular y comunicarse con la totalidad mayor. El egoísmo detiene la transmutación de la materia. El amor causa la transmutación de la materia. La materia de nuestros vehículos debe transmutarse en sensibilidad superior, permitiéndonos crear bajo impulsos espirituales superiores.

La meta de un ser humano, de una nación, de la humanidad, no es la supervivencia. La supervivencia es una parada en el sendero eterno de la espiritualización. La meta última de todo ser vivo es expresar la belleza, y ser bello. Hay una gran Sinfonía en la Mente del Cosmos. Cada acto realizado para aumentar nuestra capacidad de «sentir», de ser «impresionados» por la Sinfonía, y cada esfuerzo para expresarla en nuestra vida individual y global, es un acto de tomar contacto con la belleza, un paso que se da hacia la concreción de la belleza. Esto se logra sólo a través de los actos del amor creativo.

La verdadera Energía del Amor emana del Corazón del Sol. Con esta energía no puede tomarse contacto hasta que un hombre entra realmente en el nivel Intuicional del conocimiento a través de actos reales de sacrificio. Bastante raramente, las madres, debido a su naturaleza, tienen acceso a esta energía en su dedicación y sacrificio. Cuando la dedicación y el sacrificio son retirados, pierden el verdadero contacto con el amor. Una vez que el amor se pierde, empieza la fealdad. Sin amor, ningún hombre es bello, ninguna mujer es bonita o hermosa.

3. El amor es el que ayuda a dar a luz la belleza

Hay tres energías activas: la luz, el amor y el poder, o la vida. La vida, el amor y la luz de nuestros tres cuerpos los da el sol visible; éste es la fuente de nuestra luz, de nuestra electricidad, nuestro amor y nuestra vida en los tres niveles. En el cuarto nivel, el Intuicional, el Corazón del Sol se activa para nosotros, y empieza un amor superior a penetrar en el corazón del ser humano. En ocasiones especiales, el individuo recibe cierta cantidad extra de tal amor. Por ejemplo, una mujer recibe su energía amorosa superior en el momento de la concepción; y una cantidad adicional en el momento del parto. El padre recibe energía superior en el momento de la primera relación sexual con aquella que será madre, siempre que el acto sea sagrado, consciente y aceptado. El hijo lo recibe al ser amamantado y amado por su madre. En la pubertad, ambos sexos reciben otra cuota de amor superior.

La cantidad de amor aumenta en ocasiones a través de actos de sacrificio o sufrimiento consciente, pero un ser humano empieza verdaderamente a amar cuando entra en contacto consciente con el depósito de amor en el nivel Intuicional. La hermandad de la humanidad será posible cuando la mayoría de los hombres tomen contacto con el nivel Intuicional. Por esta razón, somos urgidos a expandir nuestra consciencia, porque al expandirla somos más fraternales y cercanos al concepto de la hermandad del hombre.

Cuando la energía de luz y vida se usa sin amor, se tiende hacia el materialismo, la posesión, la separatividad, todas las cuales son formas del odio.

La energía amorosa que se da a animales, árboles e insectos, en ciertas ocasiones se usa en gran medida en la procreación, o en la cooperación con la naturaleza. Semeja el latido del corazón que distribuye energía amorosa en ciclos hacia los reinos inferiores, y hacia el reino humano.

Debido a que la porción mayor de la humanidad tiene orientaciones físicas, emocionales y mentales, la energía amorosa se traduce a través del contenido de estos niveles, y sólo se usa para satisfacción en estos tres niveles. El modo más grande de aumentar la energía del amor es a través del trabajo responsable que da por resultado actos sacrificados.

4. La naturaleza incondicional del amor

La naturaleza incondicional del amor está detrás de estas bellas palabras pronunciadas por Cristo: «El hombre no tiene mayor amor que éste: el del hombre que da su vida por sus amigos». Amamos, no porque esperemos centenares de dólares, gran fama y gloria, o gran reputación, sino porque el cumplimiento del Propósito del Cosmos es que nosotros, como una gota, nos demos más y amemos más. La gente dice: «Si me amas, te amaré». Esto no es amor. ¿Podemos amar a un hombre que nos odia? ¿Podemos amar a un hombre que ensució nuestro nombre, calumnió nuestra reputación? Aun así, ¿podremos decir: « Te amo; voy a estar a tu lado y te ayudaré en cualquier manera en que necesites mi ayuda»? Esto es amor *incondicional.*

Cuando somos amor, somos más fuertes, más magnéticos, más comprensivos, más poderosos e influyentes y lenta, muy, lentamente, otros verán que somos una belleza rica e irradiante. Los inspiramos; los elevamos desde el estado bajo en el que viven; destruimos su egocentrismo. Si salvamos a un solo hombre, a una sola mujer, hemos realizado la obra más grande del cosmos porque, como se dice en las

Escrituras, grandes alegrías se presencian y registran en el cielo si un hombre se vuelve hacia la luz, hacia el amor. En todo el mundo estamos carentes de amor; de allí, las muchas clases de aflicción, dolor, sufrimiento, deudas y delitos.

Cuando el amor afluye desde el Corazón del Sol, si lo asimilamos y usamos para construir un sendero que conduzca hacia el Imán Cósmico, el ruido deformado que llamamos universo y humanidad se transformará lentamente en una Gran Sinfonía, y todos los hombres, de todas partes, amarán, entenderán. Cuando ocurra este cambio glorioso, este planeta, en vez de ser un planeta de aflicción, un planeta de dolor y sufrimiento será un planeta de alegría, libertad y liberación. Quienes se desplazan hacia un florecimiento mayor, perciben la máxima alegría, aunque sus naturalezas físicas, emocionales y mentales experimenten excesivo esfuerzo y tensión. Tienen gran alegría porque se están comunicando con la Fuente de la Alegría Divina, con el Gran Amor Cósmico.

En el amor real, quien ama se pierde en la persona amada. Existe por la persona amada. Así se realiza la unidad. Tal amor no es una afluencia emocional, sino el resultado de un impulso intuitivo en el que sentimos que cuanto hacemos es absolutamente lo correcto que hay que hacer. No es un impulso emocional ciego, ni un deseo, sino clara razón e identificación con la persona que ama.

Cuando nuestro amor aumenta a pesar de las circunstancias, podemos tocar la energía que salva la vida. Si disminuye debido a las circunstancias existentes, todavía no degustamos la alegría del amor real que lo da todo, bajo todas las condiciones.

5. La responsabilidad es una de las leyes de la ciencia del amor

El amor desarrollado sin sentido de responsabilidad nos lleva a la aflicción y al sufrimiento. Responsabilidad significa que apoyaremos a la unidad una vez que la hayamos creado, y trabajaremos en favor del avance progresivo de esa unidad hacia más amor, luz y vida. La responsabilidad nos enseña que los fracasos y aflicciones de los demás son nuestros, y que deberemos tratar de eliminarlos física, emocional y mentalmente con libertad y alegría, como si fueran nuestros.

Preguntémonos: «¿Estoy dispuesto a afrontar mis responsabilidades?». Si podemos afrontarlas, estamos amando realmente, pero si las eludimos, estamos degenerando. Es muy difícil esto porque el amor es nuestra vida. Dondequiera que vayamos, nos encontraremos con él. Está en todas partes. Si realizamos un movimiento egoísta, sufriremos; causaremos sufrimiento. Fue por esto que en la antigüedad, una de las antiguas razas solía enseñar el tema del amor a las personas antes de que ingresaran en el matrimonio. Qué bella idea: que el hombre debe conocer qué es el amor –el amor espiritual, la unidad, la belleza, la comprensión, la cooperación, la armonía, el gran sacrificio– antes de que podamos elevar a alguien hasta ese nivel en su matrimonio o su amor.

6. La naturaleza no separatista del amor: el hombre no ama realmente si no ama todo en la creación

¿Es asombroso? Debe amarse todo, hasta nuestra fealdad o nuestra belleza. Nada debe dejarse de lado –árboles, pájaros, peces, cielo– todo lo del universo deberá ser amado antes de que percibamos que SOMOS EL AMOR MISMO. Esto es muy importante, porque muchas personas creen que aman si dicen: «Te amo, querida», o una persona dice: «Te amo tanto… pero odio a mi vecino». Aquí se carece de amor. El amor debe ser un amor unificado, cósmico, que lo abarque todo.

Conozco a un médico que escribió un bello artículo sobre el amor. Luego de leerlo, le dije: «Doctor, usted conoce realmente la biología del amor, y supongo que realmente ama también, ¿no es cierto?».

«Por supuesto», me dijo. «Amo a mi esposa».

«No quise decir eso», le contesté. «¿Su amor realmente lo abarca todo y lo perdona todo como el Sol?».

«Hum…», me dijo. «Supongo que sí».

Tiempo después, en una noche de tormenta, a las dos de la mañana, me llamó: «¡Venga rápido! ¡Maté a mi mujer!».

«¡Usted está loco!», le dije.

Fui de prisa a su casa. Era cierto. Había disparado a su esposa porque la había encontrado hablando con otro hombre. Ahora bien, este hombre tal vez conozca la biología del amor, pero no sabe qué es el amor.

Si leemos los diarios de todo el mundo, veremos, percibiremos y entenderemos intuitivamente qué producen los celos; qué vida de aflicción e infelicidad dan a esposas, hijos, esposos y amigos. No creo que al mundo lo puedan cambiar los ejércitos. Nunca se lo cambió de ese modo, pero al mundo sólo lo podrá cambiar el amor. No importa lo que hagamos o dejemos de hacer, la Energía del Amor nos atrae hacia la unidad, a través del sufrimiento.

Hace cien años, en el mundo estábamos separados. ¿Y ahora qué tenemos? Tenemos los Estados Unidos, el Reino Unido, las Repúblicas Unidas, y ahora, las Naciones Unidas. Entonces, ¿por qué no pensar que el próximo paso será la Humanidad Unida? Todas estas unidades son el resultado de la respuesta humana a la afluencia del Amor Solar.

No podemos tener amor real en nuestros corazones si amamos a una persona y odiamos a otra, a otra raza, a otra religión, a otra nación, a otra cultura; porque el amor es la Corriente de Energía que lleva hacia la unidad, hacia la Gran Síntesis.

7. La alegría es una característica del amor

En todo momento en que pensamos en el amor o lo sentimos, pensamos en la alegría. No hay amor si no hay alegría. Todo sacrificio, todo acto de amor, será un acto de alegría; porque física, emocional, mental y espiritualmente, cuando amamos, estamos en una gran alegría. Irradiamos alegría, porque la alegría y el amor son la misma energía. Si en algún momento vemos que en nuestro amor no hay alegría, entonces algo anda mal. Debemos ajustarnos, ajustar las condiciones y tratar de hallar el foco; cuando hayamos encontrado ese foco, habremos encontrado la alegría.

En uno de Sus momentos más grandes y críticos, Jesús, mirando a la gente que Lo estaba crucificando, dijo: «Señor, perdónalos, porque no saben lo que hacen». ¡Imaginémonos esta afluencia de amor! Qué gran amor es éste cuando en el momento postrero, cuando casi no Le queda sangre en las venas, dice: «...perdónalos».

8. La gratitud

¡Es tan bella la gratitud! ¿Somos agradecidos? Si en nuestro amor no hay gratitud, no hay amor. Este es uno de los máximos problemas de nuestras vidas, de nuestra vida social, familiar e internacional. La gratitud consiste en apreciar, en reconocer al Amor. Seamos agradecidos con los árboles, las flores, los pájaros, el resplandor del sol, los ríos, los océanos, todos los hombres, conocidos o desconocidos, que nos ayudaron, que crearon nuestra cultura. Seamos agradecidos por nuestro sufrimiento, por nuestras duras lecciones, por la existencia en total, porque todo es amor, esencialmente, y todo deberá ser amor nuevamente. Si somos ciegos a las ofrendas de la naturaleza, a las manos que nos ayudaron, a las condiciones que nos hicieron crecer y desarrollar, nos cerramos ante la corriente dadora de vida perteneciente al amor e invitamos al dolor y al sufrimiento.

La gratitud es una forma superior de comunicación. Es un modo de irradiar nuestras bendiciones. Es un modo de mostrar aprecio hacia la Fuente de toda alegría, de todo amor. Un hombre agradecido se vuelve más sano, más magnético, más resistente, más paciente, y todos sus actos son creativos. Sólo en la gratitud se asimila la Energía Amorosa del Cosmos y se transforma en energía creativa y elevadora.

La gratitud es un estado del ser en el que el hombre se comunica con la energía de la voluntad enderezada hacia el bien, con la energía de las relaciones humanas correctas. Es un estado del ser que al hombre le permite ver el funcionamiento del *karma,* y entregarse confiado en los brazos del Amor Divino.

Todos los que se empeñan en procura del bien común, de la elevación de la humanidad, con el tiempo serán atraídos por la Energía del Amor, serán imanados por el Poder del Amor, y actuarán según la Ley de la Unidad, a través de la cooperación y la comprensión. Así, se creará una nueva cultura, una nueva civilización en la que el hombre vivirá en el servicio sacrificado en favor de toda la humanidad.

El amor verdadero será reconocido como un proceso de disminución de la llama de nuestros yoes separatistas, y un aumento del fuego del Gran Todo que está dentro de nosotros. Este es el modo de despejar nuestro sendero hacia el Futuro glorioso.

Todas nuestras deudas pasadas que se acumularon por nuestras malas acciones, reacciones emocionales y actividades mentales, podrán pagarse en una vida de más amor. Esto significa que el amor nos introduce con más libertad en el sendero del retorno. Esto significa que el amor aumenta nuestra alegría, nuestra beatitud, nuestra comprensión y nuestra salud en todos los niveles. Amar significa armonizamos en nuestro Yo, en el más grande poder creador «de Quien todas las cosas proceden y a Quien todas las cosas retornan». Así, un hombre se convierte en Creador y en Fuente de Vida.

> ...Damos la bienvenida a cada arrebato de amor y sacrificio personal. Tal como una pa-

lanca pone en movimiento las ruedas, así el amor produce la reacción más fuerte. En comparación con el resplandor del amor, el odio más fuerte sólo refleja una horrible marca. Pues el amor es la realidad y el tesoro verdaderos.[43]

La palabra que sale del corazón impregna el espacio.[44]

43. *Ibíd.*, párr. 424.
44. Agni Yoga Society, *Jerarquía*, párr. 105.

VII

EL AMOR

EL AMOR VERDADERO ES la energía magnética que se irradia desde la Chispa Divina existente en el hombre.

El hombre es esencialmente una gota de la Energía Suprema, que llamamos «amor».

La mayoría de las personas que vemos alrededor de nosotros no está constituida por hombres; son máquinas, o plantas, o, en el mejor de los casos, está compuesta por cuerpos. El hombre *real* es un Cristo, una persona capaz de experimentar su propia Divinidad Esencial.

Para dar una explicación gráfica, podemos dibujar el siguiente diagrama:

VIDA

DIVINO	7	∞	DIVINO ILIMITADO
MONÁDICO	6	10,000	UNIDAD
ESPIRITUAL	5	900	RITMO
INTUICIONAL	4	700	ARMONÍA
MENTAL	3	500	BUENA VOLUNTAD
EMOCIONAL	2	200	CORRECTAS RELACIONES HUMANAS
ATRACCIÓN FÍSICA	1	25	SEXO
ATRACCIÓN QUÍMICA		2	ATRACCIÓN MOLECULAR

MUERTE

Según el gráfico anterior, vemos que el amor se extiende y desarrolla cuando asciende. El punto más bajo se llama muerte. El punto más alto es la vida; la vida aumenta proporcionalmente respecto del amor. Cuando aumenta el amor, la vida aumenta. Toda unión se concreta mediante la energía del amor. Si dos cuerpos se juntan, el amor es el que los junta, pero es un amor que opera a través del cuerpo físico. Si el amor se profundiza, eso significa que el nivel superior, el amor del plano emocional, empieza a expresarse. En este caso, las dos personas se aproximan una a la otra.

Si el amor empieza a expresarse a través del plano mental de ambas partes, la energía de la atracción se fortalece. Estos dos individuos registran mutuamente sus sentimientos y pensamientos. Empiezan a vivir en relación correcta, y la benevolencia domina sus pensamientos y actividades. Cuando estos individuos entran en la consciencia o en el conocimiento intuitivo, empiezan a percibir el gusto real del amor. Sienten la energía Amorosa del universo. La perciben en los verdes pastizales, en la música de los árboles, en las flores y las montañas, en los pájaros y animales, en las estrellas y las olas del mar, pues viven en el océano del amor. El amor los hace florecer.

En una ocasión leí acerca de un hombre que compró un poco de trigo en el mercado y lo llevó a su aldea. Al llegar a ésta, advirtió que en el trigo había muchas hormigas. Se afligió muchísimo pues pensó que las pobres hormigas la pasarían muy mal lejos de su hogar, de modo que caminó ocho kilómetros y las llevó de vuelta al mercado donde comprara el trigo.

Este es un sentido del amor que se extiende hacia las pequeñas criaturas, porque este hombre pudo también sentir la unidad con las hormigas.

Otro relato que me impresionó muchísimo es éste: una joven y bella muchacha se levantó temprano por la mañana y se dirigió al pozo para sacar un poco de agua con un balde que deslizaba mediante una soga. De pronto, advirtió que una enredadera, enroscada en torno de la soga, lucía una amorosa flor azul. Pensó que, si dejaba que el balde se deslizara dentro del pozo, su tierno tallo se cortaría y se destruiría la vida de esta bella flor. De modo que se dirigió a su vecina y le preguntó: «Mi querida vecina, ¿tendrías la bondad de darme un balde de agua para lavar mi cara? Una florecilla está agarrada a la soga de nuestro pozo y no quiero cortarla».

En el nivel Espiritual, el amor se expresa como una revelación. A través de la unidad y de la identificación, el hombre conoce los corazones y pensamientos de las personas. Lee sus corazones y sus mentes, y nada se oculta a sus ojos. A la par, irradia una energía curativa a través de sus pensamientos, emociones y actividades. Sus ojos y sus palabras nos curan, elevan e introducen en la libertad de la vida. Bajo su influencia, en nuestra vida empieza un proceso de transmutación.

En el nivel Divino, el hombre toca al Amor Eléctrico y Magnético Esencial. Se convierte en transmisor de todas las energías curativas, unificadoras, purificadoras e iluminadoras. Se convierte en un colaborador del Plan Divino.

Este es el sendero del amor, que comienza desde la afinidad química y nos lleva a internarnos en el océano de la unidad. Este es el sendero de la gloria, de la victoria, del logro, de la Divinidad. Empieza desde el punto cero y asciende hasta el Infinito. Cuanto más amamos, más somos; cuanto más amamos, más vida tenemos –y más gloria, más perfección, más logro, más alegría, mayor dicha.

El valor del hombre es determinado por el lugar en que se halla en la escala del amor. Es un hombre de segundo grado si vive en el segundo peldaño de la escala. Su valor es 200 si vive en el peldaño 200. Podemos ascender por la escala del amor hacia el Infinito, pues la vida de la inmortalidad sólo pasa a través de esta escala. Una vez que llegamos al amor universal, recibimos la alegría universal, incluso a través de un beso puro, de una sonrisa amorosa, de un apretón de manos, de un contacto, de una palabra.

Nuestro ascenso por la escala del amor no limita nuestra alegría a los niveles inferiores. Por el contrario, después de que avanzamos a los niveles superiores del amor, cualquier acción amorosa en los niveles inferiores aporta la beatitud de los planos superiores y nos introduce en el éxtasis. Es así como algunos santos muy avanzados hablan con Dios: a través de la sonrisa de un bebé, a través del canto de un ruiseñor, a través de la belleza de una flor, o tocan a Dios cuando tocan a su ser querido.

El amor es felicidad en los planos físico, emocional y mental. Es alegría en el nivel del Alma; es dicha en el plano Espiritual. Siempre que usamos el amor, tenemos una sensación de expansión, libertad, desarrollo y creatividad.

Cada hombre tiene dentro de sí esta magnética sustancia del amor; sin embargo, debido a la falta de integración y desarrollo, el hombre no puede expresarlo como una unidad activa, como una totalidad activa. Lo usa en partes, selectivamente, y así limita la alegría y la utilidad de la energía del Amor. Supongamos que nuestro cuerpo ama a otro cuerpo. Lo disfrutamos, pero este goce no dura si nuestro corazón no ama el corazón de la otra persona.

Ahora lo disfrutamos, pero si no extendemos nuestro amor también hacia el futuro, nuestro amor no durará, y cada vez que perdemos el objeto de nuestro amor, sufrimos, porque estamos limitados. Descendemos en la escala, más cerca de la inercia, más cerca de la muerte.

El amor es verdaderamente amor cuando se lo usa en conjunto para el Infinito. El Maestro Morya dice muy bellamente:

> ...Se señala correctamente que el amor es un principio rector y creativo. Esto significa que el amor debe ser consciente, empeñoso, abnegado. La creatividad exige estas condiciones.[45]

La inspiración para trabajos creadores, o las acciones heroicas y sacrificadas no son sino un efluvio de amor. En la medida en que el hombre se ahonda en la Energía del Amor, proporcionalmente se vuelve más creativo, y más radiactivo.

---

45. Agni Yoga Society, *Jerarquía*, párr. 280.

Crear significa producir la armonía, el ritmo del amor procedente de los niveles superiores, o despertar el principio amoroso procedente de los corazones de los hombres. *¡Todas las bellezas son amor materializado*! ¡La gente cree que la consciencia y el amor son cosas separadas! La consciencia es amor en acción. No podemos decir «amor consciente», porque no hay amor consciente. Sólo hay amor limitado, y el amor limitado es egoísmo y tiniebla. Recordemos la maravillosa expresión de la Biblia cuando el «discípulo amado» dice: «Quienes aman, viven en la luz».

Por supuesto, esto se refiere al amor pleno, al amor total e inclusivo, a un amor que se extiende por todos los planos de la existencia. Sólo a través del amor, entendemos; sólo a través del amor, nos reconocemos mutuamente, lo mismo que nos reconocemos a nosotros mismos. Porque el amor es luz, una luz que revela, desarrolla y penetra, es el conocimiento ganado mediante el amor es conocimiento verdadero.

La Energía del Amor no puede desarrollarse y ahondarse hasta que crea respuesta. Sólo a través de respuesta podrá convertirse en energía creadora. En cualquier nivel que la Energía del Amor suscite respuesta, en ese mismo nivel se vuelve creativa.

Una Energía Amorosa rechazada o ignorada se cristaliza y produce una fuerza obstaculizadora que se esparce dentro del mecanismo de la persona y crea trastornos psicológicos y enfermedad. Este estado produce poco a poco más dificultades entre las dos partes, hasta la separación y, luego, una indiferencia total entre ambas es un hecho establecido. O el amor se transforma en una egoísta fuerza que ataca, a la que llamamos odio. El odio es un amor exigente, un amor que quiere poseer. Si la persona no puede poseer, trata de destruir el objeto del amor para que los demás no lo posean. Es así como el amor se transforma en rechazo. El odio jamás reconoce lo bueno de la otra persona sino sólo las partes malas, y como quien odia concentra su fuerza sobre las debilidades de la otra parte, aumenta la maldad en sí mismo, y así se vuelve una fuerza destructiva en el mundo de los hombres.

Es por eso que los líderes de la raza nos aconsejan a menudo que olvidemos, perdonemos y tratemos de permanccer indiferentes porque el peor apego es el apego del odio. Inconscientemente, copiamos las cosas que odiamos; el perdón y el olvido son un proceso a través del cual disipamos las fuerzas acumuladas, negativas y de rechazo que están emponzoñando continuamente nuestro mecanismo psicológico y físico. A través del perdón y del olvido liberamos estas fuerzas cristalizadas y las transformamos en Energías Amorosas.

Toda la creación es efecto del amor. El hombre no puede crear, excepto a través del amor. Si usa sólo 25 grados de amor, sus creaciones tendrán un valor correspondiente. Si está creando desde un nivel elevado, de unos 900 grados, entonces su creación tendrá un valor parecido. Por ejemplo, si en nuestra acción amorosa sólo estamos armonizados con el amor físico, nuestros hijos serán seres humanos de nivel inferior. Si en nuestro acto amoroso, estamos armonizados en un nivel muy elevado, introduciremos seres humanos más avanzados, almas más grandes en nuestra esfera de vida. Es por esto que en la antigüedad los Maestros de Sabiduría daban especiales meditaciones en los *Upanishads* que han de cumplirse antes del acto amoroso para atraer y hacer encarnar a un ser más avanzado.

En la literatura mística, los niveles superiores de consciencia y realizaciones se explican mediante la metáfora del matrimonio espiritual entre la novia y el novio. Esto es así verdaderamente porque en el amor real y superior, el hombre pierde su personalidad y se funde en la otra y es una sola. Si esta unidad es en los niveles superiores, entonces la alegría y la dicha son reales. Podemos comparar esta alegría de las realizaciones superiores sólo con la dicha que podemos registrar con el amor que se expresa. Sentimos que estamos perdidos en el amor de otra persona, nos encontramos en la otra persona, y juntos somos un ser completo. En tales casos, perdemos estos elementos negativos que impiden una fusión completa y, cuando se eliminan estos elementos, la libre corriente del amor hace que dos sean uno solo. Entonces sentimos que el otro ser somos nosotros.

Sin embargo, el éxtasis no se detiene allí; asciende hasta los corazones, y los dos corazones empiezan a fundirse uno con otro. En este nivel empieza la alegría real de la unidad. Dos composiciones musicales divinas se funden entre sí y comienza a fluir una sinfonía a través de sus corazones. Sus corazones se agrandan y abarcan a todo el universo. Cuando se funden los corazones, la pareja experimenta una sensación de nobleza, de sentimientos sublimes de belleza, pureza, bondad, olvido, perdón, santidad, y un impulso de sacrificarse mutuamente.

La corriente amorosa no se detiene allí; los lleva ascendentemente hacia el plano mental. Aquí las mentes se funden, dando una rara sensación de alegría. De esta unidad deriva un propósito unificado: llevar una vida de irradiación, servicio y dedicación.

La unidad de estos tres niveles se ahonda cada vez más hasta que, de repente, las dos Chispas se unen dentro de ellos y una dicha completa se irradia por todo su ser. Ahora son un solo cuerpo, un solo corazón, una sola mente y un solo Espíritu. El amor vibra por todos los cuerpos y limpia todos los obstáculos mentales, emocionales y físicos a través de sus corrientes purificadoras. Este es el prolongado trabajo para el que somos convocados. Una vida tras otra, construimos unos pocos peldaños cada vez más elevados, hasta que un día la escala del amor está terminada y las almas pueden encontrarse y ser una sola.

El peregrino eterno atraviesa bosques y desiertos; halla y pierde a su compañera; hasta que un día su largo trabajo encuentra su consumación y ambos se encuentran. ¡Bendito el momento en que se encuentran!

Las personas piensan que tan pronto se casen tendrán la felicidad completa. Esta es una ansiosa expectativa que, a menudo, termina en aflicción y sufrimiento.

En un matrimonio de verdad, las personas se aproximan para construir el templo de la felicidad. El templo no estaba allí antes. Ahora se las convoca para que cumplan su deber de construirlo: de construirlo con sus mejores pensamientos, sentimientos y actos de devoción, cultura, sacrificio y respeto.

Ahora se les exige que cultiven mutuamente las semillas de la belleza hasta que la flor completa se irradie a través de sus seres. Ahora se les exige que liberen los valores supremos, las luces supremas mutuamente, cultivándose recíprocamente como un jardinero cultiva su jardín, pues sólo en un desarrollo progresivo la pareja podrá cumplir su destino.

Para construir el templo de la alegría y la dicha, necesitamos usar instrumentos especiales, que deberán estar siempre listos en nuestras manos:

Libertad.
Ausencia de críticas.
Admiración.
Sacrificio.
Educación.
Gratitud.
Sentido de responsabilidad.

A través de estas siete herramientas, el templo podrá ser construido porque son las siete columnas de la sabiduría con las que se lo construye.

¿Qué es la *libertad?* Es muy fácil explicarlo. Nuestra pareja debe tener plena libertad para obrar, sentir, pensar, del modo que juzgue conveniente. Sólo un compañero (o una compañera) libre será un compañero (o una compañera) de verdad. La piedra de toque máxima es la libertad. Nuestra pareja no es propiedad nuestra. Nuestra pareja es un ser libre; está allí para construir el templo de la alegría y la comprensión también en la familia. Este templo puede ser construido con mutuo respeto hacia la libertad mutua. Ni uno ni otro impondrá su voluntad. La libertad debe estar condicionada por el bienestar y las metas supremas de la familia.

La libertad no significa ejercer sobre otro nuestros deseos o ideas. En su significado verdadero, ser libre significa expresar nuestra luz interior, nuestro amor y nuestra belleza a través de nuestras modalidades y nuestros medios. Ser libre significa liberarme de todos los pensamientos, sentimientos y actos que son egoístas, dañinos, limitantes, oscuros, separatistas y destructivos. Un hombre que logró la consciencia del Alma es un hombre libre porque no es esclavo de su cuerpo, de sus emociones o de sus pensamientos e ideas.

La segunda herramienta es la *ausencia de críticas.* Criticar significa forzar nuestra voluntad sobre otro. Nuestro fin no es convertir a nuestra pareja en nuestra sombra. Dejemos que la otra persona florezca en su propia flor, con sus propios colores originales. Procuremos entender las motivaciones, y estar listos para ayudar en todo momento en que nos lo pidan. Que cada uno aprenda a su modo.

La tercera herramienta es la *admiración.* Mostremos nuestra admiración hacia cada chispa de luz, amor y belleza que esté expresada en nuestra pareja. Cada vez que admiramos una buena acción, aumentamos la energía que está detrás de ésta. La admiración es como regar nuestro jardín. La admiración saca nuestra Energía del Alma, y mediante contacto magnético libera la Energía del Alma en nuestra pareja. La Energía del Alma crea más amor, más alegría y más comprensión. Admirar significa ver en nuestra pareja lo más excelso.

La cuarta herramienta es el *sacrificio.* En su verdadero significado, sacrificio significa destruir dentro de nosotros las formas, los sentimientos, pensamientos y hábitos que nos impiden avanzar hacia una alegría y una comprensión más hondas. Estas limitaciones pueden también impedir el florecimiento de nuestra pareja, por lo que deberán ser sacrificadas. En todo acto de sacrificio, funciona una nueva energía dentro de nosotros y de nuestra familia. La escala del progreso está fabricada con los peldaños de todos nuestros sacrificios.

Nuestra quinta herramienta es la *educación.* Nuestra finalidad es complementarnos, equilibrarnos y liberarnos. No podemos hacer estas cosas si no desarrollamos nuestras naturalezas física, emocional, mental y espiritual. Debemos tener algo para dar, algo para sumar. Debemos desarrollar alas cada vez más fuertes si queremos volar hacia las alturas supremas, acompañar los vuelos de nuestra pareja. Si no podemos compartir sus alegrías, luces y admiraciones superiores, el equilibrio pierde estabilidad y la unidad se debilita cada vez más, hasta que quien queda detrás pierde su rumbo, y se siente solitario, deprimido y afligido.

Nuestra sexta herramienta es la *gratitud.* Es la forma suprema del respeto. Ser agradecido uno con otro significa apreciarse y reconocerse. Ser agradecido significa tener en nuestra conciencia todos los actos, sentimientos y pensamientos buenos que disfrutamos en nuestra pareja. Seamos agradecidos con nuestros amigos, con nuestros árboles y flores, con las sonrisas de nuestra esposa o nuestro esposo, con las alegrías de nuestros hijos. Apreciemos la vida; sintamos la Presencia Divina en todo y seamos agradecidos. Seamos agradecidos a la Voluntad de Dios, y veamos el bien en todo, y disfrutémoslo con la plenitud de nuestro ser. Cuando somos agradecidos, liberamos las energías constructivas dentro de nosotros y de nuestra familia. Un rostro agradecido irradia alegría, amor y luz; semejante persona es una «estación eléctrica» para sus amigos.

Nuestra séptima herramienta es un *sentido de la responsabilidad.* Esto es ser consciente de estar uno con el otro. Para entender esto sencillamente, podemos preguntamos: ¿Mis palabras, actos, sentimientos o pensamientos aumentan la felicidad, la alegría, la luz y la salud de mi pareja, o las disminuyen? ¿Sé que todo lo bueno para mi pareja es también bueno para mí? ¿Sé que pagaré el costo de todas las palabras, de todos los actos, sentimientos y pensamientos que retarden o impidan el progreso de mi pareja? ¿Sé que una pequeña semilla de mal puede crecer durante siglos y bloquear la puerta de la luz para mí y para los demás? Nuestro sentido de la responsabilidad es la herramienta más importante que tenemos a la mano. Quienes lo tienen son los ángeles guardianes de la humanidad.

No nos pertenecemos; nos pertenecemos recíprocamente, pertenecemos a nuestra familia, nuestra raza, nuestra nación, a la humanidad, e incluso al universo. Podemos ayudar al bienestar del universo, o ser una influencia maligna dentro de éste. Con nuestro sentido de la responsabilidad nos unimos con las fuerzas constructivas, con las Fuerzas de la Luz en el universo, y somos benditos en nuestra vida individual y familiar.

Nuestro sentido de la responsabilidad es el fin de nuestras motivaciones egoístas y de nuestras actividades egocéntricas.

Usando estas siete herramientas, y meditando sobre ellas cada día, podremos construir el templo de la felicidad, la alegría y la dicha en nuestras familias. Si tales familias aumentan en el mundo, la humanidad entrará en su verdadera herencia de dicha; y la energía que está detrás de todo esto es la Energía del Amor.

Cuando dos personas avanzadas son atraídas por el verdadero amor, ocurren las siguientes cosas:

A. Establecen líneas magnéticas de comunicación entre sus corazones.
B. Sus auras empiezan a fundirse mutuamente.
C. Luego de su fusión, empieza el proceso de asimilación en el que cada uno enriquece el aura del otro con sus matices y vibraciones.
D. Los centros empiezan a dar las correspondientes señales de vibración, y así empieza la sublimación.
E. Nuevas energías despiertan, precipitando nuevas inspiraciones y nueva luz.
F. En los grados más avanzados del amor, se unen nuestros niveles físico, emocional y mental, y la fusión del Alma se convierte en un hecho.
G. La pareja empieza a trabajar en procura de una gran meta.

Un amor duradero entre dos personas no es un objeto prefabricado. No llega por casualidad, no puede comprarse ni encontrarse. Hay que plantarlo, cuidarlo, protegerlo y nutrirlo, y darle el suelo, el agua, la luz y la energía necesarios. Esto lleva tiempo. El crecimiento del amor entre dos personas puede compararse con el ascenso de una elevada montaña. Aquéllas empiezan su viaje por lados opuestos de la montaña, pero cuanto más suben, más se aproximan uno al otro, hasta que un día se encuentran en la cima de esa montaña. Escalar la montaña significa elevar el nivel de nuestro ser y despejar poco a poco nuestra consciencia, agrandar nuestro horizonte de luz y servicio, y entrar en los niveles más profundos de responsabilidad recíproca. Sólo a través de una vida semejante se construye el sendero del amor.

Así, podemos decir que quienes se aman profunda y sinceramente son las personas que se encuentran más frecuentemente y caminan más a menudo juntas por el sendero del amor hacia la cima. ¡Son tantas las personas que suben con nosotros, y en cada vida nos encontramos con algunas de ellas! Los senderos que conducen hacia la cima se dan en forma de espirales, y en cada vuelta los senderos de las personas se cruzan. Llamemos matrimonios terrenos y vidas a estos caminos que se cruzan. Por ejemplo, en uno de los cruces de caminos dos personas se encuentran; se aman y se casan. Tras pasar esa intersección de la espiral, poco a poco siguen cada vez más allá separados, hasta que nuevamente llega una intersección y se encuentran. No podemos decir que las mismas personas volverán a encontrarse una y otra vez. Eso depende de cómo caminen, de cuál sea la velocidad con que viajen, de cómo crezcan, cómo vivan, y cómo reaccionen entre sí.

Este encuentro de muchas intersecciones continuará eternamente, y a medida que se acerquen a la cima, las dos personas se encontrarán con más frecuencia en cada intersección. Se conocerán de inmediato y se enamorarán en todos los niveles. Se sacrificarán mutuamente, y harán lo más que puedan para que la vida del otro sea más bella, gloriosa y suprema.

Llegará el día en el que se encontrarán tan a menudo que, luego de un tiempo, jamás se separarán, pues llegarán a la cima del amor.

Las personas hablan de almas gemelas. No hay un alma gemela hecha a la medida; sin embargo, podemos construir una con mucho trabajo y sacrificio en siglos y en una eternidad. Una vez que encontramos una en la cima de la montaña, esa alma es nuestra eternamente. Ambos somos uno solo. En esta unidad del alma y del espíritu se oculta la gloria del amor.

Cuanto más alto escalamos, respiramos más profundamente, e irradiamos amor más profundamente.

El término «alma gemela» se piensa que es aplicable sólo a las relaciones de marido y mujer. Este es un concepto limitado, El alma gemela no está limitada necesariamente por las relaciones físicas o por el sexo. Las almas gemelas pueden ser hermana y hermano; o hermana y hermana; o un hombre y una mujer que tienen sentimiento profundo, comprensión y telepatía espiritual entre ambos.

Las almas gemelas, en su mayoría, son muy trabajadoras en proyectos internacionales en el campo de servidoras del mundo, con gran dedicación y sacrificio. Incluso es posible que puedan trabajar simultáneamente en un gran proyecto desde lados tanto subjetivos como objetivos de la naturaleza.

El amor es vida; el amor es el canto del Absoluto, y toda la manifestación es un arpa a través de la cual Él expresa Su amor, tocando Su música. Es por esto que el deber supremo de toda criatura es amar. Cada vez que amamos realmente, expresamos esa Corriente Divina, esa Canción Divina. Cada vez que actuamos contra el amor, obstruimos la divina corriente circulatoria; rompemos la armonía de Su Música, de Su Canto, y nos separamos de la energía de la vida y sufrimos de innumerables modos.

San Francisco de Asís escribió unas bellas líneas sobre el amor, cuando dijo:

> Bendito quien ama de verdad y no busca amor en retribución;
> Bendito quien sirve y no desea ser servido;
> Bendito quien hace el bien a los demás y no procura que los demás le hagan bien.

Y san Pablo resumió todas estas explicaciones en una expresión bellísima:

> Si yo hablase lenguas humanas y angélicas, y no tengo amor en mi corazón, vengo a ser como metal que resuena, o címbalo que retiñe... El amor es sufrido y benigno; el amor no tiene envidia; el amor no es jactancioso, no se envanece… todo lo sufre, todo lo cree, todo lo espera, todo lo soporta… Y ahora permanecen la fe, la esperanza y el amor, estos tres; pero el mayor de ellos es el amor.[46]

---

46. *I Corintios,*13:1-13.

VIII

EL AMOR EN ACCIÓN

CUANDO HABLAMOS del amor, debemos recalcar que tiene dos funciones principales:

1. La protección.
2. La dirección.

Primero, el amor puede proteger. Cuando el hombre está lleno de amor, usa sus palabras, sus acciones, sus pensamientos y sus emociones de modo que no cause daño ni impida la evolución de otro hombre. Así, el amor nos protege de realizar cosas que perjudiquen a los demás. Pensamos, sentimos, actuamos y hablamos motivados por el amor hacia los demás.

La segunda función del amor es dirigir la energía hacia cierta persona. Es parecido a accionar la llave de la corriente eléctrica y dirigir esa energía hacia cierto mecanismo. La energía que se dirige debe usarse con cautela. Es una suerte que sean pocas las personas que saben cómo hacer esto. La energía del amor, encauzada indiscriminadamente, puede causar gran perjuicio a aquellos a quienes se dirige. Al ignorar su manejo, o debido a contaminación mental, emocional o física, puede usarse destructivamente, incluso contra quien la dirigió contra los demás.

El amor no es emoción, aunque puede hallarse en nuestras emociones.

El amor proviene de nuestro Guía Interior, o de nuestro plano Intuicional. Sin embargo, si nuestro plano astral no es puro, esta energía se usa para satisfacción personal. Por ejemplo, la liberación de la Energía Amorosa, en un mecanismo que no es puro, crea *lujuria* o sexo superactivo. Esto lleva a complicaciones relacionadas, como sectarismo, que induce fanatismo racial y nacional y delitos afines. Lleva a idealismo separatista o aflicciones semejantes: revolución y guerra. La razón de todas estas aberraciones es que la Energía Amorosa, hasta cierto grado, se libera en un mecanismo que está lleno de *maya,* espejismos, ilusiones, prejuicios y supersticiones.

Cuando nuestras motivaciones y nuestro corazón están realmente purificados, pero no usamos la discriminación y la sabiduría al dirigir la Energía Amorosa hacia quienes están manchados por diversas contaminaciones, podrán aumentar inadvertidamente tanto la aflicción de esas personas como la del mundo.

La Energía Amorosa es eléctrica; y está siempre salvaguardada por la Sabiduría. E s por eso que el segundo rayo de mayor energía del universo se llama el Rayo de la Sabiduría del Amor.

Cuando amamos y vivimos bajo la Luz del Amor, mediante vida de buena voluntad, inofensividad y servicio creador, es posible dirigir esa Energía Amorosa hacia las personas especiales que la necesitan para sus pesadas tareas y sus servicios sacrificados.

Debemos comprender que una persona llena de amor lo irradia naturalmente. Esto es normal. No hay peligro al irradiar amor, puesto que las personas lo registrarán si son sensibles a él, o están preparadas para él como resultado de su *karma.* Sin embargo, cuando el amor se dirige deliberadamente, puede inundar los centros del sujeto causando en ellos perturbaciones. Esto activará o sobre estimulará su *maya,* sus espejismos e ilusiones y los hará víctimas de estas fuerzas desbordantes.

La Energía del Amor Puro puede dirigirse discriminadamente cuando funcionamos en el plano Intuicional. Este es un logro extraordinario. Si estamos debajo del plano Intuicional, no debemos intentar enviar *Energía Amorosa* a nadie, porque ésa energía se contaminará con sus espejismos, ilusiones y vicios, causando de esa manera perturbaciones en la persona a quien se dirige. Debemos usar cautelosamente al amor.

Cierto día vino a verme un muchacho muy joven con un ojo negro. Le pregunté: «¿Qué te ocurrió en el ojo?».

«Fue el amor», me dijo, «el amor».

«¿Qué sucedió?».

«Anoche bailaba yo con una chica, y todo iba tan bien entre nosotros que quise besarla para demostrarle mi amor. Cuando estaba a punto de besarla, me dio una cachetada y su anillo me golpeó el ojo».

«¿Qué aprendiste de esto?».

«No ames a nadie que no esté dispuesto a amarte».

El amor puede crear odios si no se lo usa con sabiduría. La chica antes mencionada no odiaba necesariamente a ese joven. Pero a través de su experiencia pasada y su educación, ella vio el peligro de ese acto, y una actitud irresponsable en la acción del muchacho.

No es nuestro amor el que crea antagonismo sino el modo en que lo manejamos y el grado en el que lo usamos.

Recuerdo también a una joven, una joven llena de amor, a quien un hombre le pidió que lo ayudase sexualmente. La muchacha, debido a su conmiseración y a la necesidad de ese hombre, se ofreció a él. Pocos días después descubrió que había contraído una enfermedad venérea, y más tarde advirtió que estaba embarazada. Al hablar conmigo, me dijo: «Porque lo amaba, quise ayudarle».

Si ella hubiera tenido más discriminación, menos conmiseración, y hubiera usado su amor para elevar a ese hombre hacia un nivel superior de pensamientos en vez de ofrecérsele sexualmente, podría haber usado su amor de mejor modo.

El amor no es sólo un acto de dar, sino también de rechazar; no sólo salir, sino también recogerse; no sólo un acto permisivo sino también un acto preventivo. No sólo es suave y dulce; sino también muy disciplinario. Cuando una persona aprovecha nuestro amor para satisfacer sus vicios e intenciones delictuosas y para impedir nuestro crecimiento y nuestra evolución en el sendero, cooperar con esa persona será igual a consentir sus delitos. «Amar a nuestro enemigo» no significa estimularlo en sus prácticas destructivas. Debemos iniciar la acción para impedir estas prácticas, por nuestro bien y por el bien de los demás involucrados en las prácticas del «enemigo».

Una persona que actúa contra su enemigo puede incluso salvarle e introducirle en una vida constructiva, o desarmarle y darle una ocasión para que crezca en «comprensión». Esto implica valentía, sabiduría, decisión, intuición y un amor muy real. Sin embargo, si nuestro enemigo parece serlo porque revela nuestras transgresiones, injusticias y debilidades, es nuestro amigo disfrazado. Necesitamos amarle y aprender de él nuestra lección.

Los rayos del sol crean o afectan a las plantas según sus reacciones. De modo parecido, la Energía del Amor crea efectos según las reacciones y respuestas de un ser humano. Si la naturaleza de éstas está llena de espejismos, ilusiones y vicios, la Energía Amorosa puede multiplicarse como los rayos del Sol multiplican los gérmenes de la basura que están expuestos a ellos. Es por eso que los vehículos de un ser humano deben purificarse antes que la Energía Amorosa los libere.

Muchas enfermedades psicológicas y físicas son resultado de la contaminación y la polución que se crean en nuestra atmósfera. Cuando los rayos puros y dadores de vida atraviesan la atmósfera contaminada en muchos miles de kilómetros, la química de aquéllos se transforma y, cuando hace impacto sobre la vida de este planeta, puede crear respuestas muy malsanas. En un sentido, debido a nuestra contaminación, estamos transformando la influencia del Sol, que es dadora de vida, en una influencia destructiva. Esto será más patente a medida que pasen los años.

Esto es exactamente lo que ocurre con la Energía Amorosa. A menos que se la dirija a través de una atmósfera pura hacia un mecanismo puro, o un mecanismo que se esfuerce con una motivación pura, nuestra Energía Amorosa perderá su misión. La verdadera Energía Amorosa crea esfuerzo, empeño personal, grandes deseos y tendencia hacia la pureza y la cooperación con el Plan. A menos que haya pureza total no habrá unidad espiritual. La cooperación es un paso hacia la unidad. El amor es el deseo de organizar la vida del planeta según la Voluntad de Dios. El amor es una ardiente valentía de hacer que todos los hombres vean a la Divinidad entre ellos y trabajen para la salvación espiritual recíproca.

El amor, o lo que el hombre entiende como amor, tiene ocho fases, como se demuestra a continuación. Sin embargo, en el futuro, el hombre puede hallar diferentes palabras para explicar cada fase:

Amor por alimento y posesiones.

1. Amor por el sexo.
2. Amor por la familia.
3. Amor por la raza, por el grupo.
4. Amor por la nación.
5. Amor por la belleza, por la cultura, por los amigos, por el instructor y por el Maestro.
6. Amor por lo Divino en todas las formas, en cada hombre.
7. Amor cósmico.

El amor es contacto y fusión. A través de cada fase, el alma humana se expande poco a poco y se funde con la Presencia Omnipotente en todas las formas, en los sistemas solares y en las galaxias.

Sólo a través del proceso expansivo del amor, el amor existe. Esta es una cuestión importantísima sobre la que hay que reflexionar. El amor semeja una llama o un incendio; sólo existe al arder brillantemente y expandirse.

El amor separado puede llamarse con diversos nombres, como codicia, egoísmo, odio, lujuria, fanatismo, nacionalismo, sectarismo, racismo. En suma, toda actitud que divida, posea o esclavice, y no crezca en libertad ni la permita, y no se expanda hacia la totalidad, no es amor.

El amar es expansión. Al amar, despejamos los obstáculos del sendero de todas nuestras relaciones. El amar nos hace sentir que no hay final. El amor es la puerta hacia el Infinito.

IX

LA LIBERTAD

El plano Monádico es el plano de la libertad. Quienes funcionan en ese plano son almas libres, almas grandes. En ese plano, la auto cognición y la auto concreción son hechos. Este plano es la puerta a través de la cual el Iniciado pasa a la evolución cósmica.

Cada iniciación es un gran paso hacia la libertad, un gran paso hacia la compasión y la unidad. La libertad es el sendero de la evolución individual, planetaria y cósmica. Y la evolución es el proceso de «ser uno mismo». Paso a paso, la Chispa Interior se vuelve Ella Misma.

La evolución es el proceso de la liberación del espíritu respecto de la prisión de la forma. Mediante esta lucha por la liberación, la naturaleza evoluciona y se desarrolla, produciendo mecanismos cada vez más perfeccionados para que la Vida Interior se exprese. El hombre fenoménico es uno de los mecanismos creados a través del proceso de liberación del Espíritu. La evolución avanza por tres caminos, o de modo triple:

A. Tenemos la evolución externa, que es la evolución del átomo y de la forma.
B. Tenemos la evolución del Ángel Solar.
C. Tenemos la evolución del Espíritu, a través de las liberaciones y de la individualización.

Estas tres parecen tres ruedas. Todas giran, pero no a la misma velocidad. A veces, la evolución A gira más rápidamente, en ocasiones la B, y en otras oportunidades la C.

Desde el punto de vista del cosmos, siempre hay progreso, pero desde el ángulo humano, cuando uno u otro se retrasa o acelera, pensamos que la evolución es en zigzag. En el aspecto descendente, a esto lo llamamos degeneración, y en el ascendente, progreso. Pero esta observación lo es desde un estrecho punto de vista del tiempo y del espacio. En realidad, todo es progreso.

La evolución A es la evolución de la materia, y también la evolución de la materia astral y mental. Todas las diminutas vidas en todos estos tres planetas evolucionan; este es un «desarrollo de un poder continuamente creciente de respuesta».

La evolución B concierne al Pensador que está dentro de nosotros. Tiene Su propia evolución. Asimismo, es un agente de evolución que sirve de centro de comunicación entre lo superior y lo inferior.

Es nuestro Ángel Solar, o el Ego, que hace eones de tiempo que Se redimió de las cadenas de la materia y vio la gloria del Yo dentro de sí. Ahora trabaja para develar la Belleza Mayor dentro de Sí a través de meditación continua. Entretanto, trata de esparcir luz sobre las vidas minúsculas de los tres cuerpos, y hacer que se desarrollen –así, el alma humana evoluciona.

La evolución C es la del alma humana que es la Chispa «caída» que regresa al Hogar. El hombre está en el proceso de llegar a ser un alma, y luego, ser su Yo Real, la Chispa. El alma humana en evolución, la Chispa en desarrollo, percibe su verdadera imagen en la Chispa o Ego. Durante un tiempo, esa Chispa es su Hogar.

Después, cuando lo humano llega al nivel del Alma, verá dentro de sí su propia gema.

La evolución consciente comienza cuando el alma humana en desarrollo empieza a responder a la luz del Pensador Interior, y obedece conscientemente a las ideas puras que los Grandes Seres proyectan.

Nuestra vida planetaria es un centro de la Vida Mayor del Sol. Esta Vida Mayor Se expresa a través de siete planos. Estos planos están formados por vidas minúsculas. Cada vida avanza hacia el Sol Espiritual Central. El hombre es una célula en el «cuerpo» de ese Ser Mayor, de esa Vida Mayor. Esa Vida Mayor avanza; lo mismo ocurre con todas las vidas y formas diminutas del planeta. Esta es la evolución inconsciente. No hay libertad en la evolución inconsciente.

La libertad empieza cuando comenzamos a ser nosotros mismos, cuando comenzamos a ser una célula consciente en esa Vida Mayor. Nos convertimos en colaboradores del Gran Propósito hacia el que está progresando esa Vida Mayor. Cuanto más respondemos al Propósito de esa Vida Mayor, más libertad obtenemos y mayor servicio rendimos. La belleza es nuestra expresión de vida, y la bondad es nuestra luz.

La evolución consciente es un proceso de despertar, y una respuesta a las ideas superiores, al Plan y al Propósito de nuestro Logos Solar. No hay libertad posible en el sueño, y ningún hombre empieza a despertar a menos que comience a responder conscientemente a la Luz del Pensador que está dentro de él. En realidad, cada paso hacia el Yo es un paso hacia la libertad.

La libertad no es un estado físico. La libertad no es una huida de nuestras responsabilidades y nuestros deberes. La libertad es una Radiactividad Interior desde la cual la belleza, la bondad y la verdad refulgen y esparcen vida por doquier, a pesar de todos los obstáculos físicos, emocionales y mentales. En tal estado de libertad, un prisionero puede ser el hombre más libre, y un rey que gobierna puede ser el esclavo más miserable.

La energía de la libertad es la energía propulsora que está detrás de toda la creación. Es la energía que está detrás de todas las culturas y civilizaciones. Existe en cada uno de nosotros. Es la atmósfera en la que el Yo Real vive. Es por eso que no podemos disfrutar ni experimentar la libertad plena mientras no somos nuestro Yo Real.

Una vez que experimentamos la energía de la libertad, somos un fuego vivo. Cuando los antiguos conservaban el fuego perpetuo; cuando adoraban a la luz, al relámpago, al Sol; cuando colocaban ese fuego sobre sus altares, adoraban en realidad la energía de la libertad, a la Fuente de la libertad.

Este estado de libertad es el resultado de la evolución consciente, el resultado de largos siglos de sufrimiento, desapego y observación. En la naturaleza, nada puede lograrse con facilidad. El sendero que conduce hacia la libertad es trabajo arduo. En este sendero, los pétalos de la libertad se abren y esparcen lentamente la fragancia del amor, la sinceridad, el respeto, la gratitud, la inofensividad, el sentido de responsabilidad, la creatividad, el servicio, el sacrificio.

A veces, la gente cree que un hombre que tiene profundo sentido de la responsabilidad e intensa voluntad de servir es un esclavo. Esto no es verdad. El sentido de la responsabilidad y la voluntad de servir son las primeras señales principales de que un hombre puede ahora liberarse de las cadenas de los intereses egoístas; puede rechazar los obstáculos provenientes de sus naturalezas física, emocional y mental; puede rechazar toda respuesta de la personalidad a la circunstancia; y ahora puede permanecer en la paz del Alma, tratando de vivir inteligentemente para el bienestar de la humanidad.

La esclavitud del hombre empieza cuando éste comienza a vivir para sí mismo y olvida sus responsabilidades. Esto lo introduce en desórdenes, o cadenas, físicos y psicológicos. No podremos eludir nuestras deudas, salvo que las paguemos.

Vencemos a nuestro yo pequeño viviendo por los demás. Y si esto lo hacemos con prudencia, a esto lo llamamos sentido de responsabilidad. Cuando nuestro sentido de responsabilidad se aclara y profundiza, aparece nuestro valor verdadero porque liberamos la luz escondida dentro de nosotros, que es nuestro YO verdadero.

Alrededor de nosotros, tenemos tres gruesas paredes:

> La primera pared es la inercia del cuerpo, o el caos de los ciegos impulsos y tendencias de nuestro cuerpo etérico.
>
> Tenemos la pared gruesa de nuestros espejismos, por ejemplo:
>
> «El espejismo de estar ocupados».
>
> «El espejismo del conflicto, con el objetivo de imponer justicia y paz».
>
> «El espejismo de la materialidad, o del énfasis excesivo de la forma».
>
> «El espejismo de la adhesión a formas y personas».
>
> «El hechizo de lo misterioso y lo secreto»[47].

También tenemos la pared del caos de la ilusión en nuestro plano mental. La ilusión se crea cuando el alma humana en desarrollo comienza a trabajar en el plano mental, donde se encuentran muchas olas de ideas y formas de pensamiento. Debido a su inexperiencia y falta de claridad de visión, el alma humana no puede ver estas ideas y formas de pensamiento como son. Trata de traducirlas, interpretándolas incorrectamente, y así crea ilusiones. Es por eso que un hombre es más peligroso cuando empieza a funcionar en el plano mental, y a veces se torna más confuso en su vida.

Esta creación perteneciente a la ilusión continúa hasta que el alma humana en evolución expande su consciencia hacia la Luz Mayor Interior, hacia el Ángel

47. Ver Bailey, Alice A., *Espejismo, un Problema Mundial*, pág. 121-123.

Solar, y empieza a ver las cosas como son en el plano mental.

Cada ilusión es un obstáculo para la libertad. Antes de que un hombre marche hacia los niveles superiores del plano mental o entre en la libertad perteneciente al plano Intuicional, deberá limpiarse de todas sus ilusiones a través de meditación y actos de buena voluntad.

El Maestro Tibetano se refiere a otro gran obstáculo del sendero que conduce a la libertad. Lo llama «el morador del umbral». Esta es también una gruesa pared, una gran forma de pensamiento, construida por los ciegos impulsos y tendencias del cuerpo etérico, por los espejismos de la naturaleza emocional y por las ilusiones de la naturaleza mental. Un hombre que vive en medio de estos ciegos impulsos, espejismos e ilusiones no puede decir que sea un hombre libre. Tal hombre es una máquina. Se halla en un estado onírico, y cualquier estímulo externo puede crear una inconsciente respuesta del mecanismo.

La libertad es un estado de consciencia. En ese estado, nuestro Yo verdadero no está condicionado por fórmulas, doctrinas, dogmas, expresiones ni formas físicas, emocionales o mentales. Podemos atravesar todo eso, y ver las cosas como son. La libertad es obediencia a los principios cósmicos. Sólo mediante semejante obediencia podemos destruir nuestros obstáculos y limitaciones. *Obediencia* tiene un significado esotérico. En el sendero que conduce hacia la libertad, la *obediencia* es una escala; al apoyarse en cada escalón, el viajero rechaza al peldaño de abajo y acepta al de arriba.

La obediencia consciente es un proceso de reconocimiento y asimilación de las Ideas Mayores que se proyectan hacia el mundo humano como luces que son guías en el sendero que lleva hacia la libertad. Representan a la autoridad verdadera, a la experiencia verdadera. El hombre no puede rechazarlas y ser libre. Por el contrario, su libertad se logra mediante el reconocimiento de la autoridad y la experiencia, y mediante su identificación con ellas.

La meta de la célula es obedecer la directiva de la Vida Central. La meta de todas las vidas minúsculas de nuestros tres mundos -y superiores- es permitir que la Voluntad de la Chispa Interior se irradie a través de ellas. Este es el significado de la obediencia.

Cuando las células o los átomos renuncian a sus voluntades minúsculas y se someten conscientemente a la Voluntad Superior del Yo Interior, tienen la posibilidad de liberarse de sus paredes limitadoras, y de ingresar en la libertad de la Voluntad Superior. Se percibe que las Intenciones Cósmicas se graban en los niveles superiores de la Tríada Espiritual, y sólo las Almas Grandes pueden entrar allí, hacerlas salir y traducírnoslas. Las enseñanzas de grandes Almas como Buda, Krishna, Zoroastro y Cristo fueron formulaciones de tales Intenciones Cósmicas. La belleza, la bondad, la verdad, el amor, la unidad, la pureza y el sacrificio son siete senderos que nos introducen en la Fuente de los Principios Cósmicos. Cada paso que se da hacia esa Fuente es un paso hacia la libertad. Los actos contra estas Intenciones Cósmicas son pasos hacia la esclavitud. Un esclavo es un hombre que obedece a su cuerpo, a sus espejismos e ilusiones, u obedece a los cuerpos, espejismos e ilusiones de su medio ambiente. Está nadando en el océano de semejante esclavitud, y a eso lo llama libertad.

Un hombre libre es el que trata de disipar el apego a la materia, al cuerpo, a los impulsos ciegos. Trata de disipar los espejismos e ilusiones de la sociedad. Trata de eliminar las cadenas que se crearon a través del apego a la materia, a través del espejismo y la separatividad. Tal hombre es un benefactor de la raza humana. Quiere hallar las causas de la enfermedad, las causas de la miseria social, de las guerras, del odio, de la revolución, la ignorancia, la esclavitud, y eliminarlas.

El hombre que quiere ser libre y liberar a los demás de tales obstáculos sociales disciplina reciamente su cuerpo, limpia su mundo emocional y agudiza su mente. Sólo mediante tales técnicas podrá llegar a la tierra de la libertad y elevar a los demás hacia esa libertad. Un músico no podrá liberar el fuego de su genio en un violín desafinado. Los grandes principios sólo podrán funcionar si los vehículos expresivos están en el más elevado orden de disciplina y pureza. Sólo mediante disciplina y pureza podemos llegar a la libertad. En realidad, todo el mensaje de Cristo es un mensaje de libertad. Todos los mensajes de Buda, Krishna y Zoroastro son mensajes de libertad. Y todos los que sacrificaron sus vidas por tales libertades son héroes de la Nueva Era: la Era de la Libertad.

En la Nueva Era, el proceso de libertad es el proceso de apropiación, de adaptación, de cooperación, de participación, de relaciones humanas correctas con dimensiones superiores e inferiores. Realmente, la libertad no es aislamiento. Por el contrario, la libertad suprema es la comunicación total. Siempre que tenemos una interrupción de nuestra comunicación, allí se encuentra nuestro obstáculo hacia la libertad. Borremos ese obstáculo y seremos libres.

Un proceso de síntesis es el avance hacia la libertad. Un proceso separatista es un sendero hacia la esclavitud. La libertad total es la libertad para toda la raza humana. Ningún hombre podrá lograr realmente la libertad mientras la esclavitud exista en el mundo la esclavitud del cuerpo, de las emociones y de la mente.

Quienes una vez se cargaron con la energía de la libertad, se convierten en liberadores en todos los niveles. Es por eso que enfrentan a la presión de la esclavitud, al odio y a las fuerzas destructivas pertenecientes a los esclavos físicos, emocionales y mentales.

Al sacrificar nuestras vidas por los demás, construimos el gran templo de la libertad. Al usar a los demás en favor de nuestro pequeño yo, creamos una prisión para nosotros mismos. Al compartir, somos más libres; al acumular, nos limitamos. Al odiar, nos aislamos; al amar, nos volvemos universales, incluso cósmicos.

La libertad es el nombre de una energía que nos separa de las limitaciones, nos empuja dentro de las relaciones humanas correctas, dentro de más participación, dentro de más comunicación y síntesis. La libertad suprema es el sacrificio total, y el sacrificio total es la comunicación absoluta.

El Yo Real es la fuente de la energía de la libertad. Es por eso que, en el proceso de ser uno mismo, el hombre entra poco a poco en más libertad, hasta que se libera en la libertad total de su YO.

La belleza, la bondad y la verdad se sintetizan en la libertad. Pero el hombre no puede experimentar la libertad hasta que no exprese belleza, bondad y verdad en su vida total. Todo acto contra la belleza, la bondad o la verdad introduce al hombre en la esclavitud.

Un hombre libre está muy cargado de energía. Es un hombre que nos libera física, emocional, mental y espiritualmente porque crea en nosotros armonía, integración, contacto con los niveles superiores y con la salud.

La salud es libertad; la enfermedad es esclavitud. La salud es armonía; la enfermedad es caos. La armonía es libertad. El conocimiento es libertad. La ignorancia es esclavitud.

Aumentar el conocimiento es acrecentar la libertad. La esclavitud comienza cuando quien conoce cesa de conocer más, cuando quien ama cesa de amar más, cuando quien sirve cesa de servir más. La libertad es la expansión de la Esencia; la esclavitud es la expansión de la *forma* en lugar de la Esencia. El materialismo es esclavitud. El totalitarismo es una gran prisión. Un discípulo verdadero de la sabiduría rechaza tanto al materialismo como al totalitarismo en todas sus expresiones en cualquier campo. Un discípulo verdadero aboga por la libertad. Franklin Delano Roosevelt fue un gran discípulo que formuló las cuatro libertades esenciales:

Libertad de palabra.
Libertad de culto.
Libertad de deseo.
Libertad del temor.

Esto lo brindó a la humanidad el 6 de enero de 1941. Pocos meses después, el 14 de agosto de 1941, la humanidad recibió, en forma de Carta Atlántica, otra página de libertad. Y más tarde, recibió otra página en forma de Declaración de los Derechos Humanos.

Ahora es tiempo de que la gente aprenda a discriminar y no apoyar los movimientos que planifican violencia y trabajan contra la integridad de nuestra vida económica, social y cultural.

Nuestro país tiene su base en el espíritu de libertad. Pero libertad no significa libertad para explotar, lavar los cerebros o imponer nuestra voluntad a los demás.

Libertad significa vivir de modo tal que los demás tengan mayor posibilidad de gozar las bendiciones de la vida, y elegir sus modos de vida, sus modos de culto y sus modos de creación. Sabemos que el hombre no tiene derecho a herir a ser humano alguno, pero todavía no aprendimos que el hombre tampoco tiene derecho a herirse a sí mismo.

Las drogas, el alcohol, la sexualidad malsana, y otras actividades insalubres no pueden tolerarse ni siquiera a nivel personal, porque el efecto de cualquier acción personal lo compartimos todos nosotros de un modo u otro.

Nadie tiene derecho a decir: «Puedo hacer todo lo que quiero conmigo mismo».

La libertad verdadera es la aptitud para elegir el modo más sabio de actuar, sentir, pensar, para que aumentemos las posibilidades de supervivencia, de triunfo y prosperidad de todo lo que existe.

La nueva religión mundial tendrá una tonalidad mayor. Esa tonalidad será la libertad. Será el evangelio de la belleza, la bondad y la verdad.

X

ALEGRÍA

...la alegría es una sabiduría especial.[48]

EN LOS REINOS SUPERIORES del plano mental hay un centro de energía semejante a un loto, o a un cáliz, que irradia muchos colores cuando está en plena floración.

La alegría es la fragancia del cáliz, del loto. Cuando los pétalos del loto se abren, de esos pétalos se irradia alegría que da vigor al cuerpo físico, magnetismo al cuerpo sutil, y serenidad al cuerpo mental.

El loto es la fuente permanente de alegría. Cuando se abre, aumenta la alegría. La alegría no está condicionada por las circunstancias. Es como un faro, cuyos cimientos descansan en rocas eternas.

La felicidad es un efecto de las condiciones externas. Cuando las condiciones favorables cambian, la felicidad desaparece dejando la lobreguez de la depresión.

La alegría nunca cambia. Aumenta cuando los problemas y conflictos de nuestra vida aumentan. Crece a pesar de las condiciones. Cuando la experiencia del peregrino aumenta, cuando el campo de su servicio

48. Agni Yoga Society, *Mundo Ardiente* II, párr. 258.

se expande, cuando quiere sacrificarse cada vez más, cuando conquista más territorio de autorrealización, la fragancia del loto aumenta y se esparce por áreas más vastas.

La energía más atractiva de un servidor es su alegría, que se irradia desde sus modales, desde su voz y a través de sus ojos. Todo lo que él toque, florece y evoluciona.

La alegría no es un sentimiento, no es una emoción, es un estado de consciencia, un estado desapegado de la dominación de los tres mundos inferiores. Los problemas de estos tres mundos no pueden alcanzarla. El conocimiento, el amor, y la energía dinámica de los pétalos del sacrificio se esparcen y cargan todas las vidas minúsculas de los vehículos inferiores con la energía de la alegría.

La alegría no es ausencia de obstáculos, problemas y dificultades. Por el contrario, la alegría es el destello que brota de cada victoria obtenida por el hombre interior a través de estos obstáculos. La alegría crece en la batalla, en el conflicto, en el servicio, en el sacrificio. La alegría real crea crisis y tensiones, y las vence. Es así como la alegría crece. La alegría vence a todas las hostilidades, a toda duda, y construye innumerables puentes entre los corazones.

La alegría da valentía, inspiración e ideal. Purifica, cura y santifica.

Bajo la luz de un hombre alegre, la gente se ve como es. Todas las sombras de la duda desaparecen. La gente es inspirada por un ideal más grande. La energía de la valentía empieza a correr a través de sus nervios. La gente toma decisiones difíciles mientras la alegría inflama sus corazones hacia bellezas mayores. La alegría eleva a las personas y las vuelve más capaces, más libres, y más radiactivas. Nadie podrá herirnos si la alegría está allí. Las negras flechas de los mundos visible o invisible caen frente a la fortaleza de la alegría. La alegría es armonía; es por eso que las flechas negras no podrán penetrarla.

Todo ataque contra la alegría produce depresión, tristeza, oscuridad, fracaso en el atacante. Toda comunicación con la alegría eleva, exalta y embellece.

La alegría es la piedra alquímica. Es el Sendero hacia la Vida, hacia el Amor, hacia la Luz. Es el magnetismo del Sol.

Las puertas cerradas y los senderos con vallados se franquean ante la presencia de la alegría.

En cualquier idioma podemos entender la expresión de alegría. La podemos traducir a nuestro nivel desde cualquier otro nivel.

Un hombre alegre es el hombre más sencillo, el más directo y el más profundo. Siempre le entendemos, pero siempre hallamos algo más profundo en él. Cuando penetramos una profundidad, se revela otra. A través de la sencillez de la alegría, nos introducimos en sus misterios.

El triunfo es resultado de un trabajo llevado a cabo en alegría. Empecemos nuestro trabajo con alegría y el sendero del triunfo se abrirá frente a nosotros. Comuniquémonos con alegría, trabajemos con alegría. Seamos alegres en todas nuestras relaciones, e incluso observemos nuestros fracasos con alegría, en alegría. Todo fracaso observado en alegría se transforma en triunfo y victoria. Todos los problemas observados en la alegría se disuelven. La alegría aboga por el Infinito. La alegría está a favor de lo inmutable. Y la alegría es testigo de lo imperecedero de la llama humana.

La forma de saludo de los guerreros de la Nueva Era será: «¡*Alegraos*!».

No se trata de un apretón de manos ni de un ¡Hola! No es un beso ni un abrazo. Es un acto de cargar a las personas con la energía de la alegría. Es un acto de elevarlas de las olas de los tres mundos y sostenerlas en la belleza, en la gratitud, en la valentía, en la esperanza, en el ideal y en la realidad.

«¡*Alegraos*!». La alegría es la fragancia que brota del Cáliz Interior, es una melodía que canta eternamente.

Con gran humildad, con gran sencillez, entremos en el Santuario Interior y observemos el cáliz. Miremos la llama del cáliz, el fuego de la dicha. Pongamos nuestros labios en el cáliz y degustémoslo. Luego, entremos en el éxtasis del amor, de la alegría, de la dicha.

ALEGRÍA

II

Dentro de cada ser humano existe el «recuerdo del Hogar». El recuerdo del Hogar es un recuerdo bellísimo, un sentimiento en el que, tiempo atrás, la «Chispa» o el Espíritu que está dentro de nuestros corazones fue parte del «Sol», fue parte de la Existencia omnipotente, omnipresente y omnisciente desde la que se proyectó en el espacio como un Rayo y con el tiempo fue atrapada en el mundo de la materia, la emoción y la mente.

El Hogar era dicha o bienaventuranza totales, cuyo recuerdo todavía permanece en nuestros corazones como la esperanza y el sendero por el que regresaremos a él. Así, cada Chispa de vida tiene deseos de ser feliz, de estar en alegría, en dicha.

Sentimos que nuestro estado actual no es el estado en el que queremos permanecer. No tenemos un estado de satisfacción permanente, por lo que queremos algo distinto, algo más, y todavía no sabemos con claridad qué es lo que estamos buscando. Hay una débil memoria de eso, y en momentos extraordinarios de felicidad, alegría y dicha, sentimos que nos acercamos al Hogar.

Todo lo que queremos hacer, todo lo que queremos ser en el mundo, es ser felices, estar llenos de alegría, llenos de dicha, o ser la dicha. Todo lo demás son modos y medios para llegar al Origen de nuestro recuerdo.

En los *Upanishads* se dice: «TAT TVAM ASÍ». TÚ ERES ESO. En nuestra Esencia somos la dicha suprema. Nuestro Yo es parte de la Vida de la que todas las cosas procedieron.

Es muy interesante que, cegados por nuestra ignorancia y nuestra vida material, busquemos la *dicha* en nuestra felicidad física, en nuestros placeres emocionales, en nuestros planes y lógica, en el dinero, en los bienes y posiciones, en los diplomas, en nuestros rangos y títulos... y después de buscar y alcanzar todo lo que queremos, nos damos cuenta que la alegría y la dicha reales no se hallan en aquellas cosas... y preguntamos: ¿Dónde podré encontrar satisfacción para mi corazón sediento?

La respuesta nos la dan los sabios de todos los siglos: «La dicha está dentro de ti, la dicha eres tú. Encuéntrate, sé tú mismo y hallarás la respuesta a tus preguntas».

Cuando nuestra consciencia se enfoca dentro de nuestras naturalezas física, emocional o mental, siempre tenemos temor. Hay tres ámbitos principales en los que nuestra consciencia podrá enfocarse en los reinos físico, emocional y mental:

1. La consciencia de la personalidad ve las cosas como parecen. Está condicionada por la muerte, la desintegración, la enfermedad, la pérdida, la soledad, el dolor, por varias necesidades, por las cosas que queremos tener y no tenemos, por las cosas que tenemos,

pero perdemos. Se basa en el *temor*, la *codicia*, el *odio* y la *ira*.

A menudo, nuestra felicidad se basa en un negocio positivo, pero vemos que eso no dura eternamente. Ocurren cosas y el negocio marcha mal. Muchos grandes negocios fueron destruidos por terremotos, epidemia, huracán, muerte de ciertos ejecutivos, guerra o revolución. La felicidad que se basa en cosas no permanentes llevó siempre las semillas del dolor y la aflicción.

2. Cuando nos identificamos con nuestros placeres emocionales o con nuestros objetos emocionales, nos sentimos felices. Pero luego experimentamos la amargura y el dolor cuando perdemos nuestros objetos emocionales con sus placeres. Con el tiempo, aprendemos que no hay felicidad permanente en nuestros objetos emocionales, porque llegan y se van con placeres variados y aflicciones inherentes. Pero la búsqueda continúa. No importa cuánta contrariedad la vida nos brinde, seguimos buscando la felicidad y poco a poco volvemos a un nivel superior de existencia.

3. Empezamos a buscar nuestra felicidad dentro de los reinos mentales. Los objetos mentales atrapan nuestra atención porque vemos que hay más estabilidad y permanencia en el plano mental que en los dos planos previos, el físico y el emocional.

En el plano mental, algunos de nosotros buscamos nuestra felicidad en quimeras, en religión, filosofía o ideología, pero con el tiempo descubrimos que éstas tampoco nos dan la satisfacción o alegría que buscamos.

Cuando nos identificamos con nuestras formas de pensamiento, con nuestra religión, con nuestra filosofía o nuestra ideología, nos hallamos siempre en un estado de temor de perderlas. Tal temor nos induce a acciones destructivas en las que se hallan las semillas de la aflicción y del dolor. El destino de los fanáticos de todos los siglos es testimonio de este hecho.

Un fanático es un hombre que se identifica con su religión o sus supersticiones raciales o nacionales, que con el tiempo se convierten en una carga sobre su espalda y en la fuente de sus sufrimientos.

Existe también una tendencia a buscar la alegría y la dicha en elevadas posiciones o carreras. Es posible tener alegría temporal en los objetos mentales, en los intereses mentales, pero con el tiempo descubrimos que es posible ser un abogado, pero no necesariamente ser una persona feliz; es posible ser un médico, pero no necesariamente ser una persona sana; es posible ser un científico espacial pero no ser necesariamente una persona satisfecha. Es posible ser presidente de una gran nación, pero estar cargado con pesados sentimientos de culpa o frustración.

La búsqueda de la felicidad en todos estos campos termina con la contrariedad. En postrer análisis, descubrimos que sólo tenemos gotas de alegría en los momentos de creación en los que procuramos servir, elevar y procurársela a los demás durante nuestra búsqueda de la felicidad en nuestros objetos físicos, emocionales y mentales.

En una ocasión en que yo conversaba con un cirujano del corazón que estaba a punto de morir, me dijo: «Muero desdichado porque todo lo que hice tuvo como motivación recoger millones de dólares. Me casé con una mujer bellísima que era la esposa de mi mejor amigo, luego me divorcié de ella porque encontré a una muchacha más joven que murió en un accidente. Ahora todo termina en tragedia... mi fortuna va a parar a mis hijos que se drogan día y noche».

Sólo le pude decir una cosa: «En otro ciclo, usted tendrá más posibilidades de buscar su alegría en valores de vida más permanentes».

Nuestra felicidad física, emocional y mental se intensifica cuando integramos nuestros vehículos de la personalidad -nuestra naturaleza física, emocional y mental- y disfrutamos nuestros días de sol como un mecanismo unido.

Así, la personalidad integrada del hombre está internamente contenta, pero está sujeta a las condiciones externas que se relacionan con su vida física, emocional y mental.

El hombre semeja un barco en el océano. Disfruta unos pocos días de sol y luego le atrapa el viento, la lluvia o la nieve. Después, alternadamente, atraviesa días oscuros y soleados. Su felicidad tiene siempre vida breve.

Cuando la personalidad del hombre es sana y se halla en estado de satisfacción con lo que tiene, con lo que siente, y con lo que sabe y es, el hombre siente una felicidad intensa.

Muchos personajes fueron temporalmente felices en el océano de sus bienes físicos, placeres emocionales e intereses mentales. Pero cuando llegaron las tormentas, perdieron todo lo que tenían, porque su tesoro era transportado en el barco de la personalidad.

La felicidad se relaciona con la personalidad y la primera fase de la búsqueda de la dicha ocurre en el campo de la personalidad, en el que sólo existe un débil destello de felicidad.

Buda dijo una vez: «Todo es sufrimiento: el nacimiento es sufrimiento, la vida es sufrimiento, la muerte es sufrimiento».

La razón de este sufrimiento es que el hombre se identifica con sus intereses físicos, emocionales y mentales.

Debemos atravesar tales experiencias de insatisfacción en el nivel de la personalidad antes de empezar a buscar la dicha en alguna otra parte. La contrariedad de la personalidad en conjunto causa un nuevo avance sensacional en una nueva dimensión.

Yo conocía a una muchacha de veintiún años, extremadamente bella, pero no la había visto durante veinte años. Un día me visitó una mujer de mediana edad y me dijo: «¿Me conoces?». Le contesté: «Tus ojos me son familiares, pero no recuerdo dónde nos encontramos ni cuál es tu nombre».

Tenía el aspecto de una bruja: la cara arrugada, ojerosa, el cabello en feísimo estado, y olía fuertemente a bebida alcohólica. Me dijo: «Soy muy desdichada, ¿no me recuerdas? Soy B...».

«No puedo creer lo que ven mis ojos».

«Sí», me dijo. «Soy fea, ¿no es cierto?».

«¡Dios mío!».

Cayó en mis brazos y empezó a llorar.

«¿Qué te ocurrió? ¿Por qué no te pusiste en contacto conmigo?».

«No lo sé. Quiero morir».

«¿Por qué?».

«Porque perdí mi belleza; y debido a que perdí mi belleza, perdí a mis amigos; y porque perdí a mis amigos, perdí mi trabajo».

«Puedes ser bella nuevamente».

«¿Con semejante rostro?».

«La belleza no está en nuestra cara ni en nuestro cuerpo. La belleza está en nuestros corazones, en nuestras almas, en nuestras ideas, en nuestros sueños, en nuestro servicio sacrificado, en Cristo, Podrás ser bella nuevamente si buscas eso, no en tu personalidad sino en tu Alma. Cuando el Alma resplandece, hasta las rocas irradian belleza.

«¿Podré encontrar nuevamente mi felicidad?».

«No es necesario que seas feliz, lo que necesitas es estar alegre».

«¿Alegre?».

«Sí, alegre. Para hallar la felicidad, no la busques en los lugares donde la estabas buscando, sino más allá de tu personalidad, en tu *Núcleo* Interior».

«Tú nunca cambiaste», advirtió. «¿Cómo no llegaste a odiarme en este estado?».

«Tú eres bella siempre, y porque ahora estás decepcionada, frente a ti se abre un nuevo sendero».

Nadie puede avanzar realmente en una búsqueda superior si el cimiento sobre el que está parado no es sacudido o destruido. Necesitamos una crisis para realizar un avance sensacional, Deberán llegar el viento y la tormenta y golpear nuestra existencia y poner a prueba nuestros cimientos. ¿Nuestros cimientos se basan en nuestra cuenta bancaria, en nuestra salud actual, en nuestra posición, en nuestros amigos? En una tormenta, todo esto nos lo pueden quitar si nuestros cimientos no están construidos sobre nuestros logros y concreciones espirituales. Si nuestros cimientos están construidos sobre la roca sólida del Yo transpersonal que está dentro de nosotros, ningún poder podrá destruirlos. Sólo en la consciencia del Alma degustamos ciertamente la belleza de la alegría.

Primero fuimos un barco; ahora somos una nave espacial que se remonta en el espacio, libre de los destructivos efectos de las olas. las tormentas, las centellas, las nubes y los terremotos.

Un Alma consciente es una belleza y una alegría indestructibles. Así, la próxima etapa en la búsqueda de la dicha es la consciencia del Alma. Esta es la etapa en la que la alegría comienza. Estamos en el Alma y nuestra realización es diferente. En vez de estar sujetos al temor, a la ira, al odio y a la codicia, estamos en el dominio de una nueva consciencia, cuyas principales características son:

Amor.
Inmortalidad.
Servicio.
Alegría.
Contacto con el Plan Jerárquico.
Creatividad.

El amor es la aptitud para identificarse con el aspecto vital de la manifestación.

La inmortalidad es el conocimiento de que uno fue, uno es, y será siempre una existencia individual. La inmortalidad no puede pensarse, pero puede experimentarse, Es el resultado de la realización espiritual.

Una característica del Yo transpersonal es el amor, un amor que se da sin esperar ni prever nada. Cuando se da más amor, se tiene más alegría. La expectativa nos relaciona con los niveles de la personalidad.

El servicio es la aptitud para poner dentro de todas nuestras actividades el fuego solar del amor y el fuego del Plan. Se puede tomar contacto con el Plan en los niveles del Alma.

Es una experiencia, no una enseñanza. El Plan es el mapa que nos muestra cómo regresar al Sol del que fuimos irradiados. El Plan es el mapa que nos muestra cómo liberamos de la trampa de nuestros cuerpos físicos, emocionales y mentales y alcanzar el estado de consciencia que teníamos originalmente.

Todos los esfuerzos humanos están dirigidos a huir de las prisiones que construimos o las prisiones que otros nos construyeron. Todo trabajo humano es el esfuerzo para huir de las condiciones que odiamos. El Plan muestra la salida de nuestras prisiones.

El servicio es la aptitud para expresar el fuego del Plan a través de todo lo que pensamos, sentimos, hablamos y hacemos.

En la consciencia del Alma tenemos la primera experiencia de la alegría verdadera. La alegría es saber que un hombre deja de ser vulnerable; que nada puede perder; que le aguardan mayores logros; que puede elevar a algunas personas hasta el nivel de la consciencia del Alma en el que aquéllas saborean la verdadera alegría; que ahora puede ver las cosas como son, no como parecen ser.

A menos que alcancemos la consciencia del Alma, no podremos entender el significado verdadero de la invulnerabilidad.

> Las armas no pueden herir al Yo ni tampoco quemarlo. El agua no puede ahogarlo, ni el viento puede secarlo. No se lo puede dividir. Es eterno y lo penetra todo» .[49]

Semejante experiencia puede lograrse en la consciencia del Alma. Cuando profundizamos en la alegría, nos aproximamos a nosotros mismos. En la alegría, el hombre comprende que nada puede perder.

En la escuela tuvimos un maestro bellísimo. Tenía el hábito de sacar de su bolsillo su reloj de oro y ponerlo sobre la mesa. Un día volvió para preguntarnos si alguien había visto su reloj. Los estudiantes le dijeron: «No».

Era mi mejor maestro, y por eso me enojé al pensar que alguien le había quitado el reloj. Por ello me dirigí hacia él:

«¿Piensa que pueden habérselo robado?».

«No lo robaron», me contestó.

«Entonces», le pregunté, «¿qué pasó con su reloj?».

«Alguien lo está usando».

No pude entender el secreto de su conducta; siempre tenía una gran corriente de alegría en todas sus expresiones. Era una persona alegre.

En este caso, mi maestro me dio la ocasión de que yo vislumbrara que en cierto estado de consciencia

49. *Bhagavad- Gîtâ,* traducido por H. Saraydarian, Cap. 11, vers. 23-24.

nada perdemos, porque en la consciencia del Alma lo poseemos todo.

Cristo dijo una vez:

> No temas a quienes tratan de matarte, sino a quienes tratan de matar tu alma.

No temamos a quienes tratan de atacar a nuestra sombra, pero seamos cautos con quienes tratan de destruir nuestros principios espirituales, nuestros ideales, virtudes y valores.

La alegría hace que una persona conozca que los mayores logros la aguardan en el futuro. El ideal del futuro es una alegría que *crece eternamente* en nuestros corazones.

En la consciencia del Alma, no importa qué vida de la personalidad atravesamos, hay un mañana, hay un nuevo amanecer, porque el Alma no es limitada por los fracasos del tiempo, del espacio y de la materia. Hasta los fracasos de la personalidad podrán utilizarse como leña para la hoguera del Alma.

El máximo fracaso de un hombre está contenido en sus acciones que se dirigen contra la Ley del Amor.

La alegría ofrece a un hombre la convicción innata de que él podrá elevar a alguien hasta el nivel de la alegría y volverle alegre.

Una vez yo estaba ayudando a un muchacho adicto a las drogas. Con el tiempo, el joven venció su hábito, empezó a correr y a estudiar y trabajar. Tras convencerme de que éste era un cambio permanente en su ser, experimenté gran alegría. Me dirigí a mi cuarto y me pregunté: «¿Por qué estoy tan alegre?».

«Oh, Dios mío, ¡cayó de mis hombros un gran peso!». «¿Qué peso?». «El peso del uso de las drogas».

Cada vez que ayudamos a alguien, nos ayudamos a nosotros mismos. En la consciencia del Alma, la fragancia de la alegría se irradia cuando nos dedicamos al trabajo de ayudar a los demás sin condiciones.

En la consciencia del Alma tenemos el ojo para ver las cosas como son, y no como parecen ser. Cuando un hombre aparece como realidad, está atrapado en el cambio. La alegría es inmutable en el cambio.

Dícese que la Ley del Cambio rige eternamente. Esto es cierto para el mundo de los fenómenos, pero no lo es para el mundo del Espíritu. Perdemos nuestro estado de inmutabilidad y estamos atrapados en los fenómenos mutables de la vida cuando nos identificamos con los vehículos de nuestra personalidad.

En la consciencia del Alma, el hombre entra en contacto con el plan de su vida, y con el tiempo penetra en el Plan de la Jerarquía en favor de la humanidad. Es muy interesante notar que el plan de nuestra vida se halla en nuestra Alma, y el Plan para la humanidad se halla en la Jerarquía. Al tener contacto con el Plan, el hombre se convierte en colaborador de los grandes Servidores de la raza humana. El Plan es formulado de modo tal que funciona para el bienestar de la humanidad y para el bienestar de cada ser humano.

Un hombre consciente del Alma trata de introducir el Plan en la vida diaria para ayudar a todos, de todos los modos, en todo para poder conducir a la gente desde las prisiones de la personalidad hasta la libertad del Alma, donde esa gente podrá experimentar la alegría.

La siguiente característica del Alma es la creatividad. Hay una gran alegría en la creatividad, porque la creatividad es el proceso de dejar que las energías del Plan corran y alimenten a las Chispas del Infinito en cada forma viva.

Las personas florecen en presencia de seres realmente alegres. La alegría es energía, y esta energía alimenta a los centros superiores de los seres humanos con la sustancia del fuego mental superior. Entonces, las semillas ocultas de la bondad, la belleza y la verdad llegan a vivir en ellas.

La alegría no estimula a los centros inferiores, porque tiene una frecuencia especial alta que los centros inferiores no pueden tomar. La alegría no sobre estimula los centros inferiores. Luego que un hombre demuestra que puede vivir en alegría, que puede ser una encarnación y una fuente de alegría, se le permite penetrar en la esfera en la que se hallan la dicha y el éxtasis. Esa esfera se llama la «Tríada Espiritual» en lenguaje esotérico.

Una vez oí decir que en el Lejano Oriente había un hombre que era un ser humano avanzado. Tuve grandes deseos de conocerlo. Cuando finalmente lo ubiqué, sus discípulos me dijeron que yo no podía verlo porque él estaba en meditación. Fingí no estar ya interesado, pero me las ingenié para dirigirme a su habitación en la que estaba sentado, meditando. Estaba en éxtasis. En su habitación había una paz que podía tocarse. Sus pies irradiaban luz y belleza.

Me acerqué un poco más y sentí en mi piel una energía ardiente. Era una alegría que quemaba. Me acerqué cada vez más, hasta que me senté junto a él.

Pocos minutos después, mis ojos estaban cerrados y yo no estaba en ninguna parte. Sólo sentía gran alegría, dicha y unión con todo lo que existe. Cuando mi consciencia volvió a su nivel normal, me dije: esto es la dicha, es un estado de consciencia en el que trascendí el tiempo, el espacio y la materia.

Tras anclarme en el plano mental, entré de nuevo lentamente en el estado beatífico en el que recibí directivas no verbalizadas. No sé cuánto tiempo estuve en ese estado. Sentí un brazo alrededor de mi espalda y mi cuello. Abrí los ojos y miré en sus ojos. Por primera vez en mi vida vi el Infinito. Sus ojos eran puertas que conducían hacia el Infinito.

No me habló. Me abrazó y me brindó una gran sonrisa. Me dirigí hacia la puerta sin darle la espalda, mirándolo continuamente.

En la Tríada Espiritual tomamos contacto con la dicha.

Y es desde la dicha que la belleza se irradia.

La Tríada Espiritual es el dominio del Infinito, en el que hay Síntesis, hay Propósito, hay Voluntad.

Hay siete enemigos de la alegría:

El primer enemigo es toda acción que cause o genere *temor* en otras personas. Donde hay temor, el pájaro de la alegría huye.

El segundo enemigo es la *ira.* Toda vez que reaccionamos con ira, nos despojamos de nuestra alegría. Todo lo que hacemos para hacer enojar a los demás, nos quita la alegría real de nuestro corazón. La ira puede satisfacer nuestras emociones, pero no nuestro corazón.

El tercer enemigo es la *codicia.* Siempre que, en nuestro corazón codiciamos, carecemos de alegría. La codicia es simbolizada por una tumba sin fondo que nunca puede contentarse con cadáveres humanos. Las personas más desdichadas son las codiciosas. Sus momentos de felicidad sólo los aseguran con bebidas alcohólicas, o con breves momentos de placer. Incluso en esos momentos de placer sienten temor de perderla. He visto separarse a muchas familias debido a la codicia del padre, quien estaba tan ocupado ganando dinero que casi solía olvidar que tenía una familia.

El cuarto enemigo de la alegría es el *odio.* Toda persona que tiene odio en su corazón, o todo grupo o nación que está contaminado por el odio, jamás saboreará el brillo solar de la alegría, ni ahora ni en el futuro.

La alegría es la consciencia conectora que hace que comprendamos que somos uno solo con todo.

El odio es el sentimiento de separatividad. Con el odio cortamos muchas líneas eléctricas dentro de nuestro sistema y dentro del sistema internacional, y cuando apagamos la luz de la alegría no tenemos alegría ni luz. Es muy interesante notar que, en la alegría, nuestra luz aumenta. Tenemos discriminación más pura y un mejor sentido de los valores. En el odio, nuestra luz disminuye y nuestro sentido de los valores altruistas es casi nulo.

Recordamos que las acciones realizadas con temor, ira, odio y codicia crean mucho *karma* malo en nuestro sendero.

En la consciencia del Alma hay amor. El amor nos purifica e introduce en la esfera ígnea de la Tríada Espiritual. Y en la consciencia de esa esfera ígnea saboreamos la potente dicha que teníamos cuando todavía éramos uno solo con el espacio indiviso. Esa dicha era una dicha inconsciente, y ahora nuestro trabajo consiste en alcanzar esa dicha con nuestro esfuerzo y con nuestro derecho.

El quinto enemigo de la alegría es la *fealdad.* Yo estaba de visita en casa de una familia y el hombre le trajo un regalo de cumpleaños al hijo de seis años. Entusiasmó tanto al niño con su regalo, que aquél estaba impaciente por abrir la caja. Al abrir ésta, encontró una criatura de cabeza cuadrada y cuernos, con un ojo que miraba al este y el otro al oeste, con orejas que colgaban como plátanos, piernas largas y flacas como ramas secas, un brazo gordo y el otro puro hueso. Eso era la encarnación de una fealdad real.

«Eh», exclamé, «no le dé esa fea criatura al niño, le deformará la imaginación. ¡Quítele esa fealdad!».

¿Por qué no pudo llevarle algo bello, algo que inspirara a ese niño y le diera alegría?

Un productor cinematográfico dijo que el delito procura más dinero que cualquier otro género de película.

«Sí», le dije, «tal vez sea así, pero ¿dónde se esconderá usted cuando la delincuencia aumente a su alrededor?».

«Para entonces», me contestó, «¡tendré mucho dinero como para irme a otra parte!».

La fealdad procura dinero, pero no alegría.

Cuando el productor estaba a punto de marcharse en su auto, cargó un revólver y se sentó sobre él.

«Dios mío», pensé. «Ya está con miedo».

El sexto enemigo de la alegría es *toda acción que no se base en la buena voluntad.* Semejante acción nos aparta de la alegría.

El séptimo enemigo de la alegría es *toda acción que no se base* en *la verdad.* Las mentiras nos quitan la alegría.

En última instancia, la alegría es verdad, belleza y bondad.

Es la capacidad de estar dentro de la consciencia del Alma.

¿Cómo podremos escalar hasta ese nivel de la consciencia del Alma?

1. A través de la *meditación sobre las virtudes.* En la meditación nos apartamos del temor, del odio, de la codicia, de la ira, y de sus consecuencias y conexiones, y estamos en la luz de nuestro Guía Interior.

2. A través del *pensamiento causal* porque nos libera de estar atrapados en el mundo fenoménico. El pensamiento causal es la capacidad de penetrar en las raíces de los acontecimientos, o hallar la Causa originadora en vez de estar adheridos a los resultados y los efectos.

3. A través de *vivir una vida de belleza* en todas nuestras expresiones.

Un gran Sabio, al hablar sobre la alegría, dice:

> ...Es útil impregnar el espacio con alegría... La alegría es la salud del espíritu.[50]

El primer paso hacia la alegría es la *meditación científica,* a través de la cual, con el tiempo, logramos la fusión del Alma. La meditación científica es un esfuer-

50. Agni Yoga Society, *Mundo Ardiente* I, párr. 298

zo para penetrar en la mente del *Pensador* real, que es el *Alma.* Este *es* el Yo transpersonal, o el Guía Interior.

En la meditación científica empezamos a controlar, a disciplinar y despejar nuestra mente para que obedezca totalmente nuestras órdenes, y no sea víctima de los pensamientos o sugestiones provenientes de otras mentes.

Hay una grave enfermedad en el mundo. A esa enfermedad la podemos llamar «abandono del barco». Las personas permiten que otras usen su barco mental a través del hipnotismo, sugestiones, fuerza, a través de sobornos y varias influencias. Mientras nuestras mentes no nos pertenezcan, no podremos *pensar,* y si no podemos *pensar,* las personas que piensen por nosotros nos controlarán,

La Enseñanza nos dice que no debemos permitir que otras mentes gobiernen nuestra mente. Debemos usar nuestra mente, aprender cómo pensar; y la meditación es el primer paso hacia esa libertad.

La alegría mora con los que saben cómo pensar. El pensar nos conduce hacia la libertad. Así, en el sendero de la alegría, aprendemos cómo pensar, cómo meditar.

El autoconocimiento no podrá lograrse si otras personas usan nuestra mente. Nuestra mente es como el volante de un carro; cuando otras personas controlan el mecanismo de nuestro volante, no tenemos modo de saber adónde nos están conduciendo.

El segundo paso hacia la alegría es la *interrogación.* Los hechos diarios, los acontecimientos nacionales, los sucesos internacionales no existen sin causas. Preguntémonos las razones de por qué estos hechos tuvieron lugar. Desarrollemos la observación de las causas. Tratemos de ver la causa detrás de cada acontecimiento. Esto nos revelará muchas leyes, muchos principios, motivos e intenciones ocultos detrás de muchas relaciones y actividades. La comprensión de las causas nos ayudará a dirigir nuestros pasos «de modo ajustado a la meta».

Tratemos de considerar la causa, no la manifestación. No reaccionemos ante los efectos, sino ante las causas, siempre que sea posible. El autoengaño desciende sobre nosotros cuando nos ocupamos de los fenómenos y olvidamos las causas o el porqué de las razones.

Cuando continuamos buscando la causa de acontecimientos, con el tiempo desarrollaremos una vista de doble nivel, que lee la línea, y también lee entre las líneas de los acontecimientos.

El tercer paso es *vivir una vida de belleza;* belleza en nuestra personalidad, hogar, palabras, modales, conducta, relaciones; belleza en nuestras emociones, respuestas, pensamientos, ideas, ideales y expresiones. Cuando expresamos belleza, el fuego de la alegría aumenta en nuestros vehículos e irradia calor hacia los corazones de los demás. La verdadera alegría se manifiesta a través de la belleza porque la alegría es la expresión del Alma. La dicha es la expresión del Yo.

La alegría abre los corazones de las personas; ellas nos hablan y se confiesan cuando ven que dentro de nosotros hay abundante alegría. La alegría construye líneas de comunicación y nos da fuerza y nos conduce hacia el triunfo. Todo trabajo iniciado y continuado con alegría será un trabajo positivo.

La alegría jamás amenaza a la gente. La gente se siente segura en presencia de un hombre alegre, porque un hombre alegre está por encima de los intereses de la personalidad. Su naturaleza es el amor.

Procuremos alegremente liberamos; alegremente, renunciar y desapegamos; alegremente, pagar nuestras cuentas. Renunciemos alegremente y vivamos alegremente si queremos que nuestras vidas sean una bendición para el mundo.

Un gran Sabio, al hablar acerca de la alegría, dice:

> ...a través de la alegría y la confianza se han cruzado abismos. No sólo la valentía, sino también la alegría os vuelve invulnerables.[51]

Asimismo:

> La manifestación de la alegría es acompañada por la intensificación del trabajo de los centros. Muchos logros se concretan mediante la manifestación de la alegría.[52]

El temor crea duda. La duda derrocha energía. La alegría aniquila al temor.

La alegría aumenta nuestra audacia. Nos atrevemos cuando en nuestros corazones no hay temor.

Los momentos psicológicos oscuros de la vida sólo pueden cruzarse a través de la alegría. La alegría mantiene en marcha nuestro motor. La alegría da a nuestra mente un limpio ideal. El temor, la depresión y la duda envenenan nuestra sangre y el

51. Agni Yoga Society, *Mundo Ardiente* II, párr. 110.
52. Agni Yoga Society, *Agni Yoga*, párr. 459.

cerebro, y la mente no puede ver las cosas como son. Una corriente sanguínea envenenada es la causa de la mayoría de nuestros fracasos y juicios equivocados.

La alegría crea radiactividad en nuestra aura, que repele a todos los pensamientos indignos y emociones negativas, y construye un escudo en tomo del cuerpo. Un corazón alegre no puede ser herido por las flechas voladoras de las fuerzas oscuras.

Los centros etéricos son intensificados por la alegría porque ésta es el fuego del Alma, y su llama crea radiactividad en los centros y sincroniza sus ritmos. Así, la alegría superior expande las esferas ardientes de los centros superiores, lo cual pone a la consciencia del hombre en contacto con los planos superiores. Estos son los momentos de nuevos conocimientos y nuevas intuiciones. Se alcanzan nuevas realizaciones debido a tal contacto y tales intuiciones.

La llama de la alegría es el fuego que emana del centro del cáliz, del centro del loto de doce pétalos en la mente superior. Esta llama es la que guía los pasos del hombre hacia el Santuario más Interno: hacia nuestro «Hogar».

XI

EL AMOR Y LA ALEGRÍA

HAY TRES ENERGÍAS BÁSICAS que, cuando se las usa con inteligencia, hacen que el hombre sea sano, rico y creador. Estas tres energías son la luz, el amor y la voluntad. La luz y la voluntad combinadas producen alegría. Cada vez que nuestra luz y nuestro poder de voluntad aumentan, entramos en una alegría más grande.

Las personas iluminadas están siempre en alegría continua porque en el tiempo de la iluminación real, la persona entra en contacto con la energía del poder de la voluntad dentro de su naturaleza, y «el aspecto volitivo empieza a controlar». La iluminación expande el horizonte de la alegría; el poder de la voluntad da estabilidad a la alegría. Una persona alegre irradia. Todas sus acciones en cualquier nivel son creativas, porque las raíces de sus acciones se extienden dentro del reino de la alegría.

La alegría combinada con el amor produce la energía de la curación, y la energía de la atracción. En presencia de una persona amorosa y alegre, las posibilidades creativas florecen en nuestro corazón. Nos volvemos magnéticos y atraemos a todos los que trabajarán en nuestro favor y en favor del triunfo de ellos mismos. Nuestro amor y nuestra alegría los inspiran, los cargan, y dan lo más que pueden para acrecentar la Fuente de su alegría y de su amor.

Las personas buscan alegría y amor, y cuando los hallan, nada puede impedir que sacrifiquen todo lo que sea necesario para apoyar a esa Fuente de amor y alegría.

El amor es nuestra Esencia. Cuando amamos. liberamos nuestra Esencia; y vivir significa expresar, liberar nuestra Esencia.

El único tiempo en el que realmente vivimos es el tiempo en el cual amamos, cuando nuestra Esencia Interior está manifestándose. La medida de nuestra vida es la medida de nuestro amor. Vivimos mientras amamos. Si «viviéramos» noventa y cinco años, pero amáramos sólo un año, no viviríamos 95 años sino sólo un año: nada más. El resto fue pérdida de tiempo. En realidad, podemos escribir en la tumba de semejante hombre:

Aquí yace el señor Fulano de Tal. Nació en
1886
y falleció
en
1980,
pero vivió solamente un año.

La gente se asombrará. Pero no importa, pues, con el tiempo, esa gente comprenderá que una vida vivida para uno mismo no cuenta. La que cuenta es la vida vivida al servicio de los demás. Y tal vida de servicio es una vida de amor y alegría.

Al amar, liberamos nuestro Yo Esencial: la vida condensada e individualizada. La vida es creativa. No sólo se manifiesta a través de pensamientos creativos, sentimientos y acciones, sino también hace que los demás sean creativos y radiactivos.

En todo acto de amor real y de alegría real, manifestamos nuestro Núcleo Interior. Cuando nuestra Esencia está funcionando, cuando se expresa, estamos vivos. Estamos vivos cuando expresamos amor.

La alegría y el amor funcionan a través de nuestros cinco sentidos en los planos físico, emocional y mental. Cuando la energía de la alegría y del amor funciona a través de nuestros cinco sentidos en el plano físico, crea un hombre feliz. A través de todos sus sentidos, ese hombre disfruta del universo. Sus sentidos funcionan en su capacidad máxima y le transmiten la emoción del mundo objetivo.

Nuestro amor y nuestra alegría son los que transforman al mundo cuando tomamos contacto con él a través de nuestros cinco sentidos.

Nada parece agradable y encantador si la energía del amor y de la alegría no corre a través de nuestros cinco sentidos y entra en contacto con el mundo de éstos. Todo aquello que oímos, tocamos, vemos, saboreamos y olemos, transmite nuestro placer y nuestra felicidad cuando estamos llenos de amor y alegría.

La energía del amor y de la alegría en el plano emocional crea aspiración, éxtasis, devoción ardiente y unidireccionalidad hacia los valores superiores.

En el plano mental, la energía del amor y de la alegría crea mayor visión, esfuerzo creador, comprensión, intuición, previsión, percepción sintética y creatividad. El amor y la alegría dan energía a nuestra mente para que penetre en los misterios mayores de los contactos superiores, y la aptitud para sostener nuestra libertad en todos nuestros contactos.

Los problemas del mundo pueden ser resueltos por la energía del amor y de la alegría. Procuremos alegría y amor a las reuniones de las Naciones Unidas, y los problemas del mundo perderán su influencia y poco a poco se disolverán.

El amor y la alegría funcionan también en los planos superiores. Por ejemplo, en el Plano Intuicional, el amor y la alegría crean revelación. Cuando tocamos la red de Causas y planos, entonces todos los acontecimientos externos se simplifican en nuestra visión amorosa que irradia alegría.

En el Plano Átmico, esta energía del amor y la alegría se transforma en energía de voluntad, entusiasmo, intrepidez y conducción.

En el Plano Monádico, el amor unifica al hombre con la totalidad solar y la alegría se derrama como una energía creadora, que purifica, dinamiza, ilumina e impresiona la Belleza Divina de los reinos superiores.

En el Plano Divino, la alegría se convierte en la puerta a través de la cual las llamas de la luz, del amor y de la energía pasan a las dimensiones cósmicas.

El amor y la alegría son los cimientos de todo trabajo creativo y progresivo.

No hay alegría real y verdadera si esa alegría no está imbuida de amor. El amor no puede existir sin alegría.

La energía del amor y la alegría:

1. Cura.
2. Armoniza.
3. Expande.
4. Crea magnetismo.
5. Revela.
6. Eleva.
7. Fortalece.

1. *El amor y la alegría curan.* Curan heridas y enfermedades físicas, emocionales y mentales, alinean e integran los centros físicos y etéricos, y purifican el cuerpo astral construyendo el camino de la sublimación de los centros sacro y del plexo solar.

El apego emocional, los bajos deseos, el espejismo y las emociones negativas son lavados lentamente por la creciente energía de la alegría y del amor. Si ejercitamos la alegría y el amor durante media hora por día, seremos hombres nuevos.

La energía del amor y de la alegría tiene gran efecto sobre la salud mental. En una atmósfera amorosa y alegre, la mente se agudiza y se aclara, con creciente energía de intuición y previsión. El amor vincula al hombre con el reino de la intuición. La alegría construye el puente hacia la Voluntad Superior.

2. *El amor y la alegría tienen gran efecto armonizador* sobre nuestra naturaleza física, emocional y mental; crean armonía en los grupos y elevan su eficiencia; crean armonía en las naciones y la humanidad. El amor y la alegría vinculan a la humanidad con centros más grandes de sabiduría, luz y energía.

El amor y la alegría afectan a los animales y los hacen más protectores y productivos.

El amor y la alegría afectan al reino vegetal, árboles, arbustos y vegetales. Demos amor y alegría, y nuestra aura alimentará al reino vegetal, nuestros árboles darán más frutos, y nuestras flores serán más fragantes.

3. *El amor y la alegría son energías que causan expansión.* Expanden nuestra consciencia, nuestro horizonte, nuestra inclusividad. Expanden el campo de nuestra influencia espiritual.

El arte eleva y transforma a las personas cuando éstas están cargadas con la energía del amor y de la alegría. Una expresión alegre de talento creativo expande la comprensión de la gente. Una obra de arte llena de amor hace que el hombre toque dimensiones superiores.

4. *El amor y la alegría cargan nuestros cuerpos etérico, astral y mental con magnetismo.* La personalidad del hombre se convierte en un imán que atrae del Sol tanto ideas e ideales superiores como *prana.* La asimilación real del *prana* y del alimento alcanza su apogeo cuando una persona está llena de alegría. Las personas amorosas y alegres atraen a quienes las ayudan y apoyan su servicio en favor de la humanidad.

Una persona alegre y amorosa vive en la abundancia, disfrutando de los logros de su trabajo. Muchas personas ganan dinero, pero no lo disfrutan hasta que el amor y la alegría llenan sus corazones.

5. *El amor y la alegría quitan los velos, muros y obstáculos entre las personas, y establecen contacto* y *comunión.* Las personas se revelan a sí mismas cuando sienten que las amamos, cuando sienten que tenemos alegría

en nuestro corazón. El amor y la alegría crean gran confianza y nos permiten ver en la gente cosas que antes no habíamos visto. A través del amor y de la alegría, se ven las causas de los problemas y se los maneja del modo correcto. El amor elimina los obstáculos que existen entre las personas. La alegría elimina los obstáculos entre los planos.

6. *La alegría y el amor elevan a la gente.* Cuando acrecentamos nuestro amor y nuestra alegría, paso a paso, elevamos el foco de nuestra consciencia, elevamos nuestro estado social, elevamos nuestro amor, elevamos nuestros corazones y nuestras mentes de los minúsculos problemas de la vida, y llenamos nuestros corazones con la inspiración para nuestras realizaciones futuras.

Extendamos nuestra mano con alegría y amor, y la gente la tomará y se elevará sobre sus problemas y ansiedades comunes. Acerquémonos a los enfermos con amor y alegría, y la tonalidad de aquellos cambiará y se elevará. Hablemos con alegría y amor y elevaremos a las masas.

7. *La alegría es un tónico para los nervios.* El amor purifica la sangre y fortalece el corazón.

La alegría y el amor son grandes escudos contra ataques psíquicos, contra fuerzas oscuras. Las fuerzas negativas y oscuras odian la alegría, y no pueden respirar en la fragancia del amor.

El amor y la alegría fortalecen a un grupo, a una sociedad y a una nación, y las hacen invencibles.

Antes de comer o beber, carguemos nuestro alimento o nuestra agua con amor y alegría y advertiremos una gran diferencia en nuestra salud. Antes de hablar, antes de tratar de servir, carguémonos con amor y alegría y veremos cómo la gente se eleva y fortalece.

La irradiación del amor revela las más grandes honduras de nuestra naturaleza. Por estas honduras mayores, corre una alegría mayor. Cuando amamos, revelamos nuestra Esencia Interna. A través de nuestra Esencia, en nuestro corazón alborea la Esencia del Gran Misterio.

El amor y la alegría son vehículos del Propósito Divino. «Dios es Amor». Al amar, nos encontramos con Dios. Sin amor, jamás entenderemos el Plan ni el Propósito de Dios.

Para entender el amor y la alegría, debemos tratar de experimentarlos. Cada vez que pensemos que amamos, debemos tratar de conocer el nivel de nuestro amor y su motivo. Puede ser amor físico, amor emocional, amor mental o amor superior. Puede ser amor personal, amor grupal, amor nacional, amor global o amor hacia el Infinito.

Cuando el nivel del amor aumenta, la motivación que está detrás de él se vuelve más inclusiva, nuestra consciencia se expande, y nuestra comprensión se ahonda en el mismo grado. Lo mismo deberemos hacer con nuestra alegría. Veamos dónde está nuestra alegría, dónde empieza y dónde termina. Hallemos las causas de nuestra alegría y tratemos de ver claramente el nivel en el que se originó.

Después de observar unos pocos niveles de nuestra alegría, tratemos de elevar su nivel y hagámosla más inclusiva, al punto de sentir alegría por toda la existencia. Después de tal etapa de alegría, nos convertimos en una corriente de amor y alegría. La energía del amor y de la alegría puede manifestarse en cualquier nivel de la existencia humana. Cuando el nivel se eleva, y a través de él la energía del amor y de la alegría se expresan, recibimos una respuesta mejor y más profunda del mundo. Nuestra alegría más profunda suscita una alegría más honda en los demás. Nuestro amor más profundo suscita un amor más hondo en los demás. Con el tiempo, llegamos a una etapa en la que el amor y la alegría se funden con el amor y la alegría de millones. Esta fusión abre las puertas del futuro de la humanidad y la protege de acciones malas y autodestructivas.

> La medida de la comprensión es el grado del amor… el amor sobre todo atrae el fuego del espacio… Como una palanca pone en movimiento a las ruedas, de igual modo el amor produce la más fuerte reacción. En comparación con la irradiación del amor, el odio más fuerte se refleja sólo como una odiosa señal. Pues el amor es la realidad y el tesoro verdaderos.[53]

«*La medida de la comprensión es el grado del amor… el amor sobre todo atrae el fuego del espacio…*». El fuego del espacio es el amor contenido en el espacio en el que vivimos, nos movemos y tenemos nuestro ser. Cuando seguimos amando, nuestro amor aumenta, elevando su nivel hasta un grado tal que, con el tiempo, nos convertimos en un sacrificio total por la humanidad. El fuego del espacio nos consume. El fuego del amor

53. Agni Yoga Society, *Agni Yoga*, párr. 424.

nos consume. Nada queda en nosotros, salvo el amor: un amor total por la Vida y todas sus formas.

El fuego del espacio consume todo lo que está apegado a nosotros, pero no somos aniquilados. Como una gota, nos convertimos en el océano. Un solo segundo de concreción de este estado bendito, elimina todos los temores y brillamos con el amor de la vida.

«*Como una palanca pone en movimiento las ruedas, de igual modo el amor produce la reacción más fuerte*». Nuestro amor se profundiza y aumenta cuando aumenta la reacción frente a nuestro amor. La ingratitud, las varias formas de traiciones, el odio, la acción emprendida para destruir nuestra reputación y nuestra labor, son reacciones ante el incremento de nuestro amor. La ingratitud, las varias formas de traiciones y el odio hacen que estas fuertes reacciones ante nuestro amor abran el camino del rayo de nuestro amor para que se esparza abundantemente. Con el tiempo, la reacción se convierte en respuesta. El amor y la alegría operan milagros en aquellas circunstancias en las que falten. Es por eso que debe respetarse al enemigo, porque libremente trabaja para nuestro mejoramiento y nuestra perfección.

«*En comparación con la irradiación del amor, el odio más fuerte sólo se refleja como una señal odiosa. Pues el amor es la realidad y el tesoro verdaderos*». La irradiación del amor aumenta a medida que amamos más. El amor, si se lo usa continuamente en un nivel sin tratar de usarlo en niveles superiores, con el tiempo se convierte en nuestro enemigo, y quema nuestro mecanismo. El modo más seguro de usar la energía del amor es hacer continuamente esfuerzos para usarlo en niveles y planos cada vez más elevados cuando surge la necesidad.

Si una persona tiene un nivel de amor y no hay esfuerzo para elevar este nivel, nos cansamos de esa persona y buscamos una que pueda amar con nosotros en muchos niveles y planos, o en todos los planos si es necesario.

Si el amor no aumenta, disminuye y se convierte en una fuerza negativa. El amor sólo existe en su proceso de expansión. El amor decreciente se convierte en odio, en interés personal, en « mío» y « tuyo», en ira, violencia y celos, y, con el tiempo, en apatía e inercia.

> ...Hace dos mil años se señaló que el Fuego devoraría a la Tierra. Hace muchos miles de años, los Patriarcas previnieron a la humanidad por el peligro del fuego. La ciencia no logró prestar atención a muchas señales. Nadie quiere pensar en escala planetaria. Así, Nosotros hablamos antes del tiempo pavoroso. Empero, no podemos escapar de la última hora. Puede extenderse la ayuda, pero el odio no será quien cure.[54]

El «tiempo pavoroso» está frente a nosotros. Es la guerra atómica; es el cataclismo natural; es la depresión; es el odio; es el desempleo; es la degeneración de la moral; es el aumento de la delincuencia; el abuso de las drogas, la contaminación, etc. Cuando se combina el resultado de todo esto, tenemos al «tiempo pavoroso»: el Armagedón de los videntes.

---

54. Agni Yoga Society, *Mundo Ardiente* II, párr. 9.

Los científicos se han mantenido ocupados en inundar el mercado con sus invenciones, pero han prestado poca atención al creciente cinturón de contaminación que rodea al planeta. Se nos dice que esta acumulación de gases de tres a seis kilómetros puede encenderse un día e incendiarse, y reducirse a cenizas el planeta con todos sus científicos. Nadie se salvará si continúa esta locura de jugar con la naturaleza.

Antes de la hora pavorosa, es posible cambiar la dirección de la vida a través del amor y la alegría que introducirán al planeta en la cordura, la salud, la pureza y la belleza. Para trabajar en favor del bienestar de una sola humanidad, deberemos controlar nuestras vidas y ver si hay alegría y amor crecientes detrás de todo lo que pensamos, sentimos y hacemos.

Cierto día, un querido amigo mío, que es abogado, me dijo:

«Trabajé día y noche y me convertí en una máquina de fabricar dinero. En semejante vida mecánica no hay amor ni alegría».

Le dije que hay millones de personas parecidas a él, y que el único modo de escapar de semejante vida mecánica es introducir alegría en todos sus pensamientos, sentimientos y acciones, y empezar a hacer las cosas como un amoroso servicio hacia los demás.

Sabemos que el planeta y la humanidad podrán salvarse con los esfuerzos heroicos de quienes aman a este planeta y quienes aman a la humanidad.

> ...No es posible logro creativo, cooperación, ni concretamente comunidad, sin magnanimidad. Podemos observar cómo a través de la labor magnánima se logra esto diez

> veces más fácilmente, y parecería que nada podría ser más sencillo durante un trabajo inspirado que ¡desear sólo el bien y el triunfo de nuestro prójimo! La alegría es el resultado de la labor manifestada. La alegría es una gran auxiliadora.[55]

La labor consiste en un esfuerzo por cambiar la vida y hacer que el planeta sea un lugar mejor para vivir.

La labor consiste en esforzarse en que la gente ame más, en hacer que el amor de ésta sea más inclusivo. A través de tal labor, se libera y manifiesta la alegría. La alegría nos inspira a seguir en nuestra labor a pesar de todas las circunstancias adversas. Cada labor verdadera aumenta nuestra alegría, y la alegría aumenta nuestro entusiasmo para trabajar más.

La magnanimidad es la aptitud para estar por encima de todas las circunstancias adversas con gran amor y alegría. Es la aptitud para llevar nuestra labor con ideal y con la inspiración del Futuro.

La magnanimidad es la gran solemnidad y dignidad espirituales. Es la grandeza regia del Divino Yo Interior.

La magnanimidad irradia alegría solemne, amor profundo que persiste en todas las circunstancias adversas.

> La alegría está dentro de sí misma y, en primer lugar, sobre todo, tiene la cualidad de lo directo, de lo que va derecho y hacia adelante, y con una sonrisa para todo. Precisamente, la alegría ayuda a sortear todos los obstá-

55. Agni Yoga Society, *Mundo Ardiente* III, párr. 424.

> culos hostiles. La alegría es uno de los mejores medios para vencer a los ataques hostiles... La alegría es siempre el sendero más breve hacia la exaltación...[56]

¡Esto es tan bello! Podemos usar la cita anterior durante un año como pensamiento-semilla de meditación. Los Grandes Sabios aconsejaban a sus alumnos que meditaran sobre la alegría, y midieran su vida diaria con normas de alegría. La exaltación del espíritu humano sólo puede verse en una alegría que llamea como amor. La alegría transforma nuestro ser y nos eleva más cerca de nuestra esencia.

> Hablando de los géneros de amor, advirtamos al amor que nos hace retroceder, y al amor que nos inspira. Esencialmente, el primer amor es terreno, y el segundo, celestial. ¡Pero qué multitud de esfuerzos constructivos fueron destruidos por el primero! ¡Y una multitud similar fue impulsada por el segundo! El primero es consciente de todas las limitaciones del espacio y de la consciencia; pero el segundo no tiene necesidad de medidas terrenas... El segundo amor abarca al mundo físico y a los Mundos Sutil e Ígneo también. Enciende los corazones para la suprema alegría y es así indestructible. De manera que expandamos nuestro corazón, no para la Tierra sino para el Infinito.[57]

La gente «expande su corazón en la Tierra» para poseer a la Tierra, y con el tiempo averigua que es po-

56. Roerich, Nicholas K., *Reino de la Luz*, pág. 41.
57. Agni Yoga Society, *Corazón*, párr. 242.

seída por la Tierra. Así, la alegría desaparece. Así, el amor desaparece. La Tierra absorbe a esa gente.

Cuando la gente expande sus corazones hacia el Infinito o hacia los valores espirituales, la Tierra misma ofrece su belleza y amor, y ayuda a los hombres a que asciendan hacia su verdadero destino. Se nos dice que nuestro destino no es poseer la Tierra. Cada uno es una estación en el sendero que conduce hacia el Infinito. Quienes son poseídos por la Tierra permanecerán con ella, como un pasajero que se cayó del tren.

> ...Es útil impregnar el espacio con alegría, y muy peligroso esparcir aflicción por los cielos... La alegría es la salud del espíritu.[58]

«*Es útil impregnar el espacio con alegría*». Raras veces nos damos cuenta de que, cuando pensamos, sentimos y actuamos, inyectamos varios tipos de sustancia en el espacio. La alegría es una sustancia, el temor es otra sustancia. El amor, el odio y la gratitud son diferentes tipos de sustancias. Es necesario que nos preguntemos: ¿qué tipo de sustancia estamos dejando caer en el espacio?

El espacio puede contaminarse con la sustancia de las ilusiones, los espejismos y las malas motivaciones. Tales sustancias contaminan a las personas que, debido a sus diversas debilidades, introducen estas sustancias en sus mecanismos.

También es importante saber que cada ser humano tiene un espacio: una esfera alrededor de su cuerpo. Esta esfera puede expandirse o contraerse. Se expande si la sustancia que inyectamos en el espacio mayor es

58. Agni Yoga Society, *Mundo Ardiente* I, párr. 298.

de la naturaleza del amor, de la alegría y de la belleza. Pero, si la sustancia que inyectamos es de la naturaleza del odio, de los pensamientos ruines, de los delitos, entonces poco a poco estrechamos nuestro espacio y nos sepultarnos en nuestra propia sustancia negativa y mortal. Muchas enfermedades de la mente, del corazón y del cuerpo son resultado de una esfera que se estrecha alrededor de nosotros.

Cuando nuestra esfera se expande a través de pensamientos rectos, acción y condiciones rectas, a través de alegría y amor, penetramos en un espacio mayor e introducimos energía viva mucho más depurada, luz, amor y energía en nuestro sistema.

La sustancia de la alegría es un gran alimento, un gran tónico e inspiración para quienes se esfuerzan en el sendero del servicio, en el sendero de la iluminación, y en el sendero de la evolución cósmica.

Nuestra aura, impregnada de alegría, es una colorida sinfonía con gran magnetismo.

A menudo impregnamos nuestras habitaciones, nuestros jardines y oficinas con nuestras preocupaciones, con sentimientos negativos, con negativas formas de pensamiento de diversas clases. La esfera que rodea nuestra casa y nuestros lugares de trabajo se contamina tanto con semejante polución que a nuestra alma le resulta difícil respirar y ser creativa.

En lugar de tales sustancias negativas, podemos llenar nuestros hogares y oficinas con la sustancia de la alegría y del amor, y así aumentar nuestra vitalidad, creatividad y servicio en favor del mundo.

Había una muchacha deprimida que trabajaba en una oficina de correos cercana a mi casa. Tenía muy triste aspecto. Un día, en vez de hablarle, la miré y le sonreí.

«¿Qué desea?», me preguntó.

«Una estampilla».

«¿Cuántas y de qué clase?».

«Tres estampillas de diez centavos». Le pagué y le dije: «Sabes, tus ojos... ¡Bueno, no importa!».

«¿Qué ocurre con mis ojos?».

«Tus ojos...».

«Vamos, ¿qué ocurre?».

«No te lo puedo decir ahora...», y me marché.

A la semana siguiente, aguardé hasta que llegó mi turno. Me estaba mirando y me esperaba.

«Dos estampillas de diez centavos, por favor».

«¿Qué ocurre con mis ojos?».

«...Mira, quiero contarte un secreto».

«Adelante, dígamelo».

«Cuando sonríes, ¡tus ojos son tan bellos! Pero si conservas un aspecto triste, tus ojos tienen la apariencia de ojos de una bruja.

«¿Eso es realmente así?».

«Sí, trata de sonreír siempre y serás muy bella». Me brindó una gran sonrisa, y me marché.

De allí en adelante, en cada ocasión me brindaba una sonrisa mayor. Cinco meses después, ella desapareció. Le pregunté a otro empleado:

«¿Dónde está ella?».

«¿Su muchacha que sonríe?».

«Sí».

«La ascendieron. Trabaja en la oficina. Usted le cambió la vida».

«¿Puedo verla?».

«Sí».

El empleado fue a informarle. Ella salió, me abrazó con una sonrisa bellísima y me dijo: «El día en que usted me enseñó a sonreír, brotó una alegría de mi corazón. Ahora soy feliz. Gracias por lo que usted hizo por mí».

Impregnemos el espacio con alegría. Empecemos con una sonrisa y el resto seguirá lentamente.

«...[*es*] *muy peligroso esparcir aflicción por los cielos. La alegría es la salud del espíritu*». Un espacio estratificado con aflicción es un espacio a través del cual operan fuerzas destructivas y negativas. Incluso los gérmenes gustan de un espacio lleno de aflicción; allí crecen más abundantemente. Las fuerzas oscuras gustan de la depresión y el pesar porque pueden controlar fácilmente a una persona atrapada por la aflicción y la depresión. La aflicción bloquea la visión del futuro, desvitaliza nuestro cuerpo, y paraliza nuestro intelecto.

> ...El dominio triunfal de todas nuestras pruebas radica dentro de nuestros corazones y consiste en nuestro amor hacia el Señor. Si estamos llenos de amor, ¿podrán existir obstáculos? El mismo amor terreno crea milagros. ¿El amor ardiente hacia la Jerarquía no multiplica nuestras fuerzas?[59]

Se nos dice que los discípulos acudieron a Cristo, diciéndole: «¿Cómo sabrán que somos tus discípulos?». Lo que esperaban era que Él les dijera: «Tú serás coronel», «Tú serás un rey», «Tú serás una reina, y la gente sabrá quiénes sois...».

59. *Ibíd.*, párr. 637.

Cristo les contestó: «El mundo sabrá que sois mis discípulos cuando os améis los unos a los otros».

Creo que lo que Él se propuso decir fue que «si realmente os amáis los unos a los otros y no permitís que el amor desaparezca, profundizando cada vez más el amor, ellos sabrán que sois mis discípulos, porque yo soy el Amor manifestado». Sólo puede testimoniarse amor siendo amor. La gente sabrá que «estáis expresando, viviendo o manifestando la sustancia: ‹el amor que os traje›». Pero, si os odiáis, si creáis separatividad, ¡no soy mis discípulos!

El amor y la alegría más grandes existen entre las personas que realmente sirven al Señor y a la Jerarquía. Su amor es permanente, y su alegría aumenta siempre.

El esfuerzo en procura del Señor arranca al alma humana de los problemas y relaciones de la personalidad, y la eleva y aproxima al núcleo del espíritu. Cuanto más nos acercamos a nuestro Yo verdadero, mayores son las radiaciones de la alegría y del amor.

El hombre se carga con energía cuando consagra su vida a un ideal.

> Se dice: ‹No introduzcas Fuego en vestidos inflamables, sino introduce una alegría ardiente›. En esta indicación radica todo el prerrequisito de la comunión con el Mundo Ardiente. En verdad, ni siquiera los vestidos del Mundo Sutil son siempre adecuados para el Mundo Ardiente. De igual modo, también la alegría del ascenso debe trascender toda alegría terrena. Incluso en las flores de la Tierra, en el plumaje de las aves, y en las maravillas de los cielos, podernos hallar la alegría misma

> que nos prepara para las puertas del Mundo Ardiente.[60]

«Vestidos inflamables» son los vehículos físico, emocional y mental que están llenos de toda clase de contaminación. La creciente energía de las esferas superiores incendia nuestros vehículos si no son puros. Sólo un vehículo purificado puede soportar la presión y el fuego de los planos superiores. La alegría ardiente purifica a los vehículos, y los vuelve «resistentes al fuego». La alegría ardiente elimina los vicios de nuestros cuerpos. Una vez que se purifican de las tendencias ligadas a la tierra, se convierten en canales de amor puro, de belleza, de bondad y verdad. Sólo con vestidos purificados podremos estar en presencia del Gran Ser, o entrar en Su *Ashram.* El amor y la alegría aumentan en cada peldaño de nuestro ascenso hacia el Señor, hacia el ideal. Sólo una vida consagrada al bienestar humano testimonia la alegría del ascenso. La alegría y el amor aumentan en nuestro corazón en grado tal que con el tiempo nos aprestamos a sacrificar todo lo que somos, todo lo que tenemos para servir a la Vida única.

Hay doce obstáculos principales del amor y la alegría. Si vencemos o eludimos estos obstáculos, aumentarán nuestro amor y nuestra alegría.

El primer obstáculo es la *presión.* Cada vez que ejercemos presión sobre los demás, o tratamos de forzar nuestra voluntad sobre la voluntad de los demás, el amor y la alegría se debilitan y con el tiempo desapare-

60. *Ibíd.*, párr. 638.

cen. El amor y la alegría aumentan sólo en un estado de libertad.

Las personas incluso tratan de usar la presión con sus pensamientos, sus ideas, ideales, sueños y arte, pero con el tiempo se dan cuenta de que contra ellas se acumula un creciente rechazo. La alegría y el amor verdaderos no necesitan presión. Irradian amor. Irradian alegría. Irradian belleza. No usemos forma alguna de presión. Los verdaderos amigos y colaboradores son los que vienen a nosotros debido a su libre elección. La amistad forzada se convierte con el tiempo en una fuente de aflicción.

El segundo obstáculo son los *celos*. Los celos minan la energía del amor y de la alegría. Los celos queman los tejidos de los vehículos etérico, astral y mental, y disipan la alegría y el amor. Los celos quieren poseer y quienquiera que posea algo, con el tiempo pierde su amor y su alegría. Pierde su vida. Una persona celosa actúa como medio inconsciente de las fuerzas oscuras. Los celos impiden el crecimiento de la alegría y el amor entre las personas. Destruyen las semillas de realizaciones futuras.

El tercer obstáculo es la *negación de la libertad* de otras personas. Tal transgresión, extingue literalmente la llama de nuestro amor y de nuestra alegría. Sólo en libertad la alegría aumenta y el amor florece. Que aquel a quien amemos sea libre. Hallemos alegría en su libertad. Que esa persona decida o planifique y siga su propia conciencia, use su propio libre albedrío. Si mantenemos tal actitud, no sólo con aquellas personas más cercanas sino también con todas las personas, veremos que en nuestro corazón aumentará el amor y la alegría.

Respetemos las ideas, los ideales de los demás; seamos tolerantes y hagamos que respeten nuestras ideas e ideales. Si nuestras ideas e ideales son más inclusivos, aumentaremos nuestro amor y nuestra alegría.

El cuarto obstáculo de la alegría y del amor es la tendencia a *usar indebidamente a las personas y sus bienes.* Con semejante tendencia, el amor y la alegría se evaporan con el tiempo porque el espíritu de explotación descansa en nuestro corazón. Había dos amigos, un muchacho y una joven. Estaban enamorados y alegres. Un día, el muchacho le preguntó a ella:

«¿Cuánto ganas por mes?».

«Novecientos dólares».

«Eres realmente linda. ¡Te amo tanto! ¿Sabes cuánto te amo?».

«Sí, lo sé».

«Voy a la Facultad, y si me sostienes durante cinco años, seré abogado y entonces cuidaré de ti».

La muchacha vaciló, pero debido a sus emociones estuvo de acuerdo, y se casaron. Tuvieron dos hijos antes de que el muchacho se diplomara en Derecho. La joven hizo todo lo que pudo por sostener a su marido. Luego de diplomarse, él vino a contarme que se había diplomado.

«¡Qué hermoso! ¡Lo hiciste! Y tu esposa fue una heroína. Durante cinco años te sostuvo…».

«Pero», dijo él, «me gustaría dejarla».

«Dejarla, ¿por quién?».

«Sólo divorciarme».

«Pero…».

«Me enamoré de otra».

«¿Es cierto eso?».

«Sí».

«¿Qué piensa tu mujer?».

«No lo sé. Está un poco preocupada».

«Pero durante cinco años te mantuvo».

«Sí... pero...».

Se divorciaron y él encontró el modo y los medios de pagar el mantenimiento mínimo por los hijos. A menudo él venía a mi oficina y yo le preguntaba: «¿Eres feliz?».

«Un poco. Esta muchacha me gusta. Nos divertimos mucho, pero en mí hay algo que está cerrado. No puedo amar. No estoy alegre y ella lo percibe...».

«No puedes manipular o usar a la gente con el amor», le dije, «porque la fuente del amor se seca sin sacrificio, sin sinceridad, sin lealtad».

Nunca más lo volví a ver.

El quinto obstáculo es la *no-inclusividad.* La no-inclusividad es la gran enemiga del amor y de la alegría. El amor y la alegría semejan fragancias. Se expanden y esparcen. La no-inclusividad crea obstáculos y muros en nuestro mundo interior.

La inclusividad abre el sendero de la expansión. La alegría y el amor no pueden enjaularse. Deben correr y expandirse. La inclusividad conduce a relaciones humanas correctas, a comprensión internacional, a respeto y aprecio.

La no-inclusividad es el culto personal, la separatividad, lo cual con el tiempo genera agresividad, odio y conflicto. La alegría y el amor desaparecen en una atmósfera de separatividad. Una vez que desaparecen, el odio y la depresión ocupan su lugar.

El sexto obstáculo es la *injusticia.* Si somos injustos en nuestros pensamientos, respuestas emocionales y acciones, no tendremos alegría real en nuestros corazones, y el amor jamás florecerá en nosotros.

La alegría y el amor aumentan cuando respetamos los derechos de los demás. Las personas que no fueron justas con los demás llevan una pesada carga en su conciencia, y, con el tiempo, ese peso se convierte en presión y se expresa en sus vidas a través de varias enfermedades y complicaciones.

Un hombre justo tiene alegría y amor, aunque la gente no lo comprenda.

El séptimo obstáculo para la alegría y el amor es la *fealdad.* La belleza aumenta la alegría y el amor. La fealdad las hace desaparecer. Nuestro amor y nuestra alegría desaparecen cuando experimentamos un feo pensamiento, una emoción, una acción o una expresión feas. Nuestros pensamientos son feos cuando son egoístas, dañinos, criminales, separatistas, falsos, etc. Nuestras emociones son feas cuando son negativas, cuando carecen de solemnidad. Nuestras acciones y expresiones son feas cuando son destructivas, insultantes, ruines y motivadas por el interés personal.

Cuando quitamos la fealdad de lo que nos rodea, de nuestros pensamientos, reacciones y acciones emocionales, la alegría llena nuestro corazón y el amor aumenta en él. La belleza brilla siempre en la alegría y el amor.

El octavo obstáculo es la falta de *sinceridad.* No existe amor ni alegría en un corazón que tiene una actitud falsa para con otros seres humanos. El amor y la alegría no pueden existir cuando está ausente la sinceridad. Un hombre falso halla, con el tiempo, que su amor y su alegría desaparecen. La falta de sinceridad causa desintegración en la sustancia mental, y corta el hilo entre el Guía Interior y el hombre. Para tener alegría y amor debemos esforzarnos, con todo nuestro corazón, en ser sinceros y honrados con el mundo.

El noveno obstáculo de la alegría y del amor es la *intromisión.* Una persona entrometida no puede aumentar su amor y su alegría. Está siempre ocupada con asuntos personales. Critica y juzga. Interfiere en las decisiones de los demás, mental o verbalmente. Suscita reacciones e intromisiones en las vidas personales de los demás.

El amor no gusta de la intromisión. La alegría no vive donde hay imposición de pensamientos y conductas.

La intromisión aumenta nuestras preocupaciones y hiere a las demás personas. Una persona entrometida no puede ganar su libertad. A menudo está atrapada en la red de los chismes.

El décimo obstáculo es la *crítica.* La crítica crea rechazo. Nuestra aura se endurece en su periferia. Cada vez que criticamos, nos imponemos a los demás. Imponemos nuestra personalidad a los demás. Nuestra personalidad se densifica de modo tal que nuestra Alma difícilmente halla ocasión de resplandecer.

La crítica no deja que los demás tengan experiencias y vivan. No permite que crezcan y sean ellas mismas. La crítica presenta e impone sus propios moldes y quiere que todos se moldeen según sus normas. Así, limita los horizontes y el esfuerzo de los demás.

El amor y la alegría no pueden crecer y expandirse en una atmósfera de crítica. El amor y la alegría existen para todos. Cuando herimos a alguien, herimos nuestro amor y nuestra alegría.

El undécimo obstáculo de la alegría y del amor es el *descuido* y el *orgullo.* Ambos marchan juntos. El amor cuida. La alegría se comunica e identifica con el alma de los demás, con el triunfo y los logros de los demás.

El descuido nos lleva hacia la irresponsabilidad. Donde no existe el sentido de responsabilidad, no hay amor consciente ni alegría real. El amor y la alegría son dos grandes columnas luminosas que llevan a la gente hacia la espiritualidad, hacia la universalidad, hacia los valores supremos de la vida. No pueden existir en una atmósfera contaminada con debilidades y vicios humanos.

El orgullo es separatista. El amor es totalidad. El orgullo rebaja a los demás. El amor y la alegría abogan por la belleza y el interés de los demás.

La gente cree que el amor y la alegría son bienes personales. No lo son. Semejan el brillo del sol, el aire, la fragancia de las colinas. Pertenecen a todos o no existen. El orgullo rechaza toda alegría y todo amor.

El duodécimo obstáculo del amor y la alegría es el *apego.* Nos apegamos a algo o a alguien y decimos: «te amo», o «lo amo». Pero, con el tiempo, nos sorprendemos cuando tratamos de hacer de esa persona o de esa cosa nuestra propiedad y poseerla para nuestro placer, pues poco a poco perderemos nuestro amor y nuestra alegría.

El apego a cualquier objeto del amor nos hace perder la alegría, y nuestro amor por ese objeto nos procurará gran contrariedad. No podemos retener el objeto de nuestro amor y nuestra alegría. Sólo mediante desapego de nuestro objeto del amor podremos perpetuar nuestro amor y nuestra alegría. El amor aumenta cuando damos amor y dejamos que la gente ame del modo que quiera. Aumentamos nuestra alegría acrecentando la pura alegría de los demás. No podemos correr detrás del amor y de la alegría. Están dentro de nosotros, y en todas partes. Al buscar el amor y la alegría, nos perdemos. Al ser amor y alegría, encontrarnos nuestro verdadero Yo.

La alegría y el amor crean un elemento en nuestro cuerpo etérico y precipitan un tipo de sustancia en nuestros canales nerviosos, la cual disuelve los venenos acumulados en nuestro organismo a través de la irritación, la aflicción, la depresión y otras emociones, pensamientos o acciones negativos.

Por último, el amor y la alegría expanden el campo de nuestro magnetismo dentro de nuestra aura, y recibimos la inspiración y las impresiones de los Reinos Superiores, de las Galaxias y de las Grandes Existencias. Tal contacto enriquece en extremo nuestras aptitudes creadoras.

Quienes viven en la luz de la belleza, la alegría, el amor y la libertad viven en el futuro, y crean una cultura que suscitará las mejores energías creativas de generaciones venideras. Es así como el sendero de la perfección de la humanidad se construye rumbo a una realización mayor, y rumbo a una salud y una beatitud mayores.

Realmente, en todo esfuerzo hacia las cimas, en cada ascenso, está contenida una alegría indecible. Un impulso interior llama irresistiblemente a la gente hacia las cumbres.[61]

61. Roerich, Nicholas K., *Himavat*, pág. 12.

CONTINUANDO CON EL LEGADO

Torkom Saraydarian dedicó su vida entera a servir a los demás en el crecimiento espiritual. Al momento de su muerte física en 1997, muchos libros habían sido ya publicados y más de 100 manuscritos estaban a la espera de su publicación.

Torkom Saraydarian tenía la sabiduría y habilidad únicas para escribir todos estos libros magníficos y componer cientos de composiciones musicales en el lapso de una sola vida. La publicación y archivo de sus trabajos creativos tomará también una vida completa de esfuerzo cooperativo de nuestra parte. Necesitamos sus contribuciones y respaldo continuo, pues juntos podemos hacer que su sueño sea una realidad, y podemos hacer que su legado fructifique.

Un fondo especial, el *Fondo de Publicación de Libros de Torkom Saraydarian*, ha sido creado para la publicación de sus libros. Adicionalmente, un *Fondo de Donaciones* ha sido establecido para la perpetuación de todos sus trabajos creativos.

Contáctenos para más detalles y actualizaciones concernientes a los programas de publicación y archivo.

Usted puede contribuir con fondos para un libro entero, o dar cualquier cantidad que desee sobre una base continua, o como una contribución única.

Muchas gracias por su respaldo amoroso y continuo.

SOBRE LA FUNDACIÓN

T.S.G. Publishing Foundation, Inc. es una organización no gravable sin fines de lucro. Fundada el 30 de noviembre de 1987 en Los Angeles, California, se trasladó a Cave Creek, Arizona, el 1o. de enero de 1994.

Nuestro propósito es el de ser un sendero para la auto-transformación. Estamos completamente dedicados a la publicación, enseñanza, distribución y archivo de los trabajos creativos de Torkom Saraydarian.

Nuestra oficina y tienda en línea ofrecen una colección completa de los trabajos creativos de Torkom Saraydarian para la venta y distribución.

Nuestro boletín Outreach contiene artículos que fomentan el pensamiento y está disponible tanto en material impreso como en nuestra página web con notificaciones electrónicas gratuitas.

Free Wisdom es un servicio en línea para mantenerle actualizado sobre eventos, materiales interesantes y lecturas inspiradoras.

También conducimos clases, seminarios especiales de entrenamiento, Conferencias Anuales en los Estados Unidos e internacionalmente, y cursos de meditación para el estudio desde el hogar.

Contáctenos o visítenos en línea para detalles sobre nuestras actividades y eventos actuales y venideros.

Página web: *www.TSGFoundation.org*

LA UNIVERSIDAD TORKOM SARAYDARIAN

Torkom Saraydarian soñó con un centro de entrenamiento, usualmente llamándolo la Universidad, donde hombres y mujeres pudieran ser entrenados en la teoría y aplicación de los Principios y Valores Superiores de la Sabiduría Eterna. Llamó a tal educación superior

«Educación Acuariana» y motivó continuamente a sus estudiantes a formar tal institución en el futuro.

Hay una creciente necesidad de liderazgo en el área del conocimiento esotérico. Más y más gente se está desilusionando de las enseñanzas que reciben de oportunistas, de gente que tiene buenas intenciones pero están llenos de espejismos y vanidades, o de gente que quiere usar la Enseñanza como un negocio para recolectar dinero.

Un gran daño se hace las personas que se aproximan a la Enseñanza con sinceridad en su corazón y son atrapados por grupos, instituciones u organizaciones que son sólo para actividades sociales o que funcionan como trampas de explotación. Algunos de estos buscadores gradualmente se olvidan de su búsqueda y se adaptan al entorno. Algunos de ellos suprimen totalmente su aspiración y esfuerzo espiritual debido a su desilusión. Sólo un pequeño porcentaje, a través de la discriminación, continúa su búsqueda para encontrar el campo adecuado donde puedan crecer y servir.

El número de verdaderos buscadores está incrementándose. Debemos prepararnos para satisfacer sus necesidades y al mismo tiempo, resguardarnos de los peligros de caer en las vanidades, los espejismos, o en la utilización de los buscadores para nuestros propios intereses.

Torkom Saraydarian, Leadership I, p. 16

Nuestros primeros cursos de entrenamiento fueron lanzados en setiembre 2000. Tenemos clases presenciales así como por correspondencia. Para información sobre las clases y el registro en línea, visite nuestra página web o escríbanos.

https://www.tsgfoundation.org/tsg-university-information.html

INFORMACIÓN PARA PEDIDOS

Los trabajos completos de Torkom Saraydarian:

- Libros.
- Folletos.
- Música.
- Conferencias en audio y vídeo.
- Cursos de Meditación y estudio.
- Boletines gratuitos por correo electrónico.
- Visita nuestra sección de libros electrónicos en nuestra página web para ver las últimas actualizaciones.
- Catálogos completos disponibles en línea: *www.tsgfoundation.org*

Por favor contáctenos para información adicional:

TSG Publishing Foundation, Inc.
P.O. Box 7068
Cave Creek, AZ 85327–7068
United States of America
Tel: (480) 502–1909
Fax: (480) 502–0713
E-mail: *info@tsgfoundation.org*
espanol@tsgfoundation.org
Website: *www.tsgfoundation.org*

Para información sobre pedidos en español de este título:

Grupo Estudios Teosóficos Valencia, España:
Website: *http://fraternidad.info/g.e.t.html*
E-mail: *jrubio@editorialdagon.es*
Facebook: *Torkom Saraydarian en español*

Editorial Dagón:
Website: *www.editorialdagon.es*
E-mail: *jrubio@editorialdagon.es*

EDITORIAL
DAGÓN